Felix Eiffler | Katharina Haubold | Florian Karcher

Real Talk ▮ Mit Jugendlichen predigen

Beiträge zur missionarischen Jugendarbeit (BMJ-Reihe) 6

Felix Eiffler | Katharina Haubold | Florian Karcher

Real Talk

Mit Jugendlichen predigen

Praxisbuch

Die Beiträge zur missionarischen Jugendarbeit (BMJ) werden herausgegeben vom Institut für missionarische Jugendarbeit der CVJM-Hochschule in Kassel.

Bibliografische Information der Deutschen Nationalbibliothek:
Die Deutsche Nationalbibliothek verzeichnet diese Publikation in der Deutschen Nationalbibliografie; detaillierte bibliografische Daten sind im Internet über http://dnb.d-nb.de abrufbar.

Umschlaggestaltung: Umschlaggestaltung: Grafikbüro Sonnhüter, www.grafikbuero-sonnhueter.de, unter Verwendung eines Bildes © brad-neathery (unsplash.com)
DTP: dtp studio eckart | Jörg Eckart, Frankfurt am Main
Verwendete Schrift: Scala Pro
Gesamtherstellung: CPI books GmbH, Leck
Printed in Germany
ISBN 978-3-7615-7005-0 Print
ISBN 978-3-7615-7006-7 E-Book

www.neukirchener-verlage.de

Inhalt

Einleitung

Ist das Thema Predigt für Jugendliche und Jugendarbeit überhaupt noch relevant? Ist eine Form der Evangeliumskommunikation, die schwerpunktmäßig auf Reden und Hören setzt, ein verstaubtes Image hat und mit der Attraktivität und Zugänglichkeit zahlreicher digitaler Angebote nicht mithalten kann, nicht überholt? Diese Fragen haben sich die Autor:innen dieses Buches gestellt, als die Idee dazu aufkam. Zumindest der Blick in die Praxis der Jugendarbeit und das Gespräch mit vielen Menschen, die in diesem Bereich aktiv sind, haben deutlich gemacht, dass das Predigen oder vielleicht allgemeiner gesagt, Wortverkündigung, nach wie vor ein wichtiger Bestandteil verschiedener Angebote in der christlichen Arbeit mit Jugendlichen ist. Die Frage ist also nicht, ob es noch Predigt braucht, sondern wie Predigt so gestaltet werden kann, dass sie für Jugendliche relevant und attraktiv ist. In zahlreichen Jugendgottesdiensten, bei Jugendwochen oder Jugendevangelisationen, auf Jugendfreizeiten und in den Jugendgruppen findet solche Verkündigung statt. In diesem Buch soll die Frage nach der Predigt in diesen Situationen beleuchtet werden.

Mehr als Predigen

Der Fokus dieses Buches liegt auf dem Predigen und der Begriff Predigt oder das Verb „predigen" werden durchgängig verwendet. Als Predigt wird dabei vor allem eine Verkündigung verstanden, die auf gesprochenen Worten basiert und bei der in aller Regel ein:e Prediger:in und eine Gruppe von Jugendlichen als Hörer:innen beteiligt sind. Die Predigt zeichnet sich außerdem dadurch aus, dass es sich um eine etwas umfangreichere Form der Verkündigung handelt, die in der Regel mehrere Minuten dauert. Dabei muss die Predigt auch nicht Predigt heißen, manchmal ist in der Arbeit mit Jugendlichen auch von Input, Impuls oder Message die Rede. In der Praxis der Jugendarbeit gibt es daneben vergleichbare Formate wie z. B. die Andacht. Auch wenn dieses Buch eher für Predigten konzipiert wurde, ist an vielen Stellen die kleine Schwester der Predigt, die Andacht mitgedacht und Inhalte lassen sich auch auf diese Verkündigungsform übertragen. Und natürlich wird Predigt heute auch so verstanden, dass sie kurz und kompakt sein kann, dass sie neben dem gesprochenen Wort Anschauungsmöglichkeiten und Interaktion bietet. Und an vielen Stellen geht es dabei auch um eine Grundhaltung, die allen Verkündigungsformen zugrunde liegen kann.

Mit Jugendlichen predigen

Im Titel des Buches und auch in den Texten sprechen wir davon, „mit Jugendlichen“ zu predigen. Das „mit“ steht dabei für eine bestimmte Grundhaltung in der Predigtarbeit. Es geht um die Überzeugung, dass relevante Predigten für Jugendliche die Jugendlichen selbst konsequent einbeziehen sollten. Dieser Einbezug kann ganz unterschiedlich aussehen. Er kann eher theoretisch sein, indem man die Sichtweisen von Jugendlichen in der Predigtarbeit konsequent mitbedenkt und berücksichtigt. Es kann ein Einbeziehen der Jugendlichen im Prozess der Predigtvorbereitung sein, um jugendliche Perspektiven stärker darin zu berücksichtigen. Und der Einbezug kann auch so aussehen, dass Predigten gemeinsam mit Jugendlichen gestaltet werden oder Jugendliche befähigt werden, selbst zu Prediger:innen zu werden. Das Buch ist also sowohl dafür entstanden, Predigten für Jugendliche vorzubereiten (und sie dabei einzubeziehen), als auch erste Möglichkeiten zu finden, Jugendliche selbst zum Predigen zu befähigen. In allen Fällen geht es aber nicht darum, dass erwachsene Menschen sich darüber Gedanken machen, was der Jugend von heute denn gut mitzuteilen sei, sondern darum, Jugendliche in der Predigt mitzunehmen, also „mit Jugendlichen zu predigen“. Egal ob eine Predigt von Erwachsenen für Jugendliche gehalten wird, Jugendliche an der Vorbereitung beteiligt sind oder selbst zu Predigenden werden, in jedem Fall sollten Predigende Predigten als Dialog verstehen und diese auch so gestalten. Deshalb wird in diesem Buch konsequent von

„mit Jugendlichen predigen“ und „Predigten mit Jugendlichen“ die Rede sein.

Real Talk

Ein zentrales Anliegen dieses Buches ist es, dass Predigten „Real Talk“ sind, also ein Gespräch auf Augenhöhe, bei dem offen und ehrlich kommuniziert wird und das Gegenüber ernst genommen wird. Bei Real Talk geht es um existenzielle Dinge, um Fragen des Lebens und des Glaubens. Deshalb wird im Real Talk wahrhaftig und echt gesprochen. Bei Real Talk geht es nicht darum, jemanden mit rhetorischen Mitteln zu beeinflussen, und es geht nicht darum, sich über Nichtigkeiten und Nebensächlichkeiten auszutauschen, sondern Themen und Kommunikationswege so zu gestalten, dass sie von Bedeutung sind. Damit sind zwei Ebenen angesprochen: Auf der inhaltlichen Ebene soll der Begriff Real Talk in diesem Buch beschreiben, dass es um relevante Lebensthemen und eine gute Botschaft, ein Evangelium geht, das mitten ins Leben hineinspricht und den Anspruch hat, real zu sein. Kommunikativ geht es bei Real Talk um Augenhöhe, um Ehrlichkeit und Echtheit. Wenn Jugendliche Predigten als Real Talk wahrnehmen, hat diese Verkündigung die Chance, wahr- und ernstgenommen zu werden und im besten Fall eine lebensverändernde Wirkung zu entfalten. Diese Wirkungen und Haltungen können in vielen verschiedenen Predigtmodellen und auf unterschiedliche Art und Weise entstehen. In diesem Buch stellen wir aber auch ein Modell vor, das wir Real-Talk-Modell nennen, weil wir es als hilfreich dafür erachten, in einen solchen Real Talk mit Jugendlichen zu kommen. Damit soll nicht gesagt sein, dass dies nicht auch in anderen Predigtschemata gelingen kann.

Birgit Mattausch drückt in ihrem, vom Lyriker Mátyás Dunajcsik inspirierten, am 17. März 2024 auf Facebook veröffentlichten Text aus, was wir mit Real Talk meinen:

„Ich will Predigten, die ohne Jacke durch den Regen gehen.
Solche mit nassen Füßen
denen die Mascara verläuft.

Ich will Predigten, die auf Besen reiten können
Fliegende Predigten
Ich will welche, die verwandt sind mit Krähen, mit Tauben, mit Rotmilanen
Gefiederte Predigten
die sich zusammentun in Schwärmen, in Rudeln, in Gangs

Ich will Predigten, die ganz leise sind.
aus lauter Stille gemacht
Die mehr hören als sagen.

Ich will Predigten ohne Prüfung ohne Amt ohne Talar
Predigten in Tüllkleidern in Pyjamas in Jogginganzügen mit gefälschtem Guccilogo
Predigten, die wissen, wie man Klos putzt, wie man Kinder in den Schlaf wiegt, wie man Toten die Hände faltet.

Ich will Predigten, die über den See fahren und eine Spur hinterlassen
Predigten, die immer ein Stück Brot in der Tasche haben, ein Feuerzeug, ein Taschenmesser, einen Apfel
Die das Brot mit dir teilen und den Apfel in Stücke schneiden.
Die dich nach einer Zigarette fragen
Ich will Predigten, die vergessen haben, dass sie Predigten sind."

Theorie und Praxis

Dieses Buch ist für die Praxis geschrieben und basiert auf umfangreichen theoretischen Überlegungen zum Predigen. Beides gehört zusammen. Es gibt hunderte, ja tausende Jahre Erfahrung und Tradition mit dem Predigen und auch aktuell wird rund um das Predigen geforscht und nachgedacht. Diese Erkenntnisse aus der Homiletik, also der Theologie des Predigens, Kommunikationstheorie und Sozialwissenschaft fließen in diesem Buch immer wieder in die Überlegungen ein und sollen helfen, über zentrale Fragen des Predigens nachzudenken. Der Fokus liegt dabei immer auf der Praxisrelevanz, und es werden ganz konkrete Methoden und Hilfestellungen gegeben, wie in der Praxis der Jugendarbeit gepredigt werden kann, wie eine Predigt vorbereitet wird und was für die Predigt-Performance wichtig ist. Alle Leser:innen sind eingeladen und aufgefordert, sich sowohl dem theoretischen Nachdenken mit dem Ziel, eine Haltung für das Predigen zu entwickeln, als auch dem praktischen Durchführen und Ausprobieren gleichermaßen zu stellen.

Aufbau des Buches

Dieser Theorie-Praxis-Transfer wird auch im Aufbau des Buches deutlich. In den Kapiteln 1 bis 3 wird der Schwerpunkt auf den theoretischen Überlegungen und Reflexionen liegen. Dabei geht es im Kapitel 1 (Felix Eiffler) darum, wie das Predigen theologisch zu begründen ist, und warum Predigt immer noch eine relevante Form der Kommunikation des Evangeliums ist. Im Kapitel 2 (Florian Karcher) liegt der Fokus auf jugendlichen Lebenswelten und es wird danach gefragt, was die Besonderheit der Predigt für diese Altersgruppe ist. Danach wird im Kapitel 3 (Felix Eiffler) der Frage nachgegangen, was der Inhalt der Predigt ist und welche Themen und Inhalte im Fokus der Verkündigung stehen können.

In den Kapiteln 4 bis 7 wird dann die Praxisperspektive stärker und das Buch bietet eine durchgängige Anleitung und Hilfestellung für den Predigtprozess. Es begleitet Menschen, die mit Jugendlichen predigen, von der Vorbereitung in Kapitel 4 (Florian Karcher) über die Entwicklung und das Schreiben der Predigt im Kapitel 5 (Katharina Haubold) bis hin im Kapitel 6 (Katharina Haubold) zu dem Moment, in dem die Predigt gehalten wird. Im 7. Kapitel (Katharina Haubold) wird dann der Fokus noch einmal darauf gerichtet, wie Jugendliche selbst zum Predigen befähigt werden können. Dazu findet sich dort ein Konzept für einen Workshop, der dabei unterstützen kann.

Praktisch ist das Buch auch dadurch, dass im gesamten Buch kleine Ausschnitte aus echten Predigten verwendet werden, um bestimmte Aspekte aufzuzeigen und deutlich zu machen. Es handelt sich um Ausschnitte aus Predigten, die die Autor:innen selbst gehalten haben oder andere Menschen, die Erfahrung in der Arbeit mit Jugendlichen haben. Diese Beispiele sind nicht immer perfekt, genauso wie Real Talk nicht immer perfekt ist, aber sie dienen in diesem Buch dazu, bestimmte theoretische Aspekte oder bestimmte Techniken der Predigt deutlich zu machen und zu veranschaulichen.

Außerdem gibt es in jedem Kapitel unter der Überschrift „Do it!" Praxishinweise. Diese können ganz unterschiedlich sein. In manchen Fällen sind es Reflexionsfragen, die die eigene Predigtpraxis oder die Haltung zur Predigt hinterfragen sollen, und an anderer Stelle sind es ganz konkrete praktische Tipps, Methoden oder Materialhinweise.

Hinweise zum Text

- Englische Zitate haben wir mit Hilfe von DeepL übersetzt. Die Quellenangaben beziehen sich demzufolge bei englischen Zitaten auf die englische Veröffentlichung.
- Wenn nicht anders angegeben, entstammen Bibelzitate der Basis-Bibel.
- Für die unterschiedlichen Kapitel haben die drei Autor:innen des Buches jeweils schwerpunktmäßig Verantwortung übernommen (namentliche Nennung in Klammern) und den größten Teil der Texte verfasst. Auch wenn die Inhalte und Stile angeglichen und aufeinander abgestimmt wurden, können an einigen Stellen die unterschiedlichen Stile zu erkennen sein.

Danke

Wir danken allen herzlich, die uns bei der Entstehung dieses Buches unterstützt haben – durch Austausch über das Predigen mit Jugendlichen, durch das Teilgeben an Erfahrungen, Ideen und Überlegungen, durch das Herzblut, das sie in der Arbeit mit Jugendlichen in die Verkündigung stecken.

Wir danken Mirja Wagner für die großartige Unterstützung durch das Lektorat, Jason Liesendahl für das Umsetzen von Ideen in Grafiken, Esther Hermann für die Formatierung und Ruth Atkinson für die Ermöglichung, Ermutigung und Geduld vonseiten des Verlags. Ein großes Danke geht auch an Andrea, Dina, Felicia, Julia, Kai, Regina, Simon, Felix und Tim für die Erlaubnis, ihre Predigtbeispiele abzudrucken.

Und wir danken allen, die sich in die Arbeit mit Jugendlichen einbringen und mit ihnen die Ideen Gottes für diese Welt entdecken, erkunden, sie diskutieren und in Predigten mit den Jugendlichen erlebbar machen.

1. Warum predigen wir überhaupt (noch)?

Was dich erwartet

Dieses Kapitel widmet sich der Predigt, indem es sich mit den theologischen und lebensweltlichen Begründungen für diese Form der Wortverkündigung auseinandersetzt und ihr Potenzial für die Jugendarbeit aufzeigt. Gleichzeitig wird es um die Frage gehen, inwiefern diese Form christlicher Kommunikation für Jugendliche relevant ist. Darüber hinaus werden wir einen Blick auf die Herausforderungen werfen, die durch eine Kultur der Digitalität entstehen, und uns fragen, wie wir darauf reagieren können.

Wieso eigentlich predigen?

Warum sollten wir uns eigentlich mit dem Thema Predigt beschäftigen? Was ist so besonders daran, dass jemand eine Rede vorbereitet und diese dann vor einer meist kleineren Gruppe von mehr oder weniger interessierten Menschen hält? Ist nicht gerade mit Blick auf Jugendliche dieses Format längst überholt? Wäre es heutzutage nicht deutlich sinnvoller, ein Buch darüber zu schreiben, wie man das Evangelium mithilfe der sozialen Medien kommunizieren kann? Man könnte auch einen Podcast zum Thema „Was glauben Jugendliche?“ (oder so ähnlich) produzieren. Wäre das nicht hilfreicher? Warum hängt die Kirche so an dieser Form der Kommunikation?

Die Kurzversion der Antwortet lautet: weil Predigt etwas kann, nämlich Menschen mit Gott verbinden. Oder anders gesagt: Gott

kann Menschen durch eine Predigt ansprechen. Zumindest haben Menschen das immer wieder erlebt, häufig sogar ohne dass sie es erwartet haben.
Aber eins nach dem anderen: Das erste Kapitel dieses Buches geht der Frage nach, was das Besondere an der Kommunikationsform Predigt ist. Dabei soll es nicht nur um die theologischen Argumente gehen, sondern auch um die praktischen. Und ja, auch die Herausforderungen sollen nicht verschwiegen werden.

! Do it!

Such und sammle Argumente:
- Was spricht aus deiner Sicht für das Format Predigt?
- Was spricht aus deiner Sicht gegen das Format Predigt?

Wieso wir (immer noch) predigen: Die theologischen Gründe

Um das Potenzial der Predigt zu beschreiben, müssen wir einen kleinen Ausflug in die Dogmatik, also das Nachdenken über unseren Glauben, und in die Schweiz machen. Der Schweizer Theologe und Dogmatiker Karl Barth (1886–1968) hat das Wort Gottes in drei verschiedenen Gestalten entdeckt:
- das offenbarte,
- das geschriebene und
- das verkündigte Wort Gottes (vgl. Barth 1952: 89–128).

Die grundlegende Größe ist das in und durch Jesus Christus offenbarte Wort Gottes. Am Beginn des Johannesevangeliums heißt es:

> *„Von Anfang an gab es den, der das Wort ist. Er, das Wort, gehörte zu Gott. Und er, das Wort, war Gott in allem gleich. Dieses Wort gehörte von Anfang an zu Gott. Alles wurde durch dieses Wort geschaffen. Und nichts, das geschaffen ist, ist ohne dieses Wort entstanden. […] Er, das Wort, wurde ein*

Mensch. Er lebte bei uns, und wir sahen seine Herrlichkeit. Es war die Herrlichkeit, die ihm der Vater gegeben hat – ihm, seinem einzigen Sohn. Er war ganz erfüllt von Gottes Gnade und Wahrheit." (Johannes 1,1–3 und 14)

Ganz am Anfang war – Gottes Wort. Der hier im Griechischen verwendete Begriff kann aber nicht nur mit ‚Wort' übersetzt werden, sondern auch mit Sache, Logik und Sinn. Das bedeutet, dass in diesem Wort der Sinn bzw. die Logik der Welt zum Vorschein kommt. Aber mehr noch: Dieses Wort Gottes ist Gott in allem gleich. Man könnte auch sagen, dieses Wort Gottes ist Gott selbst. Alles, was Gott geschaffen hat, hat er durch dieses Wort geschaffen. Und dann passiert das Unglaubliche: Gottes Wort wird Mensch. Gott zeigt sich, offenbart sich. Er zeigt sein Gesicht und wird Mensch. Dieser Mensch heißt Jesus von Nazareth und er ist Gottes Wort an die Menschen. Gottes Einladung an uns. Gottes Weg, mit uns Kontakt aufzunehmen. In Jesus begegnet uns Gottes Wort in seiner reinsten und klarsten Form. Er verkörpert Gottes Wesen und Gottes Willen. Der Hebräerbrief beginnt mit dieser Feststellung:

„Viele Male und auf vielfältige Weise hat Gott einst durch die Propheten zu den Vorfahren gesprochen. Jetzt, am Ende dieser Zeit, hat er durch seinen Sohn zu uns gesprochen. Ihn hat er zum Erben von allem eingesetzt. Durch ihn hat er auch die Welt geschaffen." (Hebräer 1,1–2)

Jesus von Nazareth ist also die erste Gestalt des Wortes Gottes und von genau diesem Wort wiederum spricht die Bibel. Sie stellt uns Gottes Wort vor und zeigt uns Jesus, den Sohn Gottes. Dabei läuft alles, was wir im Alten Testament lesen, auf diese Menschwerdung Gottes hinaus.

Werfen wir einmal einen kurzen Blick in die verschiedenen Bücher der Bibel: Schauen wir in die Geschichtsbücher des Alten Testaments, dann begegnet uns Gott dort als Schöpfer und Bündnispartner. Wir lesen von einem liebenden und eifersüchtigen Gott, der einzelne Menschen erwählt und beruft. Aus Einzelnen wird eine Bewegung und schließlich ein ganzes Volk. Die Psalmen zeugen von einem intensiven und das ganze Leben umfassenden Gespräch zwischen Gott und Menschen. Die Bücher der Propheten wiederum zeugen von Gottes Versuchen, mit seinem Volk Kontakt aufzunehmen, sowie Gottes Protest gegen gesellschaftliche Missstände und soziale Ungerechtigkeit. Immer wieder taucht dabei eine besondere Figur auf: ein von Gott Gesandter und Beauftragter. Einer, der Gottes Willen zeigt und durchsetzt. Im Neuen Testament stellen uns die vier Evangelien dann das Leben und die Botschaft von Jesus vor. Weihnachten und Ostern sind nicht ohne Grund die wichtigsten Feste der Christenheit. Die Apostelgeschichte zeichnet anschließend die Entstehung der ersten Gemeinden nach und die Briefe an die Gemeinden reflektieren das Wunder von Weihnachten und Ostern und ziehen praktische Konsequenzen daraus. Das letzte Buch des Neuen Testamentes zeichnet das Bild einer erneuerten Erde und eines erneuerten Himmels in der Nähe Gottes. Die Bibel – dieses geschriebene Wort – ist die zweite Gestalt des Wortes Gottes an uns Menschen. In der Predigt bzw. der kirchlichen Verkündigung ist von genau diesem Wort Gottes die Rede, denn eine Predigt legt in der Regel biblische Texte aus. Sie kommuniziert das Wort Gottes, und zwar auf Grundlage und im Austausch mit der Bibel und ihren Geschichten. So verbinden sich in der Predigt die drei genannten Gestalten des Wortes Gottes miteinander: Das verkündigte Wort legt das geschriebene Wort aus und tut dies in der Erwartung, dass das geoffenbarte Wort Gottes – der Auferstandene Jesus Christus – die Menschen anspricht. Somit gehören die drei Gestalten eng zusammen: Die Offenbarung Gottes wird durch die Auslegung der Bibel immer wieder neu erfahren. Das Spannende ist, dass Gott sich eines schlichten Vorgangs bedient: Ein Mensch bereitet einen Vortrag vor, hält diesen vor anderen und mitten in diesem Geschehen spricht Gott die Hörenden an. Das ist das besondere Potenzial der Predigt.

In allen drei Gestalten des Wortes Gottes kann man einen Wesenszug Gottes entdecken: Bescheidenheit und Unaufdringlichkeit. Gott ist sich nicht zu schade, durch einfache, irdisch-menschliche Dinge zu wirken. Er wird Mensch und das mit allen Aspekten und Herausforderungen, die das mit sich bringt. Er spricht durch ein Buch, das Menschen (im Rahmen ihrer Möglichkeiten) geschrieben haben und das tief im Kontext seiner Zeit und Kultur verankert ist. Und schließlich spricht Gott durch Predigten, also durch die Worte von normalen Menschen mit all ihren Grenzen, Vorurteilen, Kurzschlüssen und Irrtümern. Interessant ist nun, dass Gott auch an anderen Orte so handelt: Wenn ein Mensch in einen See steigt oder vor einen Taufstein tritt (bzw. getragen wird). Wenn ein Mensch im Abendmahl Brot isst und Wein oder Saft trinkt. Dann nimmt Gott etwas sehr Konkretes und Einfaches und handelt dadurch an uns Menschen.

! Do it!

Überleg mal für dich selbst:

- Auf welche Weise hat Gott dich bisher angesprochen?
- Welche Gestalt des Wortes Gottes ist dir am meisten vertraut?

Was macht eine Predigt zur Predigt?

Eine Predigt geschieht in einem bestimmten Setting, bei dem drei Dinge zusammenkommen:

1. die Bibel als Text, der ausgelegt wird,
2. die Person, die predigt und
3. die Menschen, die die Predigt hören und sich damit auseinandersetzen.

Michael Giebel (vgl. Giebel 2009: 313–319) spannt dieses Dreieck zu einer Pyramide auf, indem er eine vierte Dimension berücksichtigt: Gottes Wirken in dem Prozess des Predigens, und so wird aus dem Dreieck eine Pyramide (vgl. Abb. 1). Natürlich kann das Handeln Gottes weder herbeigeführt noch vorhergesagt werden. Aber es kann erbeten, erhofft und erwartet werden. In diesem Raum, der sich zwischen den vier genannten Größen aufspannt, ereignet sich eine Predigt. Man kann auch von einem Predigtprozess sprechen.

1. Der Text für eine Predigt stammt aus der Bibel, also aus den Büchern des Alten und Neuen Testaments. Diese Sammlung von Büchern gilt nach evangelischem Verständnis als das geschrie-

bene Wort Gottes, welches sich durch seinen Bezug zum dreieinen Gott, durch seine historische Qualität und seine Wirkung im Leben der Menschen auszeichnet. Eine Kenntnis dieser Texte (Sprache, historisch-kultureller Kontext etc.) ist Voraussetzung für eine gelingende Predigt. Nicht jede Person, die predigt, muss Theologie studiert haben. Eine fundierte Auseinandersetzung mit dem Text ist auch ohne theologische Qualifikation möglich und in jedem Fall wichtig. Dazu gibt es viele Hilfsmittel, die nicht nur für theologisch ausgebildete Menschen hilfreich sind. Eine Liste mit (digitalen) Hilfsmitteln und Tipps zur Anwendung findest du in Kapitel 4.

2. Die Person, die predigt, spielt ebenfalls eine wichtige Rolle, denn jeder Mensch ist durch einen bestimmten sozialen und kulturellen Kontext geprägt. Diese Prägung kann man nicht einfach ablegen, sondern sie wirkt sich auf eine Predigt aus. Das eröffnet Chancen, kann aber auch ein Hindernis darstellen, wenn man sich z. B. (nicht) so gut mit den Hörenden identifizieren kann. Umso bewusster man sich dessen ist, desto besser, denn letztlich legt niemand die Bibel „neutral" aus. Vielmehr trägt man sich selbst immer in die Auslegung mit hinein.
3. Auch die Menschen, die eine Predigt hören, spielen im Predigtprozess eine Rolle. Sie bringen ihre persönliche Prägung, Sprache, Bildung und Kultur mit. All das hat einen Einfluss auf ihr Verständnis der Predigt. Sie eignen sich die Predigt an, nehmen dabei das Gehörte selektiv wahr und interpretieren dies vor dem Hintergrund ihrer eigenen Geschichte. Damit eine Predigt kommunikativ gelingt, ist es wichtig, dass man die Menschen kennt, die an dem Predigtprozess teilnehmen. Umso besser man weiß, wer vor einem sitzt/steht, desto höher die Chance, dass das Gesagte die Menschen und deren Leben berührt und für sie relevant wird.
4. Schließlich öffnet sich das Dreieck zur Pyramide, wenn man die göttliche Dimension berücksichtigt. Diese Perspektive ist entscheidend, denn: Eine Predigt ohne Gottes Wirken bleibt letztlich eine gewöhnliche menschliche Rede. Erst wenn der Geist Gottes die Worte und Wahrheiten, Zusagen und Zumutungen sowie Träume und Tröstungen der Bibel in das Herz der Hörenden hin-

einspricht, kommt eine Predigt an ihr Ziel – und dieses kann kein Mensch bewirken. Doch die Tatsache, dass eine Predigt immer wieder Menschen in ihrem Innersten berührt, zeigt, dass nach wie vor großes Potenzial in ihr steckt.

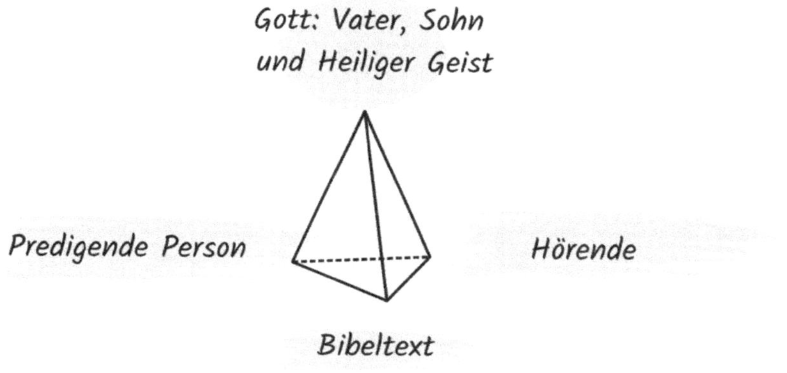

Abb. 1: Die homiletische Pyramide (eigene Grafik nach Giebel 2009: 317)

Die Predigt ist ein Prozess, der Beziehungen zwischen den skizzierten Elementen der Pyramide aufbaut. Dass das Gelingen des Predigtprozesses dabei letztlich von Gott abhängt, ist eine gute Nachricht. Denn dies bewahrt die Predigt vor Manipulation oder Übergriffigkeit. Eine gelingende Predigt lebt davon, dass die vier Dimensionen der Pyramide berücksichtigt und respektiert werden. Jede hat ihren Platz und nur zusammen bilden sie das Geschehen einer Predigt. Man kann die Predigt auch als eine spannungsvolle Kommunikation verstehen bzw. als Kommunikation in Spannungen z. B. zwischen Gottes Wort und Menschenwort oder zwischen Intention und Rezeption (vgl. Eiffler/Herbst/Schneider 2022: 9–32). Dazu schreibt der Schweizer Theologe Rudolf Bohren: „Die Spannung zwischen dem Machbaren der Predigt und dem nicht herzustellenden Wunder ist nicht aufzulösen“ (Bohren 1971: 32).

Predigt und die Kommunikation des Evangeliums

Der Berliner Theologe Ernst Lange (1927–1974) hat vor rund 50 Jahren folgende Sätze geschrieben und damit eine nachhaltige Debatte angestoßen:

> *„Wir sprechen von Kommunikation des Evangeliums und nicht von ‚Verkündigung' oder gar ‚Predigt', weil der Begriff das prinzipiell Dialogische des gemeinsamen Vorgangs akzentuiert und außerdem alle Funktionen der Gemeinde, in der es um die Interpretation des biblischen Zeugnisses geht – von der Predigt bis zur Seelsorge und zum Konfirmandenunterricht – als Phasen und Aspekte ein und desselben Prozesses sichtbar macht." (Lange 1981: 101)*

Die Formulierung „Kommunikation des Evangeliums" hat sich seitdem etabliert und wird auch gebraucht, um den Predigtprozess zu beschreiben. Die Predigt stellt gewissermaßen eine Unterkategorie bzw. spezifische Form der Kommunikation des Evangeliums dar.
Das bedeutet, dass sich die Predigt – so wie jede Form der Kommunikation des Evangeliums – um die Verbindung zweier Welten bemüht: die Welt des Textes und die Welt derjenigen, die eine Predigt hören. Lange schreibt dazu:

> *„Predigen heißt: Ich rede mit dem Hörer über sein Leben. Ich rede mit ihm über seine Erfahrungen und Anschauungen, seine Hoffnungen und Enttäuschungen, seine Erfolge und sein Versagen, seine Aufgaben und sein Schicksal. Ich rede mit ihm über seine Welt und seine Verantwortung in dieser Welt, über die Bedrohungen und Chancen seines Daseins. Er, der Hörer, ist mein Thema, nichts anderes; freilich: er, der Hörer vor Gott. Aber das fügt nichts hinzu zur Wirklichkeit seines Lebens, die mein Thema ist, es deckt vielmehr die eigentliche Wahrheit dieser Wirklichkeit auf." (Lange 1982: 57f.)*

Die Predigt nimmt beide Welten sowohl je für sich als auch in Beziehung zueinander ernst. Man darf hier keine Abkürzung nehmen, sondern sollte sich intensiv sowohl um die Wahrnehmung des Textes als auch der Lebenswelt sowie die Verbindung beider Welten bemühen.

Lange schreibt weiter

> *„Ich rede mit dem Hörer über sein Leben nicht aus dem Fundus meiner Lebenserfahrung, meiner größeren Bildung, meiner tieferen Weisheit, meiner religiösen Inspiration. Ich rede mit ihm über sein Leben im Licht der Christusverheißung, wie sie in der Heiligen Schrift bezeugt ist. Und d. h. letztlich: Ich rede mit ihm auf Grund von biblischen Texten. Aber es wird genau zu überlegen sein, was das bedeutet und welche Rolle der biblische Text in meiner Bemühung, mich mit meinem Hörer zu verständigen, tatsächlich spielt. Der Hörer soll verstehen, dass der Gott, für den Jesus spricht, der Herr der Situation, der Herr auch seiner spezifischen Lebenssituation ist." (Lange 1982: 57f.)*

Damit beschreibt Lange die anspruchsvolle und herausfordernde Aufgabe einer Predigt. Damit diese gelingt, müssen Menschen, die predigen, möglichst in beiden Welten zu Hause sein und eine kommunikative Brücke zwischen beiden bauen. Michael Herbst schreibt dazu:

> *„Die Predigt soll Verheißung und Wirklichkeit miteinander „versprechen", also bei einander halten und füreinander beanspruchen. Wenn das geschieht, und nur dann, wenn es geschieht, kann wirklich von der Kommunikation des Evangeliums die Rede sein. Die Situation an sich predigt nicht, sondern erst das auf diese Situation hin ausgelegte Evangelium." (Eiffler/Herbst/Schneider 2022: 123)*

Lange spricht diesbezüglich von einer „Verständigungsbemühung", welche die Relevanz des Evangeliums aufzeigen möchte:

> *„Die Verheißung dieser Verständigungsbemühung ist das Einverständnis und die Einwilligung des Glaubens in das Bekenntnis der christlichen Kirche, dass Jesus Christus der Herr sei, und zwar in der zugespitzten Form, dass er sei mein Herr in je meiner Situation." (Lange 2006: 157f.)*

Der Predigtprozess an sich kann dieses Ziel nicht herstellen, aber die verkündigende Person kann dessen Erreichung fördern, indem sie sich um die Verständigung mit den Hörenden kümmert. Die Verständigung liegt also in der Verantwortung der predigenden Person.

Herbst schreibt dazu:

> *„Lange nimmt damit eine wichtige Unterscheidung vor. Er sagt: Die Verständigung liegt in der Verantwortung des Predigers und der Predigerin; das ist seine/ihre Pflicht. Das Ziel ist aber Einverständnis durch Verständigung. Und doch ist uns selbst nur die Verständigung durch unser [...] Arbeiten zugänglich. Einverständnis oder Einwilligung sind nicht machbar, sie sind Gottes Tat." (Eiffler/Herbst/Schneider 2022: 125)*

Hier berühren wir erneut die Grenze der Predigt, denn:

> *„Sie ist eine „Mitteilung an den Hörer, die auf sein Einverständnis und seine Einwilligung zielt. Sind Einverständnis und Einwilligung dabei als Akte persönlicher Entscheidung letztlich unverfügbar, so setzen sie doch allemal Verständigung voraus. Für das Gelingen solcher Verständigung sind die Kommunizierenden voll verantwortlich. Verständlichkeit der Predigt ist daher unabdingbares Kriterium ihrer Auftragsgemäßheit."" (Lange 1982: 49)*

Der Predigtprozess ist die Kunst, diese Spannung auszuhalten und einerseits die skizzierte Grenze zu erkennen und zu respektieren und anderseits die eigene Verantwortung und Aufgabe wahrzunehmen und zu gestalten. Timothy Keller unterscheidet hier zwischen einer guten und einer großartigen Predigt. Dass eine Predigt gut (und z. B. nicht langweilig) ist, liegt in der Hand derjenigen Person, die predigt. Dass eine Predigt großartig (also Real Talk) ist, d. h., dass die Hörenden berührt werden und mit Glauben antworten, liegt in Gottes Hand:

> *„Während jedoch der Unterschied zwischen einer schlechten und einer guten Predigt hauptsächlich in der Verantwortung des Predigers liegt, liegt der Unterschied zwischen einer guten und einer großartigen Predigt hauptsächlich im Wirken des Heiligen Geistes sowohl im Herzen des Zuhörers als auch des Predigers." (Keller 2015: Pos 157)*

Wieso wir (immer noch) predigen – praktische Gründe

Die Predigt ist also eine spezifische – bereits biblisch bezeugte – Form der Kommunikation des Evangeliums. Als diese spezifische Form zeichnet sie im Besonderen sowohl ihr Ort (Gottesdienst) als auch ihre Form (Rede) aus. Als Variante der Kommunikation des Evangeliums zeichnet sie im Allgemeinen zudem ihre dialogische Kommunikationsform aus, d.h., die predigende Person bemüht sich um Verständnis mit dem Wunsch, dass Menschen die Relevanz des Evangeliums entdecken und mit ihrem Glauben und Leben einstimmen. Nach der Darstellung theologischer Gründe für die Predigt als eine Form der Kommunikation des Evangeliums sollen nun weitere – eher praktische – Gründe für diese Kommunikationsform genannt werden.

Gottesdienst als (hilfreicher) Kontext der Predigt

Zu den Besonderheiten der Predigt als einer Form der Kommunikation des Evangeliums zählt ihr Ort: In der Regel begegnet sie uns als Auslegung eines biblischen Textes in Form einer Rede in einem Gottesdienst. Nach dem Evangelischem Gottesdienstbuch ist sie in einem evangelischen Gottesdienst in Teil B „Verkündigung und Bekenntnis“ platziert:

> *„Die Predigt ist eingebettet in das Gesamte des Gottesdienstes und der Gottesdienst als Ganzer kommuniziert das Evangelium – dies ist keineswegs auf die Predigt beschränkt, sondern findet auch in der Kirchenmusik, in Lesungen und Gebeten sowie Gebetsrufen statt. Im besten Fall ergänzen Predigt und Liturgie einander und weisen gemeinsam auf dieselbe Person: Jesus Christus.“ (Eiffler/Herbst/Schneider 2022: 27)*

Der Gottesdienst bietet sich somit als passender Ort für die Predigt als besondere Redeform an, weil er Menschen ins Gebet führt – also in die Gegenwart Gottes und in das Gespräch mit ihm. Dabei folgt ein evangelischer Gottesdienst in seiner Grundform folgender Logik: ankommen, beten, Schuld bekennen, Gottes Vergebung zugesprochen bekommen, Gott anbeten und beten, Gottes Wort hören und den Glauben bekennen, für andere beten, gesandt und gesegnet werden. Der Gottesdienst ist folglich als solcher bereits Gebet bzw. „Anrufung" Gottes (vgl. Meyer-Blanck 2020: 114–129; 409). Diese Grundform kann sehr unterschiedlich gestaltet werden und wird im Rahmen von Gottesdiensten mit Jugendlichen ganz eigene Formen finden. Dabei ist es jedoch sinnvoll, der Logik treu zu bleiben, damit Menschen durch den Gottesdienst ihren Weg ins Gebet und in die Gegenwart Gottes finden.

Der Weg, den ein Mensch im Rahmen eines Gottesdienstes geht, bietet somit einen geeigneten Kontext für die Predigt, in der die predigende Person in der Regel über das menschliche Leben im Licht der Verheißung Gottes spricht. Eingebettet in Gesang, Gebet, Fürbitte, Textlesung und Stille kann die Predigt zu einer persönlichen, reflexiv-kognitiven Auseinandersetzung mit dem Evangelium anregen, welche durch andere – eher affektive – Formen ergänzt wird. Das wiederum eröffnet den Raum für eine ganzheitliche Beschäftigung mit der Bibel, dem Evangelium und der Einladung Gottes.

Dieser Kontext, der verschiedene Sinne und Ebenen des Menschseins anspricht, eignet sich gut, damit sich Menschen grundsätzlich und umfassend mit Gottes Zuspruch und Anspruch an das eigene Leben beschäftigen. Der Gottesdienst bietet Gelegenheit, um auf das Gehörte zu reagieren, mit Gott zu sprechen und für andere zu beten. Zudem ermöglicht die Gemeinschaft mit anderen Menschen, sich mit ihnen über den Inhalt der Predigt sowie die eigene Betroffenheit, mögliche Anfragen, Widerstände etc. zu unterhalten und andere Perspektiven zu erhalten. Schließlich dient die Predigt als ein Teil des Gottesdienstes dem Ziel des gesamten Gottesdienstes: nämlich dass Menschen die Möglichkeit bekommen, Gott zu begegnen und mit ihm ins Gespräch zu kommen. Der Bonner Theologe Michael Meyer-Blanck geht sogar so weit zu sagen, dass „Predigt und Liturgie nur zusammen als Gestalt des Evangeliums (bzw. des Wortes Gottes)" (Meyer-Blanck 2020: 2) gelten können.

Menschen, die einen Gottesdienst besuchen, tun dies in der Regel freiwillig und absichtsvoll, d. h. die meisten Menschen, die eine Predigt hören, sind in irgendeiner Form bereit, sich mit dem Inhalt auseinanderzusetzen. Diese anzunehmende Situation zeigt das Potenzial für die Kommunikationsform Predigt, da man zumeist nicht erst um die Aufmerksamkeit werben muss, sondern diese voraussetzen und an sie anknüpfen kann. Bei Konfirmand:innen und Jugendlichen ist dies vermutlich nicht immer der Fall. Deshalb sollte sich eine Predigt mit Jugendlichen intensiv um ihre Aufmerksamkeit und ihr Interesse bemühen und es nicht einfach voraussetzen. Wenn es gut läuft, dann trägt der gesamte Gottesdienst zu einer Verständigung bei und fördert somit die Möglichkeit eines Einverständnisses und einer Einwilligung der Menschen, die Gottesdienst feiern.

Jeder Gottesdienst ist ein dialogisches Geschehen zwischen Gott und seiner Gemeinde: Im Vorlesen biblischer Texte und in Predigten spricht Gott die Gemeinde an und in Gesang und Gebet antwortet die Gemeinde Gott. Somit dient jeder Gottesdienst „der Gestaltwerdung der Beziehung zu dem in seinem Wort gegenwärtigen Christus und seiner Gemeinde“ (Eiffler/Herbst/Schneider 2022: 30).

! Do it!

Überleg mal für dich selbst: Wie hast du Gottesdienste bisher erlebt?

- Boten/bieten Sie einen hilfreichen Rahmen, um von Gott angesprochen zu werden?
- Wenn ja: Was hat dazu beigetragen?
- Wenn nein: Was war das Problem?

Sprechen als der eindeutigste Modus der Kommunikation

Zu den Besonderheiten der Predigt als einer Form der Kommunikation des Evangeliums zählt neben ihrem Ort auch ihr Modus. Predigen heißt sprechen und nicht tanzen, singen oder gestikulieren. Der Vorteil des Sprechens lieg darin, dass es – im Vergleich zu anderen Formen der Kommunikation – ziemlich eindeutig ist.

Die Einschränkung mit ‚ziemlich' ist bewusst gewählt, da natürlich nicht jedes Sprechen eindeutig ist und nicht alle intendierten Wirkungen einer Rede auch so eintreffen, wie erhofft. Wie für alle Kommunikationsformen gilt auch für die Predigt, dass sie falsch oder missverstanden werden kann. Ihr Inhalt und ihre Absicht kann anders wahrgenommen werden, als es die sprechende Person beabsichtigt hat. Jeder Kommunikation wohnt eine Offenheit ihrer Rezeption inne. Das gilt auch für die Predigt.

Dennoch gilt: Sprechen ist eindeutiger als z. B. Tanzen oder Gestikulieren. Es ist auch eindeutiger als Singen, denn beim Singen können Worte aufgrund der Intonation gelegentlich schlechter verstanden werden. Das Sprechen ist somit derjenige Modus der Kommunikation, der dem Evangelium am angemessensten ist, denn die Botschaft des Evangeliums zielt darauf, verstanden sowie erfahren zu werden und das Leben von Menschen zu verändern (vgl. u.a. Apostelgeschichte 1,8; 2,14–41; 4,23–31; 8,26–40; 9,1–18; 10,1–47; 17,24–31 und 26,24–29).

Die Predigt als Rede ist Ausdruck der Bemühung einer sprechenden Person, möglichst verstanden zu werden und auf Resonanz zu treffen. Eine predigende Person hat immer die Intention, mit Worten etwas zu bewirken und dass diese nicht einfach ungehört verhallen. Predigt will etwas und deshalb ist die Form der Rede angemessen, da dies die eindeutigste Form menschlicher Kommunikation ist. Dies führt zum dritten Aspekt: Predigt ist menschliche Rede.

Predigen als menschliche Form der Kommunikation

Neben dem Ort und dem Modus der Predigt besteht ihr Potenzial in der Tatsache, dass es sich bei einer Predigt um eine Form menschlicher Kommunikation handelt. Darin drückt sich zweierlei aus: Beziehung und Zugänglichkeit.

Dass im Rahmen einer Predigt Menschen mit Menschen kommunizieren, weist auf die soziale Dimension hin, die dem christlichen Glauben innewohnt und nicht zuletzt Ausdruck der Beziehungsdynamik der Trinität ist. Glaube ist Beziehung – Beziehung zwischen Gott und Mensch. Glaube ereignet sich häufig im Kontext menschlicher

Beziehungen und Gemeinschaft. Er entsteht durch Gottes Wort und Gottes Anrede und diese Anrede ist meist die Anrede durch einen Menschen. Letztlich sind die biblischen Texte als Texte von Menschen für Menschen ebenfalls eine Form menschlicher Kommunikation. Gott ist Beziehung, Gott sucht Beziehung und Gott stiftet Beziehung. Somit sollte es kaum überraschen, dass Gott zwischenmenschliche Kommunikation nutzt, um uns Menschen anzusprechen und einzuladen. So spricht z. B. der Mensch Paulus mit den Frauen am Fluss und Gott öffnet Lydia das Herz (vgl. Apostelgeschichte 16,11–15), sodass sie glaubt und sich taufen lässt. Anschließend lädt sie die Reisenden in ihr Haus ein und dort entsteht vermutlich die erste christliche Gemeinde Europas. Die Predigt des Paulus am Flussufer an einem Sabbat im Rahmen eines Gottesdienstes unter freiem Himmel stiftet mehrere Beziehungen und inmitten des Geschehens handelt Gott.

Predigen hat somit auch etwas Egalitäres, denn predigen kann jeder Mensch, der von Gott berufen ist. Die Berufung wiederum hängt nicht von äußeren Eigenschaften wie formaler Bildung oder das Bekleiden eines Amtes ab. Die biblischen Berichte sind voll davon, dass Gott gewöhnliche Menschen beruft, damit sie das Evangelium zu den Menschen predigen und Zeugnis geben. Simon Petrus, der die berühmte erste Pfingstpredigt (Apostelgeschichte 2) gehalten hat, war ein einfacher Fischer (mit offensichtlichen Charakterschwächen) – was den religiösen Eliten durchaus aufgefallen ist (vgl. Apostelgeschichte 4,13).

Somit wird deutlich, dass Menschen nicht nur im Gottesdienst das Evangelium verkünden, wenngleich er, wie bereits erwähnt, ein geeigneter Ort ist. Und so verweist auch Christian Grethlein im Anschluss an Ernst Lange darauf, dass die Kommunikation des Evangeliums eben nicht nur in der Gemeinde und der Predigt stattfindet, sondern u. a. auch in der Familie, der Diakonie und der Schule ihren Ort hat. Die Menschen, die an diesen Orten das Evangelium kommunizieren, sind häufig keine Pfarrer:innen oder anderweitig ausgebildete bzw. beauftragte Personen (vgl. Grethlein 2016: 331–459; 460–507).

Predigen als Ausdruck göttlicher Gnade

Obwohl die Predigt also menschlich ist in dem Sinne, dass es nun mal Menschen sind, die zu anderen Menschen sprechen, so ist sie gleichzeitig Ausdruck von Gottes Wunsch, uns auf Augenhöhe zu begegnen und uns einen menschlichen Zugang zu ihm selbst zu eröffnen. Gott beugt sich zu uns hinab – in seiner Schöpfung, in seinem Sohn, in seinem Wort, in der Predigt. Er kommt zu uns.

Der australische Franko-Romanist Christopher Watkin spricht von einem u-förmigen Geschehen göttlichen Handelns (vgl. Watkin 2022: 191–193; 241–255). Er beschreibt damit den Umstand, dass in den biblischen Erzählungen Gott stets die Initiative ergreift und handelt – sei es bei der Berufung Noahs, beim Bund mit Abraham oder dem Exodus des Volkes Gottes aus Ägypten. Gott handelt und Menschen reagieren darauf. Dies ist das Gegenteil einer n-förmigen-Logik vieler Religionen, wo zunächst der Mensch handelt (z. B. indem er ein Opfer bringt), um eine erhoffte göttliche Reaktion auszulösen (Schutz oder Segen). Die biblischen Erzählungen stellen diese Logik auf den Kopf.

Watkin hebt zwei biblische Erzählungen hervor, um dies zu veranschaulichen: In 1. Mose 15 schließt Gott einen Bund mit dem schlafenden Abram. Allein Gott verpflichtet sich zur Einhaltung des Bundes. Dies ist kein Bund zwischen zwei gleichwertigen Partnern, sondern eine einseitige Zusage: „Diese radikale Asymmetrie zwischen Abram und dem Herrn durchbricht die übliche Forderung nach Gegenseitigkeit“ (Watkin 2022: 242). In 1. Mose 22 entdeckt Watkin in der Antwort Abrahams auf die Frage Isaaks, wo denn das Opfer sei, das revolutionäre Neue, das die Bibel offenbart: „Gott wählt sich das Opferlamm aus, mein Sohn.“ (1. Mose 22,8) Konkret bedeutete dies laut Watkin, dass Gott nicht nur das Opfertier auswählte, er stellte es sogar zur Verfügung (vgl. V. 13). „Die Botschaft, die Abraham aus diesen Ereignissen mitnehmen kann, ist glasklar: Der Herr selbst wird das Opfer bringen“ (Watkin 2022: 253). Das Anstößige an dieser Geschichte besteht – für antike Ohren anders als für uns – nicht in der Opferung eines Kindes (wenngleich dies für Menschen jüdischen Glaubens keine Option war). Der Anstoß liegt woanders:

> *„Der zweite Schock, besonders für den antiken Leser, der in einer n-geprägten Kultur aufgewachsen ist, findet sich in den Versen 12 und 13. Erstens hat Gott selbst das Opfer abgesagt, und zweitens (hier liegt der eigentliche Skandal!) hat Gott selbst das Lamm bereitgestellt. Bei kultischen Opfern zwischen Göttern und ihren Völkern in der antiken Welt wurden die Opfer den Göttern in der Hoffnung auf eine Gegenleistung dargebracht; sie wurden nicht von den Göttern bereitgestellt. Der Gedanke, dass ‚Gott selbst das Lamm zur Verfügung stellen wird', hätte in dieser Art von Kultur überhaupt keinen Sinn ergeben, und er mag auch für Abraham und seine Nachkommen wenig Sinn gehabt haben. Zumindest bis zu dem Zeitpunkt, als Johannes der Täufer 2000 Jahre später in der Wüste von Judäa ausruft: ‚Seht, das Lamm Gottes, das die Sünde der Welt wegnimmt' (Johannes 1,29). Daraus folgt, dass diese Passage keineswegs eine Kultur der Menschenopfer gutheißt, sondern sie aktiv und unwiderruflich untergräbt, eben weil ‚Gott selbst das Lamm zur Verfügung stellen wird'. Damit wird das n-förmige Paradigma des ‚Du kratzt mir den Rücken und ich kratze dir den Rücken' durch eine u-förmige Dynamik ersetzt, in der Gott aus freien Stücken eine Beziehung zu einem Menschen aufnimmt, der daraufhin in einer Haltung der Dankbarkeit antwortet."*
> *(Watkin 2022: 254)*

In Jesus findet die u-förmige Logik der Gnade ihren Höhepunkt und ihre Vollendung. Predigt als menschliche Rede ist Ausdruck des göttlichen Willens, den ersten Schritt zu tun und uns dort zu begegnen, wo wir sind.

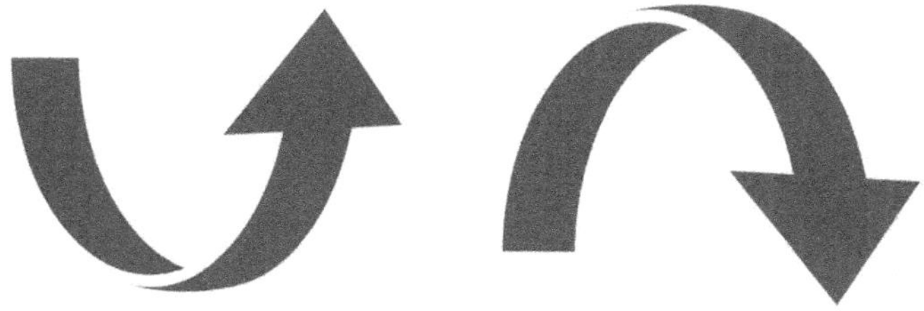

Abb. 2: n-förmige und u-förmige Logik (eigene Grafik nach Watkin 2022: 185–193)

! Do it!

Formuliere mal für dich:
- Wie würdest du einem:r Freund:in die n-förmige Logik erklären?
- Wie würdest du einem:r Freund:in die u-förmige Logik erklären?

Predigen als Eröffnung der Bibel für die Gegenwart

Predigen bedarf verschiedener Kompetenzen

Eine Person, die mit Jugendlichen predigen möchte, braucht bestimmte Kompetenzen. Dazu bedarf es keines Theologiestudiums, aber ein paar grundlegende Fertigkeiten sind nötig, um der durchaus anspruchsvollen Aufgabe des Predigens gerecht zu werden.

Teil 1: Theologische Kompetenz

Ernst Lange beschreibt Predigen als ein Reden mit dem Hörer „über sein Leben im Licht der Christusverheißung, wie sie in der Heiligen Schrift bezeugt ist." Das bedeutet letztlich, dass eine predigende Person „auf Grund von biblischen Texten" (Lange 1982: 57f.) predigt. Um dieser Aufgabe gerecht zu werden, muss sie die biblischen Texte kennen und einen geschulten Umgang mit ihnen haben. Die biblischen Texte zu kennen, heißt idealerweise, um die zeitgeschichtlichen Kontexte und Bedingungen ihrer Entstehung sowie ihrer kulturellen Verwurzelung zu wissen und die in ihnen verwandten Motive, Bilder, Anspielungen und Abgrenzungen zu verstehen.

Ohne eine grundlegende Kenntnis dieser Dinge kann man die Bibel falsch oder nur teilweise angemessen verstehen, da man leichter Dinge hineinlesen oder falsche Schlüsse ziehen kann. Um diese Buchsammlung, die ungefähr zwischen 2000 und 3000 Jahre alt ist, für die Gegenwart zu öffnen, bedarf es exegetischer und hermeneutischer Kompetenzen.

Das bedeutet nicht, dass Menschen ohne eine entsprechende Ausbildung keinen Nutzen aus dem Lesen der Bibel ziehen können – ganz im Gegenteil! Es heißt auch nicht, dass nur jemand (öffentlich) über die Bibel sprechen darf, der eine angemessene Bildung empfangen hat. Wir sollten hier nicht hinter die Wiederentdeckung des allgemeinen Priestertums der Reformation zurückgehen.

Aber: Die Tatsache, dass die Bibel aus einem anderen kulturellen Setting, einer anderen Zeit und vor dem Hintergrund anderer Denkvoraussetzungen verfasst worden ist, verlangt nach einer fachlich kompetenten Auslegung der biblischen Texte für die Gegenwart. Zudem gilt: Wenn die Bibel öffentlich in Form einer Predigt ausgelegt wird, ist die Wahrung einer bestimmten Qualität unbedingt notwendig. Eine fachkompetente Auslegung der Bibel erhöht die Wahrscheinlichkeit, dass Menschen die Relevanz ihrer Botschaft für das eigene Leben entdecken. Dies stiftet keinen Glauben und folglich kann sich die Relevanz auch ohne fremde Hilfe erschließen. Aber eine exegetisch-hermeneutische Kompetenz – welche die Grenzen der eigenen Möglichkeiten kennt und wahrt – ist Ausdruck einer „Verständigungsbemühung“ (Lange) zwischen dem Text und den gegenwärtig Hörenden. Dass die biblische Botschaft letzten Endes die Herzen der Menschen berührt, liegt natürlich allein in der Hand des Geistes Gottes. Jedoch: Analog zu Taufe und Abendmahl bedient er sich auch hier menschlichen Handelns und wirkt in, mit und unter menschlichen Worten.

Die hier beschriebene Kompetenz besteht keineswegs in einem abgeschlossenen Theologiestudium. Es gibt auch kleinere, eher grundlegende Formate biblisch- bzw. hermeneutisch-theologischer Aus,-, Fort- und Weiterbildung, die helfen, einen kompetenten Umgang mit der Bibel zu erlernen und der homiletischen Aufgabe gerecht zu werden. Zudem gibt es zahlreiche Hilfsmittel, die auch für nicht theologisch gebildete Menschen verfüg- und anwendbar sind (siehe unten Kapitel 6 und vgl. dazu auch Eiffler/Herbst/Schneider 2022: 106–118). Die Veröffentlichungen zur Bibel, die z. B. von dem Germanisten Gerhard Kaiser (Kaiser 2011) oder dem Franko-Romanisten Christopher Watkin (Watkin 2022) vorgelegt wurden, zeigen eindrücklich, dass auch Menschen anderer Fachrichtungen und Professionen Substanzielles und Hilfreiches zum Verständnis der Bibel für die Gegenwart beitragen können.

Teil 2: Kulturell-kontextuelle Kompetenz

Wenn Predigen heißt, mit Menschen über ihr Leben zu reden, dann bedarf ein predigender Mensch neben theologisch-hermeneutischer auch kulturell-kontextueller Kompetenz. Wer predigen möchte, muss eine Brücke in zwei Richtungen bauen – zum biblischen Text und seiner Welt und zu den Hörenden und ihrer Welt (vgl. Stott 1994: 137–144). Dazu bedarf es z. B. eines Wissens um die Kultur der Menschen, die Fragen der Zeit, die Grundströmungen der Gegenwart. Dies umfasst sowohl eine globale und gesellschaftliche als auch eine lokale und persönliche Ebene.

Die Wahrnehmung eines Kontextes und die Kenntnis einer Kultur ist auch eine Form von Hermeneutik – eben eine Kunst des Verstehens. Die Kontexte können sowohl sozialräumlich als auch kulturell oder digital sein. Um diese Kontexte „lesen" und verstehen zu können, gibt es zahlreiche Methoden (vgl. u. a. Spatscheck/Wolf-Ostermann 2016: besonders 37–127, Faix/Reimer 2012 und Eiffler 2023) sowie Hilfsmittel und (digitale) Tools, wie z. B. die digitale Toolbox-Sozialraumanalyse von midi, welche speziell für die Nutzung im Rahmen kirchlich-diakonischer Praxis entwickelt worden ist.[1]

Eine Predigt entsteht erst dann, wenn die verkündigende Person es schafft, biblische Einsichten und Wahrheiten mit der je aktuellen Kultur ins Gespräch zu bringen und wechselseitige Anknüpfung herzustellen. Oder anders ausgedrückt: Predigt entfaltet dann ihr Potenzial, wenn sie ausgehend von konkreten „Lebensfragen und im Dialog mit der Bibel ‚hart an der Realität' bleibt" (Cornehl/Grünberg 2004: 289). Diese Bemühung ist kein sekundärer Schritt, der zur eigentlichen homiletischen Aufgabe hinzutritt – im Gegenteil: In der homiletischen Besinnung liegt das Herzstück homiletischer Arbeit (vgl. Grözinger 2008: 9–44; Engemann 2020: 455–486 und Eiffler et al. 2022: 119–156). Christopher Watkin benutzt das Bild des dreidimensionalen Sehens und schreibt:

1 https://www.mi-di.de/wir-hier (Abruf 14. 02. 2024).

> *„Christsein in der Endzeit erfordert ein binokulares Sehen. Das menschliche Sehvermögen kann Objekte aufgrund des Prinzips der Parallaxe dreidimensional sehen: jedes unserer Augen sendet leicht unterschiedliche Bilder an das Gehirn, die dann zu einer dreidimensionalen Wahrnehmung kombiniert werden. Die Vision der Kirche folgt demselben Prinzip: ein Auge sieht durch die Kultur der Zeit – in unserem Fall die Spätmoderne – und das andere ist in Bezug auf diese Perspektive verschoben und blickt durch die Linse der Verheißungen Gottes auf die zukünftige Erfüllung des Reiches Gottes. Ein Auge ist auf dieses Zeitalter gerichtet, das, was Augustinus das saeculum zwischen dem Sündenfall und dem zweiten Kommen Christi nennt, und das andere auf den neuen Himmel und die neue Erde." (Watkin 2022: 478)*

Um die Relevanz des Evangeliums zu entdecken, müssen die Hörenden zunächst verstehen, was die Botschaft des Evangeliums ist und was sie nicht ist. Hier gilt es, Annahmen und Vorurteile kritisch zu prüfen und um ein gemeinsames Verständnis zu ringen. In einer zunehmend säkularisierten Gesellschaft und Kultur sollte dieses Anliegen also entsprechend Aufmerksamkeit erfahren und Abkürzungen vermieden werden. Es geht letztlich um eine angemessene Kontextualisierung des Evangeliums, die sowohl der Botschaft des Evangeliums als auch dem zeitgenössischen Kontext gerecht wird. Timothy Keller schreibt dazu:

> *„Angemessene Kontextualisierung bedeutet, die Kommunikation und den Dienst des Evangeliums in eine bestimmte Kultur zu übersetzen und anzupassen, ohne das Wesen und die Besonderheiten des Evangeliums selbst zu beeinträchtigen. Die große missionarische Aufgabe besteht darin, die Botschaft des Evangeliums einer neuen Kultur so zu vermitteln, dass die Botschaft dieser Kultur nicht unnötig fremd wird, ohne jedoch den Skandal und den Anstoß der biblischen Wahrheit zu beseitigen oder zu verdunkeln. Ein kontextualisiertes Evangelium zeichnet sich durch Klarheit und Attraktivität aus und fordert dennoch die Selbstgenügsamkeit der Sünder heraus und ruft sie zur Umkehr auf. Es passt sich der Kultur an und verbindet sich mit ihr, fordert sie aber gleichzeitig heraus und konfrontiert sie. Wenn wir uns weder an die Kultur anpassen noch die Kultur herausfordern – wenn wir zu wenig oder zu viel kontextualisieren –, wird unser Dienst unfruchtbar sein, weil wir es versäumt haben, gut zu kontextualisieren." (Keller 2012: 89)*

Diese Bemühung ist keineswegs trivial und bedarf einer doppelten Beheimatung der predigenden Person: im biblischen Narrativ bzw. im Evangelium und in der Kultur bzw. Subkultur (z. B. der Jugendkultur). In diesem Prozess wird auch die predigende Person selbst immer wieder sichtbar werden – mit ihren kulturellen Prägungen und Präferenzen, Vorurteilen und Begrenzungen, Hoffnungen und Absichten. An dieser Stelle kommen wir der Frage der Relevanz auf die Spur, denn „es ist unabdingbar für die Brauchbarkeit einer Predigt, dass sie nur dann für irgendjemanden relevant werden kann, wenn sie der predigenden Person selbst als belangvoll erscheint und von ihr selbst gebraucht wird“ (Engemann 2020, 486). Dies führt uns zur Frage nach der Relevanz von Predigt.

Real Talk

Die vorpommersche Band Feine Sahne Fischfilet hat 2018 das Lied Zuhause als Teil des Albums *Sturm und Dreck* herausgebracht.
Liest man den Liedtext kulturhermeneutisch vor dem Hintergrund des Evangeliums, so kann man darin verschiedene Sehnsüchte und Hoffnungen entdecken. Der Text knüpft an ein anthropologisches Grundbedürfnis an, denn „jeder Mensch braucht ein Zuhause“. Das Lied drückt eine Sehnsucht nach Gerechtigkeit, einer sicheren Heimat und Geborgenheit für alle Menschen aus. Es artikuliert einen Wusch nach einer Gesellschaft und einem Leben, das in dieser Welt „nur ein Traum“ bleibt. Die Autoren wissen um die Utopie ihres Wunsches.
Der amerikanisch-kroatische Theologe Miroslav Volf schreibt in seinem Aufsatz „Mission als Teilhabe an Gottes ‚Zuhause-Schaffen'“ Folgendes zum Thema Utopien: „Ein utopischer Traum kann […] der einzige Weg sein, an der Realität festzuhalten und zur Realität zurückzukehren.“ Im Blick auf die Bibel stellt Volf jedoch fest: „Biblische Texte sprechen jedoch nicht von Utopien, von Nicht-Orten.“ Statt eines Nicht-Ortes, verstünden biblische Propheten und Seher diese Orte als Noch-Nicht-Orte. Über diese Noch-Nicht-Orte schreibt Volf: „Prophetische Noch-nicht-Orte stellen dem Realen

nicht das Ideal gegenüber, sondern sie beschreiben das Ziel von Gottes Mission in der Welt und laden Menschen ein, sich an seiner Verwirklichung zu beteiligen." (Volf 2023: 224)
In Hinblick auf Jesu Verkündigung, z. B. die Seligpreisungen zu Beginn der Bergpredigt (Matthäus 5,3–12), kann man in dem Lied von Feine Sahne Fischfilet eine Sehnsucht nach dem Reich Gottes entdecken, welches von Jesus verkündigt und verkörpert worden ist, also die Sehnsucht nach einem Noch-nicht-Ort, dessen Kommen Gott verheißt und an dessen Verwirklichung Menschen sich beteiligen können.
Eine predigende Person könnte Jugendlichen diese Verbindung aufzeigen, ihre Sehnsucht nach Gerechtigkeit, einem Zuhause und nach Frieden (bzw. dem Reich Gottes) fördern und sie dazu einladen, sich von Gott ansprechen und berufen zu lassen, selbst Teil dieses Reiches zu werden und schon jetzt in dessen Licht zu leben. Wenn die Jugendlichen sich darauf einlassen, dann gilt für sie, was Volf im Fazit seines Textes schreibt:
„Wenn wir das tun – wenn wir uns, ermächtigt durch den Geist, der Mission Gottes in der Welt anschließen – versprechen die Hebräische Schrift und das Neue Testament gleichermaßen, dass wir die Welt als Gottes und unser Zuhause kennen und lieben lernen können – sowohl als das Zuhause, das es bereits ist, als auch das Zuhause, das es am Tag der Erscheinung Gottes werden wird." (Volf 2023: 237)

Praktische Herausforderungen

Zur Frage der Relevanz einer Predigt

Was ist Relevanz?

Das Interesse am Thema Relevanz hängt laut Michael Domsgen nicht zuletzt an einer abnehmenden Bedeutung (z. B. der Predigt), denn: „Hinter der Relevanzthematik steht die Pluralitätsthematik" (Domsgen 2020: 337). Man fragt also dann nach der Relevanz, wenn etwas nicht mehr unhinterfragt vorauszusetzen ist, da es Alternativen gibt. Die Existenz von ernsthaften Alternativen zu dem bisher Vorfindlichen ist gewissermaßen der Nährboden für die Frage danach, was als relevant empfunden wird: „Insofern verwundert es nicht, dass der Relevanzbegriff ein typisch spätmoderner Begriff ist" (Domsgen 2020: 337)." Der Begriff der Relevanz (lateinisch „relevare" = aufheben, erleichtern) kann mit Aufmerksamkeit, Wichtigkeit und Bedeutsamkeit oder Zugehörigkeit beschrieben werden. Relevanz beschreibt laut Domsgen eine lebensbedeutsame Erschließung eines Sachverhaltes in kognitiver, affektiver und pragmatischer Hinsicht bzw. mit Kopf, Herz und Hand (vgl. Domsgen 2020: 338).

Beim Begriff der Relevanz geht es also um eine Beziehung zwischen zwei Größen – es handelt sich folglich um einen Relationsbegriff. Die mit dem Wort Relevanz beschriebenen Beziehungen sind laut Manuel Stetter mindestens doppelt spezifiziert: Einerseits besitzt Relevanz einen bestimmten Fokus, d. h. eine Sache ist für einen Menschen aus anderen Gründen relevant als für einen anderen:

> *„So wird etwa für den einen ein Roman bedeutsam, weil er mit der Erstellung eines Essays zur Gegenwartsliteratur betraut ist, während ihn der andere in Blick auf sein Selbstverständnis als fruchtbar erfährt. Demselben Relevanzsubjekt eignet ein je anderer Relevanzfokus."* (Stetter 2014: 207)

Andererseits besitzt Relevanz einen je besonderen Modus: Ein Objekt ist für ein Subjekt nicht nur in bestimmter Hinsicht relevant (Fokus), sondern auch auf eine spezifische Art und Weise relevant:

> *„So mag der Roman in Blick auf mein Selbstverständnis dadurch an Relevanz gewinnen, dass er mir ein nuancierteres Vokabular für den Ausdruck meiner Empfindungen erschließt, dass er ein Lebensmodell narrativ in Szene setzt, mit dem ich mich identifiziere, oder dass mir in ihm immersive Kräfte begegnen, die es mir besonders leicht machen, die Anforderungen meines Alltags zu distanzieren."* (Stetter 2014: 207)

Schließlich führt Stetter aus, dass Relevanz nicht einfach objektiv gegeben, sondern Ergebnis subjektiver Urteile und Einschätzungen ist. Relevanz wird also zugeschrieben. Stetter schreibt dazu: „In gesteigerter Weise gilt dies, wenn das Subjekt der Zuschreibung mit dem Objekt der Relevanz in eins fällt, wenn ich also etwas für mich selbst als relevant empfinde und bewerte" (Stetter 2014: 207). Georg Bucher argumentiert in eine ähnliche Richtung und ergänzt: „Relevanz lässt sich nicht methodisch herstellen, argumentativ herbeiführen, kontrollierbar erzeugen, weil sie in subjektiv-situativ-selektiven Reflexionsprozessen allererst ‚generiert' wird bzw. ‚sich einstellt' oder eben ‚ereignet'" (Bucher 2021: 121). Inhaltlich lässt sich Relevanz mit Stetter noch etwas genauer konturieren: „Relevanz wäre insofern als das Phänomen zu umschreiben, dass etwas so mit uns ‚zu tun bekommt', dass es in Blick auf die Bewältigung unseres Lebens, ob im Großen oder im Kleinen, ‚einen Unterschied macht' und sich dadurch von anderem abhebt" (Stetter 2014: 216).

Für die Kommunikation des Evangeliums – und damit für die Predigt – spielt die Frage nach Relevanz eine wichtige Rolle, da Kommunikation kein Selbstzweck ist, sondern einerseits einen bestimmten Inhalt und andererseits eine Absicht hat bzw. ein Ziel verfolgt: „Kommunikation um der Kommunikation willen läuft ins Leere und wird rasch als hohl empfunden. Insofern ist der Kommunikationsbegriff bezogen auf die Kirche nicht von seinem Genitiv ‚des Evangeliums' abzulösen, der logisch sowohl Ursache wie Gegenstand der Kommunikation benennt" (Hauschildt/Pohl-Patalong 2013: 413). Die Kommunikation des Evangeliums beschreibt Inhalt und Auftrag der Kirche. „Von ihm her sind die Kommunikationsvorgänge der Kirche zu betrachten, und seine Relevanz im und für das Leben der Kommunikationspartner stellt das Kriterium für gelungene Kommunikation dar" (Hauschildt/Pohl-Patalong 2013: 414).

Folglich zielt eine Predigt als Variante der Kommunikation des Evangeliums darauf ab, dass die Kommunikationspartner:innen das Evangelium als für sich relevant entdecken. Dazu bedarf es eines Aneignungsgeschehens, eines „Sich-in-Beziehung-Setzens" zu dem Gegenstand der Kommunikation, „wobei dieses In-Beziehung-Setzen ganz unterschiedlich ausfallen kann: in zustimmender, ablehnender oder auch gleichgültiger Weise“ (Domsgen 2020: 338). Wenn also eine Predigt als relevant empfunden werden soll, dann muss sie eine subjektive Auseinandersetzung und Aneignung auslösen und fördern. Im besten Fall löst sie eine persönliche (und positive) Resonanz aus. Letztlich geht es um kommunikative Relevanzerkundung, die den Gegenstand der Kommunikation (Evangelium) mit dem Leben und dem Alltag der Jugendlichen ins Gespräch und in Beziehung bringt (vgl. Stetter 2014: 218). Die Aufgabe einer predigenden Person ist also nicht, die Relevanz des Evangeliums einfach zu behaupten, sondern sie darzulegen und zu begründen sowie Erfahrungsräume zu eröffnen, in denen die Kraft des Evangeliums erlebt werden kann.

Wie entsteht Relevanz?

Stetter nennt im Anschluss an Alfred Schütz drei Ebenen, auf denen sich Relevanz einstellen kann: thematisch, interpretativ und motivational (bzw. hinsichtlich der Weltwahrnehmung, der Weltdeutung und der Weltgestaltung).

- *Thematische* Relevanz bedeutet, dass aus der Fülle an Informationen und Themen eines als besonders wichtig heraussticht und zur intensiveren Auseinandersetzung anregt. Dabei können grundsätzlich *wesentliche* und *auferlegte* thematische Relevanzen unterschieden werden: Eine *auferlegte* Relevanz wird von außen an einen Menschen herangetragen und ihr wohnt ein Moment des Unvertrauten inne – so weckt z. B. etwas Unerwartetes häufig Interesse. Eine *wesentliche* Relevanz entspringt aus einer freiwilligen, stärker intrinsischen Zuwendung zu einem Objekt.
- *Interpretativ* relevant ist etwas, wenn es dabei hilft, die als bedeutsam identifizierten Themen sinnvoll und (persönlich) hilfreich zu interpretieren und zu deuten.
- *Motivationale* Relevanz beschreibt die Auswirkungen eines relevanten Themas auf das Handeln und die Lebensführung eines Menschen. Hierbei sind vor allem zwei Momente bedeutend: Wichtigkeit und Interesse. Folglich hängt die Frage nach Relevanz vor allem an Aspekten der Lebenspraxis und der Lebensdienlichkeit. Dies geht keineswegs in einem reinen Pragmatismus auf, sondern berührt auch Fragen der eigenen Identität und des Sinns

und Ziels der eignen Existenz. In diesem Sinne berührt der Begriff der Relevanz Fragen der Lebensführung und Lebensbewältigung (vgl. Stetter 2014: 209–212).

Weltwahrnehmung (Schütz: thematisch relevant)	(a) Anvertrauen/Provokation/Irritation	>>auferlegt<< (a) und >>wesentlich<< (b) werden jeweils unterschieden; alle drei Relevanzstrukturen konstituieren ein >>interdependentes Bündel<<. Ihre Differenzierung verdankt sich einer idealtypischen Abstraktion.
	Praxisvollzüge/rituelle Handlungsabläufe: können innere Reaktionen auslösen	
	(b) freiwillige Aufmerksamkeitszuwendung	
Weltdeutung (Schütz: interpretativ relevant)	(a) Passiv generierte Sinnkonstruktionen	
	(b) Problemauslegungen durch Erkundung relevanter Deutungschancen	
Weltgestaltung (Schütz: motivational relevant; >>Wichtigkeit<<, >>Interesse<<); Bewältigung des Alltags und des Lebens: >>gewisse Priorität<<	(a) Um-zu Motive, d.h. Zwecke für Pläne, auch für den Lebensplan	
	(b) Weil-Motiv: Einstellungen, Charakterzüge	

Abb. 3: Grundkategorien der Welterschließung (eigene Grafik nach Bucher 2021: 122)

Ausgehend von dieser Darstellung kann man mit Schütz und Stetter resümieren, dass Relevanz differenziert, kontextuell-biografisch und autorekursiv ist. Sie ist differenziert, da für ein und dasselbe Subjekt eine Sache in mehrerer Hinsicht relevant sein kann. Kontextuell-biografisch sind Relevanzuschreibungen deshalb, weil sie von individuellen Voraussetzungen und Prägungen, aber auch Vorurteilen und Festlegungen geprägt sind. Und schließlich sind sie autorekursiv, da Relevanzzuschreibungen aufgrund vorangegangener Relevanzentdeckungen vorgenommen werden: „In diesem Sinne beruht Relevanz auf Relevanz. Was uns wichtig erscheint, ist abhängig von früheren Relevanzerfahrungen" (Stetter 2014: 212).

Dan Sperber und Deirdre Wilson nähern sich der Frage nach Relevanz kognitionspsychologisch (vgl. Stetter 2014: 212–215). Sie beschreiben zwei Aspekte für Relevanz: Es wird erstens das Objekt relevant, welches einen positiven kognitiven Effekt auf uns hat, d.h. etwas, das unser Nachdenken anregt, eine neue Perspektive eröffnet, ein Problem löst oder eine Verengung weitet etc. Ein Gegenstand wird also dann als relevant wahrgenommen, wenn er in Berührung mit dem eigenen Leben und dessen Fragen steht und das Leben positiv beeinflusst und bereichert. Eine schlichte Wiederholung dessen, was ein Menschen bereits weiß, wird eher gleichgültig zur Kenntnis genommen, denn „Seine Verarbeitung ‚macht keinen Unterschied' für mich" (Stetter 2014: 213). Der zweite Aspekt ist der des Aufwands, den die Verarbeitung oder Aneignung eines Gegenstandes erfordert. Hier gilt die Faustregel: „Je höher der Aufwand, desto geringer die Relevanz" (Stetter 2014: 213). Führt man den Gedanken fort, dann ergibt sich eine Kosten-Nutzen-Rechnung, die wie folgt lautet: „Ein Gegenstand ist umso relevanter, je höher die Effekt-Seite und je geringer die Aufwand-Seite" (Stetter 2014: 214). Folglich wird Relevanz weniger als ein strenges Entweder-oder verstanden, sondern als ein graduelles Mehr-oder-weniger.

! Do it!

Überleg mal für dich:

- Auf welche Weise wird dir etwas wichtig bzw. für dich relevant?
- Was fördert die Entdeckung von Relevanz und was behindert sie?

Was heißt das nun für das Predigen mit Jugendlichen?

Grundsätzlich gilt, dass die oben bereits beschriebene kulturell-kontextuelle Kompetenz Voraussetzung dafür ist, dass eine Person eine relevante Predigt für und mit Jugendlichen entwickeln und halten kann. Zu dieser Situationshermeneutik schreibt Michael Domsgen:

> *„Ein wesentliches Moment für die Erkundung möglicher Relevanzen ist die intensive Auseinandersetzung mit den Lebenslagen heutiger Menschen. Das Relevanzpostulat führt also zu einer konsequenten Ausrichtung von Theorie und Praxis auf die aktuelle Lebenswelt. Sollen die Kommunikationsprozesse als relevant empfunden werden, ‚bedürfen ihre Kommunikationsformen*

stringente Bezüge zu den Situationen', in denen Menschen heute stehen." *(Domsgen 2020: 340)*

Was für Menschen allgemein gilt, trifft auf Jugendliche und ihre Kulturen ebenfalls zu und erfordert eine intensive Auseinandersetzung mit ihren Lebenswelten, Werten, Themen und Anliegen. Je tiefer die Verwurzelung der predigenden Person in der jugendlichen Lebenswelt ist, desto höher die Wahrscheinlichkeit, dass die Predigt das Evangelium auf eine für die Hörerschaft relevante Weise kommuniziert, da sich die Jugendlichen „in den kirchlichen Praktiken wiederfinden können" (Stetter 2014: 222). Dies umfasst auch Elemente wie Lebensnähe und Verständlichkeit.

Lebensnähe

Eine kulturell-kontextuelle Kompetenz lässt sich teilweise medial erwerben, da „sich über das Subjektive hinaus immer auch allgemeinere Relevanzstrukturen identifizieren" lassen (Domsgen 2020: 339). Sie entsteht aber vor allem dadurch, dass die predigende Person am Alltag und Leben der Jugendlichen teilhat. Gerade hinsichtlich spezifischer Interessen, Fragen oder Themen ist es unerlässlich, die Menschen, zu denen man sprechen möchte, persönlich zu kennen. Wer mit Jugendlichen predigen möchte, muss wissen, wer diese Menschen sind und was sie bewegt – auch als Individuen. Die Bemühung um eine Jugendhomiletik ist demzufolge eine wechselseitige Relevanzerkundung: Predigende erkunden die Relevanzen junger Menschen und Jugendliche erkunden die Relevanz des Evangeliums angesichts ihres Lebens mitsamt ihren Themen, Fragen und Wünschen. Solche Relevanzen können z. B. im Gespräch entdeckt und benannt werden. Gespräche dieser Art finden sowohl vor und nach als auch innerhalb einer Predigt statt. „Relevanzerkundung basiert daher neben quantitativen notwendig auf qualitativen Zugängen und setzt aufseiten der religiös Professionellen eine interaktive Grundhaltung voraus mit einem feinen Gespür für die alltäglichen Artikulationen der subjektiv bedeutsamen Fragen, Deutungen und Motive" (Stetter 2014: 218). Was für die Predigt gilt, kann (und sollte) auch auf andere kirchliche Aktivitäten, wie beispielsweise den Gottesdienst übertragen werden und berührt dort u. a. Fragen der liturgischen Gestaltung, der verwendeten Sprache, des primären Musikstils bzw. der kulturellen Formen allgemein.

Verständlichkeit

Neben der Lebensnähe bedarf es auch einer Bemühung um Verständlichkeit, um kommunikative Barrieren mindestens zu markieren oder auch abzubauen. Der Botschaft des Evangeliums wohnt etwas Fremdes inne, was durch zunehmende Säkularisierung und kulturelle Entfremdung verstärkt wird. Predigt als Kommunikation des Evangeliums hat die Aufgabe, unnötige Barrieren zu entfernen bzw. Verständnishilfen und Übersetzungsleistungen anzubieten. Um dies zu gewährleisten, bedarf es sowohl einer theologischen als auch einer kulturhermeneutischen Kompetenz seitens der predigenden Person. Dies bedeutet nicht, wie bereits erwähnt, dass diese Person Theologie studiert haben muss, aber eine eigenständige theologische Orientierung sowie theologische Grundkenntnisse sollten vorhanden sein, um beide Welten miteinander zu verbinden und mögliche Schwierigkeiten und Probleme bei der Verständlichkeit zu identifizieren und ihnen zu begegnen. Dies umfasst „Fragen der Wortwahl und ihrer gedanklichen Verknüpfung, Überlegungen zu ästhetischen Inszenierungsstrategien oder die klassisch protestantischen Kriterien der Verständlichkeit und leichten Nachvollziehbarkeit“ (Stetter 2014: 214).

Angemessene Kontextualisierung

Wir erinnern uns an Timothy Kellers Forderung nach einer angemessenen Kontextualisierung (sound contextualization). Vor diesem Hintergrund gilt es allerdings, der „Anstößigkeit“ des Evangeliums (z. B. als Botschaft vom Kreuz vgl. 1. Korinther 1,18–25) nicht die Spitze zu nehmen und gewissermaßen ein modifiziertes und für postmoderne Ohren vermeintlich anschlussfähigeres Evangelium zu kommunizieren. Watkin spricht in Anschluss an 1. Korinther 1,23 von der „offensive stupidity“ des Kreuzes (Watkin 2022: 430), und gerade die Begegnung mit Menschen ohne christliche Prägung kann eine hilfreiche Erinnerung an die Fremdheit und Zumutung dieser Botschaft sein. Die Kommunikation des Evangeliums eröffnet eine neue Perspektive (vgl. 1. Korinther 2,6–16) und stellt das Leben der Menschen in ein neues Licht. Diesen „Eigensinn" des Evangeliums und dessen Potenzial, „die eigentliche Wahrheit" (Lange) der Wirklichkeit des Lebens der Hörenden aufzudecken, gilt es zu bewahren und kommunikativ zur Geltung zu bringen.

Marilynne Robinson warnt vor dem Verlust einer Erweiterung der je eigenen Perspektive durch das Evangelium aufgrund einer allzu großen Bemühung um Relevanz:

> *„Es gibt ein Wort, das wie ein Fluch auf die amerikanische religiöse Kultur gefallen ist: Relevanz. In diesem Wort steckt eine ganze Reihe von Annahmen, zum Beispiel, dass die Substanz und die Grenzen eines Lebens bekannt sein können und dass sie nicht bereichert oder über den Kreis des Vertrauten, des Umgangssprachlichen hinaus erweitert werden sollten. Wir ermutigten uns selbst zu glauben, dass unser eigenes kleines, kurzes Leben das Maß aller Dinge sei. […] Der Test der Relevanz ein enger und kleinlicher Standard, systematisch unversöhnlich gegenüber allem, was die Spuren eines anderen Zeitalters, einer anderen Ära oder eines anderen Jahrzehnts trägt." (Robinson 2013: 36 – zitiert nach Stetter 2014: 220)*

Der Hinweis auf die Gefahr, dass die kritischen und erweiternden Dimensionen der Kommunikation des Evangeliums verloren gehen können, kann mit Blick auf die Arbeit von Schütz und Sperber/Wilson unterstrichen werden. Sie haben, wie bereits erwähnt, gezeigt, dass das Unerwartete bei einem Menschen Interesse auslöst (Schütz) und dass die schlichte Wiederholung dessen, was schon bekannt ist, von ihm kaum als relevant wahrgenommen wird (Sperber/Wilson). Stetter schließt daraus: „Kritik, Anregung, Veränderung haben Relevanz immer schon im Rücken" (Stetter 2014: 221). Um zu unterscheiden, ob es sich um eine unnötige Verfremdung der Botschaft des Evangeliums oder eine ihr innewohnende Fremdheit handelt, bedarf es der bereits genannten theologischen sowie hermeneutisch-kulturellen Kompetenzen der predigenden Person.

Letztlich bewegt sich das Predigen zu und mit Jugendlichen auf einem schmalen Grat: Auf der einen Seite erleben Jugendliche das als relevant, was für sie Kontinuität zu bereits Bekanntem und als relevant Erlebtem aufweist. Folglich ist ein Anknüpfen an die spezifische jugendliche Lebenswelt unerlässlich, sodass die jungen Menschen zu folgender Entdeckung gelangen können: „etwas ‚trifft' unsere Situation, ‚entspricht' unserer Selbstdeutung, ‚spiegelt' unsere Wünsche, Werte und Projekte, ‚passt' zu Themen, die uns umtreiben" (Stetter 2014: 215) Sperber/Wilson. Andererseits nehmen sie die bloße Wiederholung dessen, was ihnen bereits bekannt und vertraut ist, kaum als relevant wahr. Folglich sollte die predigende Person den Jugendlichen das befremdliche sowie wirklichkeitserschließende Moment des Evangeliums zur Erkundung anbieten und sie dazu einladen, die Relevanz für die Wirklichkeit des eigenen Lebens zu entdecken. Das dritte Kapitel dieses Buches (Was predigen wir?) setzt sich intensiv mit dem Thema Evangelium und dessen Bedeutung für die Gegenwart auseinander.

Relevanz durch Affektion

Stetter weist darauf hin, dass im Ansatz von Sperber/Wilson der affektive bzw. emotionale Aspekt zur Bewertung von Relevanz zu wenig berücksichtig wird. Damit ist jedoch ein wichtiger Bereich menschlichen Lebens ausgeklammert. Unter Umständen führt das dazu, dass man die Bedingungen, die zur Entstehung von Relevanz führen, nicht hinreichend wahrnimmt, denn „Relevanz ist immer auch eine gefühlsbezogene Kategorie" (Stetter 2014: 215). Besonders bei Jugendlichen dürfte dieser Dimension eine wichtige Funktion zukommen. Dieser Aspekt ist laut Stetter aus folgendem Grund wichtig: Wenn ein Mensch etwas als wichtig, anregend und relevant erlebt, sinkt die Bedeutung des Aufwandes, der zur Erschließung nötig ist. Jugendliche, die das Evangelium also als relevant entdecken, setzen sich in der Folge auch dann damit auseinander, wenn es für sie aufwendig und anspruchsvoll ist. Ist diese Eigenaktivität der Hörenden geweckt, fungiert sie als eine „Art Grundinteresse an Relevanz, das die Subjekte dazu motiviert, Kommunikationsbeiträge so mit ihrer aktuellen Lage in Verbindung zu setzen, dass kognitive Effekte möglich werden" (Stetter 2014: 219).

Dieser Eigenaktivität muss aber ein Rahmen geboten werden – u. a. dadurch, dass die predigende Person das, was für die Jugendlichen bereits Relevanzpotenzial besitzt und sie somit zur Auseinandersetzung einlädt, kennt und thematisiert. Letztlich können Jugendliche dieser Einladung und der damit verbundenen Beschäftigung mit dem ihnen zur Erkundung angebotenen Gegenstand nur individuell und selbstmotiviert folgen, denn das, „was Menschen orientiert, kann nicht einfach nur von außen vorgegeben werden, sondern muss auch innerlich angeeignet werden können" (Domsgen 2020: 338). Dass Jugendliche selbst aktiv werden und ihrerseits die Relevanz des Evangeliums erkunden, kann man sicher nicht einfach „herstellen" und „machen". Dennoch gilt auch, dass eine predigende Person, die die Bereitschaft zur persönlichen Auseinandersetzung fördern möchte, homiletisches Handwerks benötigt. Dies betrifft z. B. Fragen der Rhetorik, Inszenierung, der Liturgie und des Auftritts. Es gilt, Neugier zu wecken, praktische Anregungen zu nennen oder relevante Bezüge zu Fragen und Themen zu eröffnen (vgl. Herbst 2024: 24–26; Eiffler et al. 2022: 195–328; Wollbold 2017: 78–133; 263–342).

Doch auch für die predigende Person selbst hat die affektive Dimension eine Bedeutung. Michael Herbst entdeckt in der eigenen Freude über das Evangelium eine zentrale Ressource für die homiletische Leidenschaft und beschreibt die Bitte um diese Leidenschaft als Aufgabe jeder predigenden Person: „Die Bitte um eine Erneuerung der eigenen Freude am Evangelium ist ein erster Schritt zur Erneuerung der Predigt" (Herbst 2024: 18), Letztlich geht es um diese Erfahrung und „Erkenntnis, dass Gott ‚innerer ist als mein Innerstes und höher als das höchste Element in mir'. Es gibt einen, der mir näher ist als ich mir selbst, der auch viel größer ist, als ich ihn je fassen könnte" (Watkin 2022: 575).

Umfassende und vielfältige Kommunikation

Nimmt man ernst, dass die „Kommunikation des Evangeliums [...] sich nicht nur auf einen Teilbereich, sondern auf das Ganze des menschlichen Lebens" (Domsgen 2020: 344) bezieht, dann wird deutlich, dass sich die Kommunikation nicht nur auf eine kognitive Auseinandersetzung mit dem Evangelium beschränken kann, sondern man den ganzen Menschen wahrnehmen muss.

Neben der affektiven Dimension umfasst dies auch ganzheitlich-körperliche Kommunikationsformen, die neben Sprache und Stil-

le, Gesang und Musik auch haptisches Erleben (Gesegnet-Werden, Abendmahl feiern, den Kirchraum erleben) beinhaltet. Diese Aspekte sind authentischer Teil einer Kommunikation des Evangeliums und unterstützen idealerweise die thematische, interpretative und motivationale Relevanzerkundung des Evangeliums.
Es bedarf solch „unterstützender Impulse", denn „christliche Religion ist praxisgebunden. Ohne die damit verbundene soziale Praxis gibt es keine inneren Erfahrungen der Stimmigkeit" (Domsgen 2020: 345). Folgt man diesem Gedanken, wird deutlich, dass man, wenn man für und mit Jugendlichen predigen möchte, den gottesdienstlich-liturgische Rahmen stets mit reflektieren und bedenken muss. Das betrifft verschiedene Aspekte wie Sprache, kulturelle Formen, Musikstil, Themen, Bezüge zur Jugendkultur, Rituale und Formen der Interaktion.

Die Kommunikation des Evangeliums bedarf also pluraler, kontextueller und multisensorischer Formen, sowohl um der umfassenden Bedeutung des göttlichen „Zuspruchs und Anspruchs" in Jesus Christus (Barmer Theologische Erklärung II) Ausdruck zu verleihen als auch um Menschen vielfältige Zugänge zu eröffnen. Diese Pluralität der Formen spiegelt zum einen die Vielfalt der Kommunikationspartner:innen wider zum anderen die Fülle, die dem Evangelium selbst innewohnt, denn das „Evangelium [ist] von Anfang an nicht auf eine einzige Form fixiert, sondern gewinnt in unterschiedlicher Weise Gestalt". Der sich daraus entwickelnde „Kommunikationsprozess ist letztlich nie abgeschlossen. Das im biblischen Grundimpuls überlieferte Evangelium ist immer wieder neu zu kommunizieren. Der Fokus liegt hier auf ‚Gottes wirksame(r) Gegenwart', die ‚im Leben seiner Schöpfung' immer wieder neu zu suchen ist, wobei die Grundrichtung im Auftreten, Wirken und Geschick Jesu bereits sichtbar geworden ist" (Domsgen 2020: 344).

Auch hier zeigt sich, dass jemand, der für und mit Jugendlichen predigen möchte, über eine hermeneutisch-kontextuelle Kompetenz verfügen muss. Die Verbindung von jugendlicher Lebenswelt und Evangelium kann nicht nur auf eine oder einige wenige Arten und Weisen geschehen, sondern sie wird plural und kontextsensibel geschehen, wenn sie ernst gemeint und hilfreich sein soll.

Eine besondere Rolle dürften dabei Alltagsritualen zukommen, da sie die evangelische Botschaft mit dem Leben der Jugendlichen verbinden und helfen, deren Bedeutung für den Alltag zu entdecken und zu erschließen. Sinnvollerweise führt der Gottesdienst in diese Rituale ein und bietet Formate und Hilfestellung für einen Transfer in den Alltag an. Zu nennen sind hier u. a. Gebet, Lektüre und Meditation biblischer Texte, Stille und Schweigen sowie Reflexion der praktischen und persönlichen Bedeutung theologisch-geistlicher Erkenntnisse (z. B. der Umgang mit dem eigenen Scheitern bzw. persönlicher Schuld und damit verbundenen Selbstzweifeln oder die Suche nach einer eigenen Identität als heranwachsender Mensch). Aber auch Gespräche mit Peers und Freund:innen bieten die Möglichkeit, die Relevanz des Evangeliums im Alltag zu erleben. Um den Transfer in den Alltag zu gestalten (das Anliegen klassischer Katechismen), sollte man kontextadäquate Formen entwickeln und nutzen, wie z. B. lokale oder regionale Jugendgruppen, Beteiligungsformate für Jugendliche, Jugendcamps, aber auch spezifische digitale Apps und entsprechende Inhalte in Podcasts und auf Social-Media-Kanälen etc.

Man kann festhalten, dass der Glaube sein wirklichkeitserschließendes Potenzial u. a. dann entfaltet, wenn Menschen zu Partner:innen der Kommunikation des Evangeliums werden, sprich, wenn sie partizipieren. Dabei gilt jedoch, dass sich in einer von Säkularisierung und Vielfalt geprägten Kultur (bezüglich möglicher Optionen der Weltwahrnehmung, -deutung und -gestaltung), Partizipation „nicht von selbst [ergibt], sondern […] herzustellen [ist] bzw. […] aktiv unterstützt werden“ muss (Domsgen 2020: 349). Der Kirche kommt hier eine Assistenzfunktion zu (vgl. Grethlein 2016: 338–340; Domsgen 2020: 349f.). Sie sollte die Menschen dabei unterstützen, an der Kommunikation des Evangeliums teilzuhaben und die Bedeutung des Evangeliums für das je eigene Leben zu erkunden und zu entdecken. Bedeutsam ist diesbezüglich sicherlich die Suche nach dafür geeigneten Formen, Medien und kommunikativen Zugängen für Jugendliche.

Dabei wird auch deutlich, dass das Predigen zu und mit Jugendlichen an vielen Orten und nicht nur innerhalb eines Gottesdienstes stattfinden kann. Die meisten Orte dürften also eher jenseits der Kanzel (vgl. Müller/Suhner 2023) liegen – nicht zuletzt auch in digitalen Räumen.

Do it!

Überleg mal für dich:

- Was hilft dir, deinem Glauben im Alltag Ausdruck zu verleihen?
- Gibt es etwas Neues, das du dafür ausprobieren möchtest?

Predigt und digitale Kommunikation

Wenn wir über vielfältige Formen der Kommunikation nachdenken, kommen wir nicht umhin, einen Blick auf digitale Formen der Kommunikation zu werfen, und zwar als homiletische Aufgabe. Jugendliche sind heute mehr denn je im digitalen Raum unterwegs, sodass man sich auch beim Thema Predigt zwingend mit der fortschreitenden Digitalisierung auseinandersetzen muss.

Digitalisierung und Digitalität als Kultur- und Gesellschaftswandel

Kommunikation hat sich seit der Entstehung und Entwicklung digitaler Kommunikationsformen in ihrer Art und Weise zwangsläufig gewandelt. Johanna Haberer spricht sogar von einer „Medienrevolution“ (Haberer 2015). Dieser Kommunikationswandel führt in logischer Folge auch zu einem Kultur- bzw. Gesellschaftswandel: „Systemtheoretisch gesprochen: Ein neues Kommunikationsmedium erzwingt einen Wechsel im Reproduktionsmodus des Systems.“ Und das bedeutet: „Die ‚nächste Gesellschaft‘ ist nun die sogenannte digitale Gesellschaft“ (Todjeras 2024: 404). Diese Entwicklung beschreibt Dirk Baecker mit der Formulierung „Gesellschaft 4.0“ und meint damit, dass nach der Erfindung der Sprache, der Schrift und des Buchdrucks nun die Digitalität folgt (vgl. Baecker 2007a; Baecker 2018b).

Neben der Kommunikation beeinflusst Digitalität auch die menschliche Weltwahrnehmung und Koordination. Zudem verlieren traditionelle Institutionen an Bedeutung und das Leben erfährt insgesamt eine Hybridisierung, bei der sich u.a. Privates und Öffentliches, Digitales und Analoges mehr und mehr vermischen (vgl. Müller 2023; Todjeras 2024: 404–408).

Dabei hat Digitalisierung unterschiedliche Dimensionen. Frederike van Oorschot identifiziert vier:

> *„Von einem instrumentellen Verständnis im Sinne der Nutzung digitaler Tools (erste Dimension) über die Fokussierung auf durch diese Tools entstehende Kommunikationsräume (zweite Dimension) kommen die Spezifika dieser Instrumente und Räume in den Blick (dritte Dimension) und verwandeln sich in einer selbstreflexiven Bewegung in die Frage nach den kulturprägenden Wirkungen dieses Technologien und Medienbündels (vierte Dimension)." (van Oorschot 2023: 22f.)*

Hinsichtlich einer theologischen Beschäftigung mit dem Thema schlussfolgert sie: „‚Digitalisierung' und das daraus abgeleitete Prädikat ‚digital' kann bezogen werden sowohl auf das ‚Wie' als auch auf das ‚Was' und das ‚Wo' von Kirche und Theologie" (van Oorschot 2023: 23). Eine hilfreiche Einführung in das Thema Digitalisierung und Digitalität bietet übrigens Miriam Wolf. Theologisch verbindet sie ihre Darstellung mit den „Five Marks of Mission" der Anglikanischen Gemeinschaft (vgl. Wolf 2023).

Kultur der Digitalität

Den mit Digitalisierung einhergehenden tiefgreifenden kulturellen Wandel beschreibt Felix Stalder als „Kultur der Digitalität" (Stalder 2016). Er definiert Digitalisierung als „jenes Set von Relationen, das heute auf Basis der Infrastruktur digitaler Netzwerke in Produktion, Nutzung und Transformation materieller und immaterieller Güter sowie in der Konstitution und Kooperation persönlichen und kollektiven Handelns realisiert wird" (Stalder 2016: 14). Stalder präzisiert:

> *„‚Digitalität' verweist also auf historisch neue Möglichkeiten der Konstitution und der Verknüpfung der unterschiedlichsten menschlichen und nichtmenschlichen Akteure. Der Begriff ist mithin nicht auf digitale Medien begrenzt,*

> *sondern taucht als relationales Muster überall auf und verändert den Raum der Möglichkeiten vieler Materialien und Akteure.“ (Stalder 2016: 15)*

Und Patrick Todjeras folgert daraus:

> *„Kennzeichnend für die Kultur der Digitalität ist, dass es eine Vervielfältigung der kulturellen Möglichkeiten gibt, sich am Diskurs von sozialer Bedeutung zu beteiligen. Diese Vervielfältigung betrifft auch die kulturellen Projekte, d. h. die Zunahme an Referenzsystemen, Bedeutungsansprüchen und Subkulturen, die großkulturleitend werden wollen.“ (Todjeras 2024: 405)*

Stalder führt aus, dass seine Beschreibung der Digitalität in der Nähe dessen zu verorten sei, was man allgemein mit dem Begriff des „Post-Digitalen“ bezeichnen würde. Dabei meine das Präfix „post“ jedoch nicht, dass das Digitale etwa vorbei sei, sondern vielmehr, dass sich die digitale Infrastruktur derart etabliert habe, dass sie tief hineinwirke in das Leben und den Alltag der Menschen. „Diese Hybridisierung und Verfestigung des Digitalen, die Präsenz der Digitalität jenseits der digitalen Medien, verleiht der Kultur der Digitalität ihre Dominanz“ (Stalder 2016: 16). Somit gilt, dass Digitalität und die damit verbundenen Formen bzw. Handlungslogiken (hinsichtlich Wahrnehmung, Rezeption, Aneignung, Verwertung usw.) auch dort relevant sind, wo man es nicht explizit mit digitalen Medien zu tun hat, wie z. B. im Gottesdienst oder bei der Predigt. Dazu schreibt van Oorschot: „Digitaler Medienwandel wird als Kulturwandel gedeutet, dessen Implikationen und Reichweite sich eben nicht auf eine bestimmte Technologie beschränken, sondern durch die Mediatisierung nahezu aller Lebensbereiche zu einer Kultur der Digitalität (Stalder) führen“ (van Oorschot 2020: 165).

Formen von Digitalität

Stalder beschreibt drei Formen der Digitalität: Referentialität, Gemeinschaftlichkeit und Algorithmizität (vgl. Stalder 2016: 91–180). Angesichts der mit einer Kultur der Digitalität verbundenen Herausforderungen für diejenigen, die mit Jugendlichen predigen wollen, ist die erste Form besonders spannend: Sie beschreibt eine grundsätzliche Handlungslogik, die zur Alltagspraxis vieler Menschen – besonders sogenannter „digital natives" – gehört.

Stalder schreibt dazu: „Eine, wenn nicht die grundlegende Methode, mit der Menschen – alleine und in Gruppen – an der kollektiven Verhandlung von Bedeutung teilnehmen, besteht in der Kultur der Digitalität darin, Bezüge herzustellen" (Stalder 2016: 92). Indem Menschen also Bezüge herstellen, greifen sie auf Gegebenes zurück, setzen es in Beziehung zu anderem, reproduzieren es oder stellen es neu zusammen. Somit schaffen sie etwas Neues, das sowohl in Kontinuität als auch in Diskontinuität mit dem Hergebrachten steht. Auf diese Weise generieren sie Bedeutung. Den zahlreichen Verfahren, die es dazu gibt, sind zwei Dinge gemeinsam: „die Erkennbarkeit der Quellen und der freie Umgang mit diesen" (Stalder 2016: 93). Dieses Vorgehen zeichnet nicht nur das Handeln professioneller Akteure:innen, sondern auch das alltägliche Handeln vieler Menschen aus, sodass „die Alltagspraxis [...] die des Herausgreifens, Zusammenführens, Veränderns und Hinzufügens [ist]" (Stalder 2016: 117). Mit diesem Vorgehen möchten Menschen sowohl ihr Selbst konstituieren als auch Bedeutung und Relevanz entdecken sowie zuschreiben: „Hier geht es nicht um Zeitlosigkeit, sondern darum, dass die etablierten Sinnzusammenhänge nach kurzer Zeit meist wieder obsolet geworden sind und sie deswegen kontinuierlich affirmiert, erweitert und verändert werden müssen, um das Feld, das sie definieren, relevant zu halten" (Stalder 2016: 118). Somit ist der Prozess der Referentialität unendlich und erfordert von dem Menschen eine stete Bemühung. Letztlich dient Referentialität der Orientierung angesichts einer nicht überschaubaren und stetig wachsenden Fülle an Informationen.

Die Darstellung dieses Verfahrens zeigt Parallelen zum Thema Relevanz auf. Diese bestehen u.a. darin, dass Menschen Bedeutung entdecken und einem Inhalt Relevanz zuschreiben, an Vertrautes anknüpfen und Neues entdecken sowie die entdeckte Relevanz stetig neu bewerten und aktualisieren. Die mit der Kultur der Digitalität einhergehende Form der Genese von Bedeutung nötigt die predigende Person also dazu, die Relevanz des Evangeliums zu plausibilisieren, gleichzeitig muss sie sich mit den Möglichkeiten und Grenzen der Kommunikation des Evangeliums mit Jugendlichen intentional und umfassend auseinandersetzen. Um sich die Relevanz des Evangeliums zu erschließen, bedarf es kommunikativer Räume, die es den Jugendlichen ermöglichen, an Bekanntes anzuknüpfen und Referenzen herzustellen. Damit die predigende Person dies leisten kann, müssen ihr mögliche Referenzpunkte und -systeme der Jugendlichen bekannt sein und sie muss diese anspielen. Zudem sollte sie den Jugendlichen die Potenziale möglicher Referenzen aufzeigen und ihnen kommunikativ anbieten.

Der Gottesdienst oder ähnliche Formen der Gemeinschaft bieten dazu einen geeigneten Rahmen, denn die Form der Gemeinschaftlichkeit beschreibt die grundsätzliche Sozialität des Bemühens um Selbstkonstitution, der Suche nach Orientierung und der Zuschreibung von Bedeutung: „Sich als Einzelner in einer komplexen Umwelt zu orientieren ist unmöglich. Bedeutung wie auch Handlungsfähigkeit können nur im Austausch mit anderen entstehen, sich festigen und wandeln" (Stalder 2016: 119).

Diese Beobachtung ist nichts Neues, aber die Art, in der Menschen gemeinschaftlich nach Bedeutung suchen, hat sich gewandelt. Man kann dies nicht zuletzt in der abnehmenden Bedeutung zivilgesellschaftlicher Institutionen bei gleichzeitiger Zunahme der Bedeutung des Subjekts beobachten. Die gemeinschaftlichen Formationen, die Stalder als zweite Form der Digitalität nennt, beschreibt er so:

> *„Sie entstehen in einem Praxisfeld, geprägt durch informellen, aber strukturierten Austausch, sind fokussiert auf die Generierung neuer Wissens- und Handlungsmöglichkeiten und werden zusammengehalten durch die reflexive Interpretation der eigenen Praxis." (Stalder 2016: 125)*

Zentral für dieses Geschehen ist eine intensive Kommunikation: Das Individuum muss kommunizieren, damit es sichtbar bleibt und die Gemeinschaft muss kommunizieren, um das gemeinsame Bedeutungsfeld zu konstituieren, zu erweitern und womöglich anzupassen. Die Teilnahme an diesen gemeinschaftlichen Formationen ist freiwillig, so wie auch die Teilnahme Jugendlicher an einem Gottesdienst bzw. einem Jugendprogramm in der Regel freiwillig sein dürfte – wenngleich dies sicher nicht immer der Fall ist. Der Ort bietet dennoch einen Raum für „informellen, aber strukturierten Austausch" und eröffnet somit eine gemeinschaftliche „Generierung neuer Wissens- und Handlungsmöglichkeiten" durch Kommunikation.

Hier gilt es, beide Logiken ernst zu nehmen und miteinander zu verbinden: Das analoge Setting z. B. eines Gottesdienstes und die digitalen Gewohnheiten. Im Falle eines digitalen oder hybriden Jugendgottesdienstes oder ähnlicher Veranstaltungen, gilt es, dieses Verhältnis jeweils neu zu justieren und in ein angemessenes Verhältnis zu setzen. Hinsichtlich homiletischer Fragen im digitalen Raum schreibt Stefan Karcher: „Predigt und Verkündigung im digitalen Raum brauchen eine ergänzende Theorie, die den medien- und kommunikationswissenschaftlichen Logiken einer digitalen Gemeinschaft, die Partizipation fordert und ein direktes Feedback gibt, folgt und sie mit dem ‚Analogen' verbindet" (Karcher 2020: 138). Anhand der skizzierten Ausführungen Stalders, kann man annehmen, dass die von Karcher beschriebenen Logiken – zumindest teilweise – auch auf die Teilnahme Jugendlicher an einem Gottesdienst zutreffen und bei der Gestaltung entsprechend berücksichtig werden sollten.

Digital religion, digitale Kirche und digital theology

Die Beschäftigung mit solchen Fragen lehnt sich an den angelsächsischen Diskurs um „digital religion" an, welcher „das Phänomen religiöser Praktiken im Digitalen beschreibt und reflektiert" (van Oorschot 2020: 166). Davon zu unterscheiden sind die Debatten um digitale Kirche, in deren Rahmen „zahlreiche Phänomene digitalen kirchlichen Lebens in Gemeinden entwickelt, empirisch beforscht, theologisch reflektiert und kirchenleitend diskutiert [werden]" (van Oorschot 2023: 16). Wenn man sich nun damit beschäftigt, wie man mit Jugendlichen predigen kann, so dürfte man sicherlich von beiden Diskursräumen profitieren. Nochmals davon zu unterscheiden ist die Arbeit am Thema „digital theology", welches für die Arbeit an homiletischen Fragen eher mittelbar von Interesse ist, da es mehr die theologischen Metafragen erörtert. Van Oorschot schlägt für den Diskurs vier Ebenen vor:

1. Theologie in digitalen Räumen,
2. Theologie mit digitalen Mitteln, Tools oder Methoden,

3. Theologische Reflexion *auf* Digitalisierung,
4. Digitaler Wandel der Theologie (vgl. van Oorschot 2020a: 165 und van Oorschot 2023b: 13–28).

Letztlich hängen die Diskurse aber zusammen und lassen sich nicht streng voneinander trennen, wenngleich jedoch unterscheiden.

Digitale religiöse Praxis

Hinsichtlich der digitalen religiösen Praxis bietet die Forschungsgruppe P6 des Konsortiums „Digital Religions" der Universität Zürich eine Vier-Felder-Grafik (vgl. Abb. 3), welche „als ein nicht abgeschlossener Versuch verstanden werden [kann], das Feld digitaler religiöser Praxis zu erschließen und beschreibbar zu machen" (Müller 2023). Sabrina Müller schreibt zu den vier Feldern:

> *„Während auf der vertikalen Achse die Spannung von individueller Praxis und Diskurs-Praxis sichtbar wird, zeigt die horizontale Achse die Spannung von digital aktiven institutionalisierten Kirchen und einer liquiden kirchlichen Praxis." (vgl. Müller 2023)*

Das Themenfeld, das die Frage behandelt, wie man mit Jugendlichen predigen kann, dürfte sich grundsätzlich im oberen Bereich („individuelle religiöse Praxis") und dort wandernd zwischen den Polen „institutionalisierte kirchliche Praxis" und „liquide kirchliche Praxis" bewegen.

Folglich kann man die Frage nach digitaler Kommunikation des Evangeliums in Bezug auf Jugendliche je nach Situation, Anlass und Kontext unterschiedlich perspektivieren und beantworten. Als mögliche Nutzer:innen digitaler Angebote sind die Jugendlichen zunächst als Individuen zu betrachten, die – je nach Interesse, Gelegenheit und Situation – auf digitale Möglichkeiten der Kommunikation des Evangeliums zurückgreifen. Dabei können sie sowohl Angebote nutzen, die eher einer liquiden kirchlichen Praxis entsprechen, als auch solche, die eher zur institutionellen Praxis gehören. Sehr wahrscheinlich werden sie in der Regel beides parallel und in Ergänzung nutzen – je nachdem, was sie gerade als passend und hilfreich bzw. relevant empfinden.

Durch die Covid-19-Pandemie in den Jahren 2020/2021 wurden zahlreiche digitale gottesdienstliche Formate ins Leben gerufen und „[e]s kam zu einem enormen Zuwachs eines Predigens auf der digitalen Kanzel“ (Müller 2023; vgl. auch Hörsch 2020; Schlag et al. 2023). Dieser Umstand hat zum einen dazu geführt, dass man sensibler für die Wichtigkeit digitaler Formen der Kommunikation des Evangeliums wurde. Gleichzeitig hat er dazu beigetragen, dass digitale kirchliche Angebote mehr und mehr zur neuen Normalität wurden.

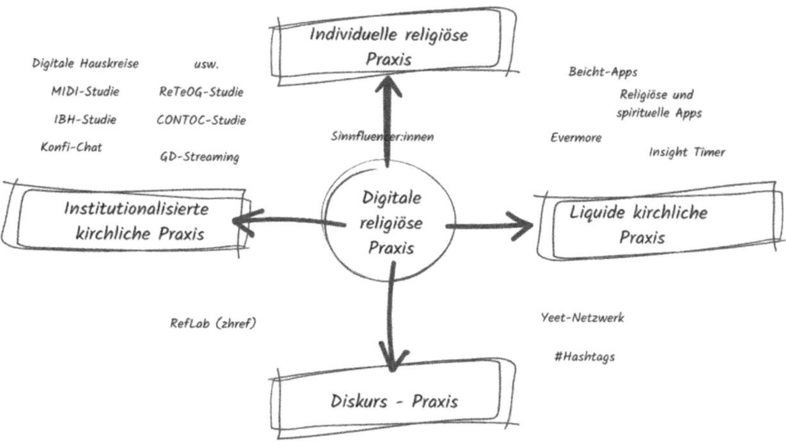

Abb. 4: Digitale religiöse Praxis (eigene Grafik nach Müller 2023)

An diese Entwicklung knüpft das Predigen mit Jugendlichen an. Neben kirchlichen digitalen Angeboten hat sich ein Markt an digitalen Apps und Hilfsmitteln entwickelt, welcher Menschen dabei unterstützt, ihrem Glauben Ausdruck zu verleihen, sich mit anderen zu vernetzen, neue Erfahrungen zu sammeln etc. Diese individuelle religiöse Praxis im Bereich liquider kirchlicher Praxis bietet Jugendlichen zahlreichen Möglichkeiten, die Erfahrungen, Inhalte und Themen eines (analogen oder digitalen) Gottesdienstbesuchs mit ihrem Alltag zu verbinden und sich mit Gleichgesinnten zu vernetzen.

Nach einem kurzen Überblick über das Feld digitaler religiöse Praxis stellt Müller zusammenfassend fest, dass „sich ‚Predigen‘ jenseits der Kanzel in einer Kultur der Digitalität vervielfältigt. Anhand religiöser Apps wird deutlich, wie sich religiöse Verkündigung individualisiert und verflüssigt. Religiöse Kommunikation wird nicht nur alltäglicher und partizipativer, sondern durchlässiger für die klassischen Grenzen zwischen profan und sakral" (Müller 2023). Diese Dynamiken gilt es für die Bemühung um Predigen mit Jugendlichen zu erkennen, zu verstehen und zu berücksichtigen, wenn man für und mit Jugendlichen predigen möchte. Dabei gilt grundsätzlich, dass die Entwicklung erst in den Anfängen steckt und mit hoher Wahrscheinlichkeit in den kommenden Jahren an Bedeutung gewinnen wird. Zumindest vermutet Stefan Karcher, „dass eine Praktische Theologie des Digitalen mit völlig neuen Formen und Räumen der öffentlichen und persönlichen Religionsausübung konfrontiert ist, die sich vom bisherigen Verständnis von kirchlicher Praxis als Konvolut linearer, synchroner und zeitlich-punktueller Angebote lösen müsste" (Karcher 2020: 136).

! Do it!

Überleg mal für dich:

- Wie viel Zeit pro Tag verbringst du digital? Was tust du in dieser Zeit?
- Welche Rolle spielen digitale Medien für deinen Glauben?

Zu respektierende Grenzen

Die Auseinandersetzung mit dem Thema Relevanz hat deutlich gemacht, dass es zahlreiche Aspekte und Perspektiven gibt, um sich dem Thema Relevanz vor dem Hintergrund einer Predigt für und mit Jugendlichen zu nähern. Dazu gehören auch Klärungen und Verständigungen:

- Welchen Fokus und Modus soll die erhoffte Relevanz haben?
- Welche Werte, Lebensfragen oder Erfahrungen sind hinsichtlich einer relevanten Kommunikation des Evangeliums für eine Predigt geeignet?

- Welche Formen lassen sich entdecken und kommunikativ einbringen, mit denen Jugendliche die Relevanz des Evangeliums entdecken und sich aneignen können?
- Worin besteht das Neue, Fremde und Unerwartete des Evangeliums, das die Jugendlichen dazu motiviert, die Relevanz für sich zu erkunden?

Zugleich ist deutlich geworden, dass der Relevanz als Aneignungsprozess etwas Unverfügbares inne wohnt:
„Sofern Sich-etwas-zu-eigen-Machen bedeutet, es im Rahmen der eigenen Vokabulare hermeneutisch zu erschließen und auf Basis eigener Gründe als plausibel zu werten, um es so zu einem Faktor des persönlichen Wirklichkeitszugangs zu machen, vollzieht sich das Aneignungsgeschehen über Relevanzen“ (Stetter 2014: 222).

Dieses Moment der Unverfügbarkeit gilt umso mehr, als dass es sich bei der Kommunikation des Evangeliums um ein Bemühen handelt, d. h. die verkündigende Person kann sich zwar darum bemühen, ihr Predigtziel zu erreichen, qua Handlungslogik liegt es aber schlussendlich nicht in ihrer Hand. Dazu schreibt Ingolf Dalferth:

> *„Das Evangelium ist nicht nur eine Botschaft, die Christen verbreiten, sondern das, von dem diese Botschaft handelt. Es ist ‚eine Kraft, die jeden rettet, der glaubt‘ (Römer 1,16). Christen, die das Evangelium kommunizieren, kommunizieren also etwas, das sich entweder selbst als Evangelium kommuniziert oder nicht als Evangelium verstanden wird.“ (Dalferth 2018: 41)*

Um weder manipulativ noch überwältigend zu sein, müssen Menschen, die das Evangelium kommunizieren wollen, diese Grenze ihres Tuns wahren. Das Evangelium als Evangelium wird sich letztlich selbst kommunizieren, ansonsten handelt es sich nicht um das Evangelium. Wer also das Evangelium kommunizieren möchte, muss sowohl darauf verzichten, dies eigenmächtig zu tun, als auch darauf das Resultat der eigenen Bemühungen selbst herbeizuführen. Predigt vertraut darauf, dass in, mit und unter dem menschlichen Kommunizieren Gott selbst das Wort ergreift und spricht (vgl. Karle 2004; Eiffler/Herbst/Schneider 2022: 15–20).

Im Blick auf eine der ersten Predigten, die Jesus in Kapernaum hielt, schreibt Markus: „Jesus und seine Jünger kamen nach Kapernaum. Gleich am Sabbat ging Jesus in die Synagoge und lehrte. Die Zuhörer waren von seiner Lehre tief beeindruckt. Denn an seiner Lehre erkannten sie, dass Gott ihm die Vollmacht dazu gegeben hatte – ganz anders als bei den Schriftgelehrten" (Markus 1,21–22) Timothy Keller stellt dazu fest, dass Markus hier den Begriff der Vollmacht (griechisch ἐξουσία) erstmalig gebraucht und die Menschen aus einem bestimmten Grund überrascht waren von dem, was Jesus lehrte:

> *„Das Wort bedeutet wörtlich ‚aus dem ursprünglichen Stoff'. Es kommt von der gleichen Wurzel wie das Wort ‚Autor/Urheber/Schöpfer' (engl. author). Markus meint damit, dass Jesus über das Leben mit ursprünglicher und nicht mit abgeleiteter Autorität lehrte. Er erklärte nicht nur etwas, was die Menschen bereits wussten, oder legte die Schrift einfach aus, wie es die Schriftgelehrten taten. Seine Zuhörer spürten irgendwie, dass er als Urheber die Geschichte ihres Lebens erklärte, und das machte sie sprachlos." (Keller 2011: 21–22)*

Diese Form der Vollmacht machte Jesus' Worte für die Menschen seiner Zeit relevant. Das, was Jesus sagte, knüpfte an bereits Vertrautes an und eröffnete zugleich etwas völlig Neues. Dasselbe gilt heute, wenn Menschen durch eine Predigt (oder andere Formen der Kommunikation des Evangeliums) von Jesus Christus angesprochen werden und seine Vollmacht bzw. Autorität erfahren. Letztlich ist es diese Begegnung, die Relevanz erzeugt. Oder mit den Worten Ernst Langes: „Das notwendige Wort stellt sich ein, wenn die in der biblischen Tradition bezeugte Christusverheißung in bestimmten Situationen so nachgesprochen werden kann, daß der Hörer versteht, wie sie ihn jetzt und hier angeht und seine Situation trifft, klärt und verändert" (Lange 1981: 101).

Domsgen hält fest, dass die Kommunikation des Evangeliums „[r]elevanztheoretisch [...] das Menschsein insgesamt betrifft und nicht auf einen bestimmten Bereich begrenzt bleiben kann, also [...] Weltwahrnehmung, Weltdeutung und Weltgestaltung gleichermaßen" umfasst (Domsgen 2020: 343). Diese Form von umfassender Relevanz

für das Ganze des Menschseins liegt in der Vollmacht Jesu Christi begründet und führt zu einer grundsätzlichen und umfassendem Neuperspektivierung des Lebens – als ein Leben im Licht der Verheißung. Es ist diese Neuausrichtung, die die grundlegende Botschaft des Jesus von Nazareth ist und die Markus bereits im ersten Kapitel seines Evangeliums so zusammenfasst: „Die Zeit ist erfüllt, und das Reich Gottes ist nahe herbeigekommen. Tut Buße und glaubt an das Evangelium!" (Markus 1,15 LUT 2017)
Diese Erfahrung kann als ein Ergriffenwerden oder -sein beschrieben werden, welches einen Menschen von außen trifft und innen berührt. Gerhard Wegner schreibt dazu:

> *„Das Geheimnis zum Glauben zu kommen, lässt sich phänomenologisch als eine Art von Ergriffenwerden oder Ergriffensein in seinen inneren Gefühlswelten beschreiben, das letztendlich nicht auf eine eigene Wahl oder Entscheidung zurückzuführen ist, sondern ihr gerade vorausliegt und sie formt. Dabei ist zentral, dass solche Erfahrungen der Selbstevidenz oder der Epiphanie nicht als Heteronomie oder Fremdbestimmung sondern als höchsten Ausdruck von Authentizität und Freiwilligkeit begriffen werden." (Wegner 2014: 167)*

Wegner nennt neben dem Ergriffensein noch andere Faktoren, z. B. Freundlichkeit, Zugänglichkeit, Offenheit, Vertrauensbildung, für die Entwicklung von kirchlichem Sozialkapital (als „bonding capital" bzw. enge soziale Kontakte) (vgl. Putnam 2000 und Eiffler 2020: 259–262).

Dabei ist das Ergriffensein nicht beliebig, sondern Wegner beschreibt es noch etwas präziser als die „Ergriffenheit von der Liebe Gottes, die sich in Liebe zu den Menschen äußert. Diese Liebe folgt nicht irgendwelchen Interessen und Milieus, sondern erzeugt sie erst: Sie konstituiert Menschen als Liebende im Sinne des Gebots der Liebe [...] Das Ergriffenwerden von dieser Liebe wird in Kirchen, die tatsächlich Bindungskräfte aufweisen, gefeiert" (Wegner 2014: 168.169). Folglich gilt, dass Ergriffensein beim Predigen mit Jugendlichen in doppelter Hinsicht bedeutsam ist: Einerseits sollte die predigende Person von dem ergriffen sein, was sie kommuniziert, und andererseits ist das Ziel der Kommunikation dann erreicht, wenn die Jugend-

lichen ihrerseits ergriffen werden von dem, der sie durch die Predigt anspricht: Jesus Christus als Offenbarung der Liebe Gottes. Denn die Predigt als Kommunikation des Evangeliums findet nicht im Gedenken an Jesus Christus statt, sondern in dessen Gegenwart.
Martin Nicol schreibt dazu:

> *„Viele Predigten behandeln einen Anwesenden wie einen Abwesenden. So gesehen erscheint es absurd, in der Gegenwart des Auferstandenen über ihn zu reden, als sei er eine historische Figur oder ein Text. Christus ist keines von beidem, sondern ein Ereignis. Predigt ist insofern Ereignis, als die Gegenwart des auferstandenen Herrn nur als Ereignis wahrgenommen werden kann." (Nicol 2005: 52)*

In eine ähnliche Richtung argumentiert Michael Herbst, wenn er über das Ergriffenwerden vom göttlichen Wort schreibt:

> *„Wir haben es nicht mit einem ‚Ding' zu tun. Wenn geschieht, was geschehen soll, heißt es: ‚Brannte nicht unser Herz in uns, da er mit uns redete auf dem Wege und uns die Schrift öffnete?' Dann wird das Wort Gottes: Ereignis. Dann redet er selbst mit uns." (Herbst 2024: 26)*

Insofern ist es notwendig, dass sich die predigende Person intensiv um Alltagsnähe, Verständlichkeit und Plausibilität bemüht, um auf die Relevanz des Evangeliums hinzuweisen. Aber all diese Bemühungen sind letztlich nicht ausschlaggebend, da die Tatsache, ob die Jugendlichen die Relevanz der evangelischen Botschaft entdecken, ob sie also dem auferstandenen und im Heiligen Geist gegenwärtigen Jesus Christus begegnen, eine Frucht des göttlichen Handelns ist und von niemandem (außer Gott) herbeigeführt werden kann.

Man sollte als predigende Person folglich immer im Hinterkopf behalten, dass die Kommunikation des Evangeliums unverfügbar ist (Domsgen spricht auch von Ergebnisoffenheit – vgl. Domsgen 2020: 343–344), und zwar sowohl in Bezug auf die göttliche als auch auf die menschliche Freiheit:

„Relevanz ermöglicht damit Zustimmungsreaktionen, die nicht einfach im Vertrauen auf Autorität oder simplen Übernahmen gründen, sondern auf eigenem Verstehen und subjektiver Einsicht beruhen, und so als Vollzug persönlicher Freiheit erlebt werden können." (Stetter 2014: 222)

Ähnlich wie Bildungsprozesse sind auch Relevanzerkundungen subjektive und somit unverfügbare Prozesse. Beide Grenzen gilt es zu respektieren, wenn man als predigende Person sowohl dem Gegenstand (Evangelium) als auch dem Gegenüber (Menschen) der Kommunikation gerecht werden möchte.

! Do it!

Überleg mal für dich:

- Hat Gott dich schon mal ergriffen?
- Wie würdest du das beschreiben?

Predigen: Wieso eigentlich nicht?

Die bisherigen Ausführungen stellen den Versuch dar, zu zeigen, dass das Medium Predigt heute (immer noch) von Bedeutung und dafür geeignet ist, das Evangelium zu kommunizieren, und zwar aus verschiedenen Gründen:

Aus theologischen Gründen ist die Predigt als eine Variante des Wortes Gottes ein unverzichtbarer Bestandteil christlicher Kommunikation und damit ein wichtiger Ausdruck des kirchlichen Auftrags, den die sechste These der Barmer Theologischen Erklärung so zusammenfasst:

„Der Auftrag der Kirche, in welchem ihre Freiheit gründet, besteht darin, an Christi Statt und also im Dienst seines eigenen Wortes und Werkes durch Predigt und Sakrament die Botschaft von der freien Gnade Gottes auszurichten an alles Volk."

Dieser Auftrag drückt sich u. a. darin aus, dass Menschen für und mit Jugendlichen predigen. Aus zweierlei Gründen sollte den Jugendlichen als Partner:innen der Kommunikation dabei aber keine rein passive Rolle als Empfänger:innen zukommen. Erstens ist Kommunikation dialogisch und gerade im Dialog – also in der Rückbindung an das Leben, die Fragen und Themen der Jugendlichen – entfaltet sich die Vielfalt, Weite und Tiefe der Kommunikation des Evangeliums. Zweitens sind Jugendliche (sofern sie getauft sind) als getaufte Priester:innen selbst Träger:innen der Kommunikation und bezeugen mit ihren Worten, ihren Taten und ihrem Leben die Botschaft des Evangeliums. Verzichtete man darauf, für und mit Jugendlichen zu predigen, hieße dies einerseits, dass man das dialogische Potenzial der Kommunikation ungenutzt ließe und dass man andererseits die Jugendlichen von ihrer priesterlichen Rolle abhalten und ihnen diesen göttlichen Zuspruch vorenthalten würde.

Aus kommunikativ-kontextuellen Gründen bietet die Predigt als eine (potenziell) im Kontext der Jugendlichen verankerte Form der Kommunikation des Evangeliums die Chance einer lebensnahen und für den Alltag relevanten Möglichkeit, in Kontakt mit dem Evangelium zu kommen. Das gilt natürlich nur, wenn die predigende Person so predigt, dass es für die Jugendlichen kulturell und thematisch relevant ist. Auch hier gilt, dass die Jugendlichen keine reinen Rezipient:innen einer auf sie zugeschnittenen Predigt sind, sondern selbst einen aktiven Part übernehmen, indem sie Formen entwickeln und vermitteln, um das Evangelium ansprechend, einladend und für sie relevant zu kommunizieren. Denn es dürfte wohl niemand näher an den Lebensfragen, den Lebensformen und dem Lebensgefühl junger Menschen dran sein als die Jugendlichen selbst. Sie können mit größter Authentizität den „Jugendlichen ein Jugendlicher sein" (vgl. 1. Korinther 9,20). In Kapitel 7 wird es deshalb ausführlich darum gehen, wie man Jugendliche dazu befähigen und wie man ihnen Orte anbieten kann, in denen sie sich ausprobieren können.

Außerdem ist die Predigt auch deshalb nach wie vor ein gute Möglichkeit, um das Evangelium zu kommunizieren, da sie den Hörenden aufgrund ihrer kommunikativen Situation bzw. ihrem „Sitz im Leben" nahelegt, sich mit dem Glauben zu beschäftigen. Predigten, die Teil von Gottesdiensten, Andachten oder anderweitig liturgisch formatierten Settings und somit sowohl vom Anlass als auch von der inhaltlichen Gestaltung her gut einbettet sind, bieten den Menschen einen hilfreichen Rahmen, in dem sie die gehörten Inhalte reflektieren und persönliche Erfahrung machen können. Jugendliche, die sich z. B. auf einen Gottesdienst einlassen, dürften eine grundsätzliche Erwartung an das Format haben bzw. prinzipiell offen für Fragen des Glaubens sein. Zudem bieten ihnen Gebete, Stille und Gesang die Möglichkeit, auf unterschiedliche Weise auf das Gehörte zu reagieren und sich damit auseinanderzusetzen. Solche „unterstützenden Impulse" eröffnen Räume, in denen die Jugendlichen das Evangelium auf unterschiedliche Weise (kognitiv, affektiv motivational) entdecken und wahrnehmen können, und zwar in Verbindung mit den verschiedenen Ebenen der Zuschreibung von Relevanz (Weltwahrnehmung usw..). So kann eine Predigt und ein dazu passendes Lied und Gebet eine sowohl kognitiv als auch affektiv anregende Erfahrung sein, die sich auf die Weltwahrnehmung positiv auswirkt, indem sie z. B. die Hoffnung und Zuversicht der Jugendlichen stärkt. Die genannte Erfahrung kann sich auch auf die Weltgestaltung auswirken, indem sich ein Jugendlicher z. B. dafür entscheidet, sich ehrenamtlich zu engagieren.

Michael Herbst nennt schließlich noch ein rechtfertigungstheologisches Argument, das hier den Abschluss bilden soll:

> *„Als angefochtener Glaubender kann ich nicht mitreden, wenn ich nicht immer wieder gehört habe und getröstet wurde, dass auch für mich die Gnade genügt. Predigt ist aus rechtfertigungstheologischen Gründen nötig. Unser inneres ‚Betriebssystem' ist auf die Gerechtigkeit aus Werken ausgerichtet; das Evangelium ist die überraschende Botschaft, die ich nicht in mir habe, sondern als ‚äußeres Wort' immer wieder aufs Neue hören muss." (Herbst 2024: 20)*

2. Wie predigen wir mit Jugendlichen?

Was dich erwartet

Was macht das Predigen mit Jugendlichen so besonders? Dieser Frage geht dieses Kapitel nach. Es beschäftigt sich mit den Lebenswelten und Lebensthemen Jugendlicher und fragt danach, wie man diese angemessen berücksichtigen kann. Außerdem soll es an dieser Stelle um die entwicklungspsychologischen Besonderheiten dieser Lebensphase gehen. Aus der Praxisperspektive heraus wird die Partizipation in den Blick genommen, denn schließlich sind es die Jugendlichen selbst, die die Expert:innen für ihre Lebenswelt sind. Zuletzt geht dieses Kapitel auf zwei wichtige Rahmenbedingungen des Predigens mit Jugendlichen ein: Zum einen beleuchtet es, welche Bedeutung die Digitalisierung auf die Gestaltung von Predigten hat, und zum anderen geht es auf die Jugendarbeit als Ort ein, an dem Predigten für Jugendliche einen Platz haben können.

Real Talk – Predigten sind dran

Die Predigt gehört zur christlichen Jugendarbeit, oder? Wahrscheinlich würden viele Menschen, die in ihrer Biografie mit Jugendarbeit in Berührung gekommen sind, spontan Situationen benennen können, in denen gepredigt wurde, vielleicht im Jugendgottesdienst oder auf einer Freizeit bei der Bibelarbeit oder in kurzer Form als Andacht im Jugendkreis. Historisch gesehen ist die Predigt sicherlich fester Bestandteil der Jugendarbeit. Trotzdem sollte man sich fragen, ob diese Form der Kommunikation des Evangeliums heute eigentlich noch zur Lebenswelt junger Menschen passt.

Jugend heute unterscheidet sich in vielerlei Hinsicht von vergangenen Generationen. Ihre Lebenswelten sind geprägt von einer ständigen Informationsflut, digitaler Vernetzung und einem breiten Spektrum sozialer, kultureller und individueller Unterschiede. In dieser komplexen Situation ist es legitim zu hinterfragen, ob die traditionelle Predigtform noch immer die beste Methode ist, um junge Menschen anzusprechen und mit der Botschaft der Bibel zu erreichen. Theologisch hat die Predigt einen hohen Stellenwert, der biblisch gut begründet ist. Dieses Kapitel stellt daher die Frage: Wie müssen Predigten sein, dass sie ihr Potenzial entfalten und für Jugendliche wertvoll und bedeutsam sind? Oder anders: Wie werden Predigen zum Real Talk, der für Jugendliche relevant ist? Dazu braucht es eine Auseinandersetzung mit der Lebenswelt Jugendlicher und den Rahmenbedingungen, in denen Predigten in der Jugendarbeit stattfinden.

Jugendliche sind nicht gleich Jugendliche

Das Leben kann manchmal ganz schön anstrengend sein. Klar, wir müssen uns nicht tagtäglich Gedanken darum machen, wo wir schlafen sollen und was wir essen, aber es gibt zig Ansprüche, die an uns gestellt werden, und ihr könnt vermutlich ein Lied davon singen: lange in der Schule sitzen und dann noch Hausaufgaben machen, für die Freunde da sein, es den Eltern recht machen, mit guten Noten die Chancen verbessern, erfolgreich im Leben zu sein und, und, und. (Auszug aus einer Predigt von Florian zum Thema „Einfach sein“)

Dieser kurze Ausschnitt aus einer Predigt zeichnet vermeintlich den Alltag von Jugendlichen. Aber ist das wirklich der Alltag aller Jugendlichen? Was wäre z. B., wenn folgende vier Personen die Predigt hören würden:

- Lara lebt in einer Großstadt und besucht die Oberstufe einer weiterführenden Schule. Sie ist in einer wohlhabenden Familie aufgewachsen und hat Zugang zu Bildung und kulturellen Aktivitäten. Lara ist technikaffin und nutzt regelmäßig soziale Medien und Online-Plattformen. In ihrer Freizeit engagiert sie sich in einer Umweltschutzgruppe und ist politisch aktiv.
- Ahmed ist in Deutschland geboren und stammt aus einer Einwandererfamilie. Seine Eltern sind kurz vor seiner Geburt in das Land gekommen und haben sich in einer multikulturellen Nachbarschaft niedergelassen. Ahmed besucht eine Hauptschule und spricht neben Deutsch auch die Sprache seiner Eltern. Er schätzt den Glauben als wichtigen Teil seiner Identität.
- Sophie wohnt in einem ländlichen Dorf und macht gerade ihren Realschulabschluss. Sie lebt in einer Jugendwohngruppe, da ihre Eltern nicht in der Lage waren, ihr ein sicheres Zuhause zu bieten. Nach dem Abschluss möchte sie schnell eine Ausbildung in einem „soliden" Beruf machen, um dann selbst eine Familie zu gründen.
- Alex wuchs in einer von Armut betroffenen Familie auf und hat bereits in jungen Jahren schwierige Lebensumstände erlebt. Die Familie lebt in einer sozial benachteiligten Nachbarschaft in einer Großstadt. Obwohl Alex mit vielen Herausforderungen konfrontiert ist, engagiert er sich in einem örtlichen Jugendzentrum, das benachteiligten Jugendlichen Unterstützung anbietet.

Wenn man sich diese vier fiktiven Personen vor Augen führt, wird schnell deutlich, dass die Passage der Predigt nur teilweise auf die Jugendlichen zutrifft. Am ehesten angesprochen fühlt sich wahrscheinlich Lara. Sie bedient vielleicht am ehesten das Stereotyp einer klassischen Teilnehmerin christlicher Jugendarbeit: obere Mittelschicht, eher gebildet, engagiert. Hempelmann hält z. B. fest, dass in der christlichen Jugendarbeit „Gymnasiasten und ihre Themen, ihre lebensweltliche Orientierung dominieren" (Hempelmann 2016: 249). Ob Alex sich beispielsweise wirklich noch nie Gedanken darüber machen musste, was er essen würde, und ob er und Ahmed einen durchgetakteten Bildungsalltag mit Schule und Hausaufgaben haben, ist genauso unklar wie die Frage, ob Sophie es wirklich „ihren Eltern" recht machen oder ob sie tatsächlich „erfolgreich" sein möchte.

Die Unterscheidung verschiedener Lebenslagen wird gut an den Sinus-Jugendmilieus deutlich. Die Sinus-Jugendmilieus sind eine soziale Segmentierung von Jugendlichen in Deutschland, die auf unterschiedlichen Werthaltungen, Lebensstilen, Interessen und soziodemografischen Merkmalen basiert. Sie wurden entwickelt, um die Vielfalt der Jugendlichen in verschiedene Milieus zu unterteilen und eine tiefere Verständnisgrundlage für die Zielgruppe zu schaffen (vgl. Calmbach et al. 2020: 46ff.)
In Verbindung mit den zuvor beschriebenen Personas von Jugendlichen verdeutlichen die Sinus-Milieus, dass es „*den* oder *die* Jugendliche:n" nicht gibt, sondern dass die Lebenswelten und Einstellungen der Jugendlichen vielfältig sind. Die Sinus-Milieus umfassen verschiedene Gruppen, wie z. B. traditionell Bürgerliche, Postmaterielle oder Experimentalisten und weitere. Jedes Milieu zeichnet sich durch spezifische Merkmale aus, aufgrund deren es sich von anderen Milieus unterscheidet.

Manche dieser Unterschiede sind offensichtlich bzw. biografisch zu identifizieren. Jugendliche unterscheiden sich anhand ihrer Bildung, ihrer Herkunft und ihres Umfelds (z. B. städtisch oder ländlich). Sie wachsen in unterschiedlichen Familien- und Erziehungskonstellationen auf und haben ganz unterschiedliche ökonomische Voraussetzungen. Auch Interesse und Hobby zählen zu diesen Unterscheidungen. Die Unterschiede umfassen jedoch auch weniger offensichtliche Aspekte, nämlich Einstellungen und Werte von Jugendlichen. Gerade die sind es, die in Predigten für Jugendliche angesprochen werden sollen, und es lohnt sich, hier genauer hinzuschauen.

Dabei arbeiten die Sinus-Milieustudien auch Werte und Einstellungen heraus, die Jugendliche einer Generation miteinander verbindet, also bei denen davon ausgegangen werden kann, dass ein größerer Anteil Jugendlicher sich mit diesen Werten identifizieren kann. Diese sogenannten Universalwerte sind „Soziale Geborgenheit

(Familie, Freunde, Treue) und soziale Werte (Altruismus, Toleranz), Leistung, Selbstbestimmung“ (Sinus-Jugendforschung 2022: 9). Die genannten Werte sind sehr weit formuliert und wandeln sich auch im Laufe von Generationen. Ihnen entgegen stehen eine Vielzahl von Werten, die Jugendliche in den verschiedenen Milieus teils stark unterscheiden. Im sogenannten Werteuniversum sind die wenigen Universalwerte fett gedruckt, während die Werte, bei denen sich die Jugendlichen unterscheiden, hellgrau dargestellt sind.

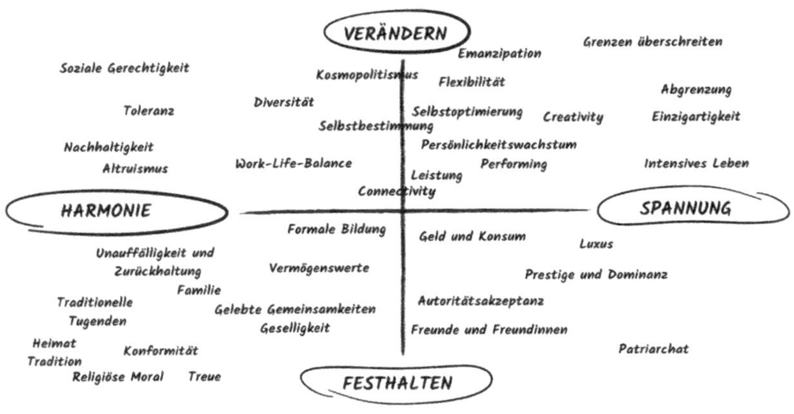

Abb. 5 : Werteuniversum von Jugendliche 2020 (eigene Abbildung nach Calmbach et al. 2020: 31)

Um bei diesem Beispiel zu bleiben: Nicht allen, sondern nur einigen Milieus ist „Formale Bildung“ und eine gute Schullaufbahn wichtig. Nicht allen, sondern nur einigen Jugendlichen, ist „Konformität“ wichtig, sodass sie das Bedürfnis haben, den Erwartungen anderer, z.B. denen der eigenen Eltern, zu entsprechen. Insofern spricht das genannte Predigtbeispiel auch nur einen kleinen Teilausschnitt der Jugendlichen an und viele andere eben nicht.

Kein Problem, sofern die predigende Person ihre Predigt genau für diese Zielgruppe entwickelt hat. Hier spricht man von einer Milieuverengung, die allerdings auch ein Problem sein kann. Der Begriff beschreibt eine eingeschränkte oder begrenzte Perspektive oder

Wahrnehmung innerhalb eines bestimmten sozialen Milieus oder Kontexts. Milieuverengung tritt auf, wenn Menschen innerhalb ihrer eigenen sozialen Gruppe oder ihres Milieus bleiben und wenig Interaktion mit Menschen außerhalb dieses Milieus haben. Dies kann dazu führen, dass sie nur begrenzte Perspektiven und Erfahrungen haben und es ihnen schwerfällt, die Sichtweisen und Lebenswelten anderer Menschen zu verstehen (vgl. Vögele 2014: 412ff.). Wo Prediger:innen zu sehr die Perspektive des eigenen Milieus einnehmen und zu wenig im Blick haben, dass Jugendliche womöglich ganz andere Lebenssituationen, Werte und Einstellung haben können, formulieren sie eine Predigt, die milieuverengt ist und an Jugendlichen anderer Milieus vorbeigeht. Natürlich gibt es Predigten, bei denen es eine sehr konkrete und abgegrenzte Zielgruppe gibt. In der Regel sind Lebenswelten jedoch so ausdifferenziert, dass es sich für die predigende Person lohnt, den eigenen Milieublick zu weiten und Predigten so zu konzipieren, dass sie Jugendliche universeller ansprechen, oder zumindest Milieugemeinsamkeiten zu suchen, um in der Verkündigung nicht zu abstrakt und zu allgemein zu bleiben. Was es dazu vor allem braucht, ist eine Reflexion der eigenen Prägung und des eigenen Milieuhintergrunds. Diese eigene Prägung führt nämlich dazu, dass wir die Welt nur durch die Brille unserer eigenen Einstellungen und Werte sehen. In der Predigt geht es aber nicht um unsere Einstellungen und Werte, sondern es geht darum, Jugendliche in *ihrer* Lebenswelt mit der Botschaft des Evangeliums zu erreichen, und dazu braucht es eine Auseinandersetzung mit dem, was *sie* beschäftigt und prägt. Diese Selbstreflexion und die intensive Auseinandersetzung mit der Lebenswelt der Jugendlichen, an die sich die Predigt richtet, ermöglicht es dann, dass Predigten von Jugendlichen als stimmig und relevant empfunden werden, weil sie ihre Lebensthemen und Werte ansprechen.

Der deutsche Theologe Ernst Lange geht dabei sogar so weit, dass er sagt:

> *„Predigen heißt: Ich rede mit dem Hörer über sein Leben. Ich rede mit ihm über seine Erfahrungen und Anschauungen, seine Hoffnungen und Enttäuschungen, seine Erfolge und sein Versagen, seine Aufgaben und sein Schicksal.*

> *[...] Er, der Hörer, ist mein Thema, nichts anderes; freilich: er, der Hörer vor Gott." (Lange 1976: 58)*

Übertragen auf Jugendliche heißt das, dass ihre Lebenswelten (Plural) in der Predigt vorkommen sollten und dazu ist es nötig, den Blick zu weiten und nicht zu pauschalisieren, was diese Lebenswelten sind. Eine Auseinandersetzung mit den jugendlichen Zuhörenden und ein echtes Verständnis für sie ist damit genauso wichtig wie die Auseinandersetzung und das Verständnis für den Bibeltext.

! Do it!

Reflektiere verschiedene Milieuhintergründe:

- Was ist dein Milieuhintergrund? Welche Werte sind dir wichtig?
- Sieh dir deine letzte Predigt oder Andacht an und reflektiere kritisch, wo sie milieuverengt ist. Versuche dir Jugendliche vorzustellen, für die diese Predigt nicht passt. Was könntest du anders machen, um diese Jugendlichen anzusprechen? (Wenn du keine eigene Predigt oder Andacht hast, suche dir eine aus dem Internet und reflektiere diese.)

Große Themen – große Fragen

Auch wenn die Lebenswelten von Jugendlichen sehr unterschiedlich sind, gibt es große Themen und Fragen, die zwar nicht immer alle, aber doch viele Jugendliche beschäftigen. Manche davon, wie z. B. die Frage nach der Unabhängigkeit von bisherigen Bezugspersonen wie den Eltern oder die Beschäftigung mit dem eigenen Körper und der eigenen Sexualität, sind aus der jugendlichen Lebenssituation heraus und mithilfe der Biologie und der Entwicklungspsychologie zu verstehen. Andere Themen sind stärker an die Kultur und die Zeit gebunden, in der die Jugendlichen aufwachsen. In den 20er-Jahren des 21. Jahrhunderts sind diese Themen in Deutschland z. B. die Rolle von Social Media, die Frage nach Klimagerechtigkeit oder Frieden.

Dieser Abschnitt beschäftigt sich mit den großen Themen und den großen Fragen Jugendlicher und setzt sich exemplarisch mit einigen (nicht allen) auseinander. Wenn Predigten für Jugendliche wirklich relevant sein sollen, dann müssen sie andocken an den Themen, die Jugendliche beschäftigen und müssen das Potenzial haben, dass diese darin Antworten auf ihre großen Fragen finden können. Dabei geht es nicht darum, immer alle großen Fragen zu bearbeiten oder gar zu beantworten. Aber die lebensnahe Verkündigung muss ihren Platz finden, in dem was Jugendliche beschäftigt. Ziel ist es sicher nicht, ihnen nach dem Mund zu reden, die Grundannahmen immer zu bestätigen oder die Lebenswelt zu reproduzieren, sondern Ziel einer solchen Verkündigung muss es sein, die Botschaft des Evangeliums nicht nur abstrakt und allgemein zu formulieren, sondern das Evangelium mit der Lebenswelt so zu verknüpfen, dass es bereichert und dadurch eine neue Facette entsteht, wie Jugendliche mit ihren Themen und Fragen umgehen. Unbenommen davon bleibt, dass das Evangelium manchmal auch querschießt, der eigenen Lebenswelt entgegensteht und Themen und Fragen aufbringt, die sich nicht immer direkt in der Lebenswelt wiederfinden. Diese Unverfügbarkeit sowie Unterbrechung des Alltags und alles Gewohnten entfaltet das Evangelium von selbst. Die Aufgabe von Menschen, die Verkündigung gestalten, ist es, das Evangelium möglichst nah an der Lebenswelt junger Menschen auszurichten, es nahbar, verstehbar und relevant zu machen. Der Theologe Dietrich Bonhoeffer (1906–1945) hat es einmal so ausgedrückt:

> *„Der Verkündiger des Wortes, der nicht zugleich alles dafür tut, daß dieses Wort auch gehört werden kann, wird dem Anspruch des Wortes auf freien Lauf, auf ebene Bahn nicht gerecht. Es muss dem Wort der Weg bereitet werden. Das verlangt das Wort selbst." (Bonhoeffer 1992: 152)*

Vielleicht hilft dieses Bild: Predigten mit Jugendlichen ist wie ein Gespräch am Küchentisch. Hier werden die großen Themen besprochen, die, die existenziell sind und die, die gerade einfach obenauf liegen. Wenn nun in der Predigt das Evangelium mit an den Tisch kommt, dann muss es sich in das Gespräch, das schon längst läuft, einbringen, muss Anknüpfungspunkte suchen und einen Beitrag zu dem liefern, was hier verhandelt wird. Wenn es sich so einbringt, dann darf und kann es auch das Eigene beitragen, Akzente setzen oder auch mal irritieren. Aber es steht nie für sich, sondern verbindet sich immer mit denen, die am Tisch sitzen.

Die (universellen) großen Themen der Jugendphase

Wie eingangs bereits erwähnt, sind manche Themen der Jugendphase nahezu universell zu verstehen. Sie beschäftigen Jugendliche zu allen Zeiten und über sämtliche Kulturen hinweg. Dabei sind die konkreten Ausprägungen natürlich kulturell und historisch unterschiedlich, aber im Großen und Ganzen stecken dahinter Fragen, die sich aus der Biologie und der Psychologie verstehen lassen und die sich Jugendliche aufgrund der körperlichen, psychischen und teilweise sozialen Veränderungsprozesse stellen, die sie durchlaufen. Im Folgenden wird es nun um einige dieser (mehr oder weniger) universellen Lebensthemen von Jugendlichen gehen und danach gefragt, welche Auswirkungen das für die Predigt hat.

Der eigene Körper und alles, was damit zu tun

Die Pubertät ist eine Phase intensiver körperlicher und psychosozialer Veränderungen, die das Selbstbild von Jugendlichen stark beeinflussen. Neben den sichtbaren körperlichen Veränderungen erleben Jugendliche auch eine Veränderung in ihrer Körperwahrnehmung, was oft mit Unsicherheit einhergeht. Mädchen durchlaufen im Durchschnitt ab dem zehnten Lebensjahr eine Phase der Pubertät, während Jungen diese im Durchschnitt erst ab zwölf Jahren erleben. Diese Veränderungen markieren auch den Beginn der Geschlechtsreife und die Entdeckung der eigenen Sexualität. Die Entwicklung der primären und sekundären Geschlechtsmerkmale führt nicht nur zu physischen Veränderungen, sondern auch zu einem neuen Verständnis des eigenen Körpers und der eigenen Identität. Der Körper und die Psyche junger Menschen sind also massiv mit diesen hormonell ausgelösten Veränderungsprozessen beschäftigt. So ist der eigene Körper und die Frage danach, wie er selbst und von anderen wahrgenommen und auch bewertet wird, ein ganz zentrales Thema. Der Prozess ist begleitet von Unsicherheit und Scham, aber auch von Neugier und Experimentierfreude. Ähnliches gilt für die Entwicklung der eigenen Sexualität. Viele, die mit Jugendlichen über das Thema Sex sprechen, werden dies an den Reaktionen der Jugendlichen ablesen können. Auch hier kommt zu der eigenen Auseinandersetzung und Selbstfindung noch der Umgang mit normativen Bewertungen im direkten Umfeld (Freund:innen, Familie usw.) und auf gesellschaftlicher Ebene als weitere Herausforderung dazu.

Um im Bild zu bleiben: Die Themen Körper und Sex sitzen definitiv mit am Küchentisch, wenn man mit Jugendlichen über ihre großen Fragen ins Gespräch kommen möchte. Das heißt nicht, dass es in jeder Predigt darum gehen muss. Aber jede Predigt mit Jugendlichen sollte sich dessen bewusst sein und sensibel damit umgehen. So gilt es z. B. jede Form von Bodyshaming in Predigten zu vermeiden. Bodyshaming meint Äußerungen oder Handlungen, die andere Menschen aufgrund körperlicher Merkmale beschämen, beleidigen oder verletzen (vgl. Birk/Mirbek 2024). Es beginnt nicht erst dort, wo Jugendlichen aktiv aufgrund ihres Körpers diskriminiert oder gemobbt werden (z. B. in sozialen Medien), sondern bereits dort, wo bestimmte Schönheitsideale – bewusst oder unbewusst – manifestiert oder scherzhafte Äußerungen über körperliche Merkmale gemacht werden. Dies gilt sowohl für unüberlegte Bemerkungen als auch scheinbar theologisch begründete Leibfeindlichkeit. Wer in Predigten Körperlichkeit oder Sexualität thematisiert, sollte also absolut behutsam damit umgehen und in der eigenen Wortwahl und im Inhalt sicherstellen, dass Jugendliche hier nicht zusätzlich verunsichert werden. Gleichzeitig können Predigten mit Jugendlichen Akzente im Sinne einer „Body Positivity“ setzen, also die „Förderung von Körperpositivität und die Akzeptanz der Vielfalt von Körperformen“ (Birk/Mirbek 2024) zum Ziel haben und Jugendliche bei der Bewältigung dieser Entwicklungsaufgabe unterstützen. Zentrale Grundaussagen des Evangeliums wie z. B. „Du bist angenommen“ oder „Du bist wertvoll“ können Jugendlichen helfen, die eigene körperliche Veränderung zu akzeptieren, und so Teil einer Entwicklung zu einem positiven Selbstbild sein.

Die Suche nach dem eigenen Weg
Im Zusammenspiel mit den körperlichen Veränderungen vollzieht sich auch eine kognitive und geistige Entwicklung, die entscheidend für den Übergang von der Kindheit ins Erwachsenenalter ist. In der Kindheit sind Eltern oder andere Erziehungspersonen oft die Hauptautoritätspersonen, die Entscheidungen für ihre Kinder treffen. Jugendliche streben jedoch zunehmend nach Autonomie und dem Recht, ihre eigenen Entscheidungen zu treffen, die nicht immer mit den Vorstellungen der Eltern übereinstimmen müssen.

Dieses Streben nach Autonomie ist jedoch keine Ablehnung der elterlichen Autorität, sondern ein wichtiger Schritt in der Entwicklung einer eigenen Persönlichkeit und Identität. Der Entwicklungspsychologe Erik Erikson (1902–1994) beschrieb die Adoleszenzphase als Zeit, in der Jugendliche ein eigenes Selbstbild entwickeln und sich von den bisherigen Einflüssen, einschließlich der Eltern, abgrenzen müssen (vgl. Erikson 1974). Das Hinterfragen von bisherigen Normen und Autoritäten ist also ein normaler und gesunder Teil dieses Prozesses: Jugendliche müssen lernen, eigenverantwortliche Entscheidungen zu treffen. Dabei ist es wichtig, dass sie zwischen ihren eigenen Bedürfnissen und den Erwartungen anderer einen angemessenen Ausgleich finden und auf dieser Grundlage ihre Identität formen. Dieser Prozess kann als Balanceakt beschrieben werden, bei dem Jugendliche zwischen der Selbstzentriertheit und dem Einfluss anderer schwanken, um letztendlich ihre eigene Identität zu finden. Jugendliche entwickeln ihre Identität also, indem sie sich einerseits von anderen Meinungen und Vorstellungen abgrenzen und anderseits aber auch ebenso Sichtweisen übernehmen, wenn es für sie stimmig ist (vgl. Bauer/Hurrelmann 2021: 126ff.).

Für das Predigen mit Jugendlichen bedeutet dies, dass es in der Predigt nicht darum gehen kann, fertige gedankliche Konstrukte oder Ansichten zu kommunizieren. Vielmehr sollte die predigende Person mit ihren Worten die Entwicklung von Autonomie, Selbstreflexion und Identitätsentwicklung fördern, indem sie die Jugendlichen dabei unterstützt, ihre eigenen Überzeugungen zu entwickeln und zu reflektieren, anstatt ihnen Dogmen oder starre Regeln vorzusetzen. Ziel der Predigt kann es dann nicht sein, dass Meinungen und Sichtweisen

„übernommen“ werden, sondern dass Jugendliche anfangen, eigene Standpunkte zu Fragen des christlichen Glaubens zu entwickeln. Orientierung geben heißt dann, ihnen „Handwerkszeug“ an die Hand zu geben, damit sie Konstrukteur:innen ihrer eigenen Identität werden können. Dazu gehört es, verschiedene Sichtweise aufzuzeigen, Zweifel zu thematisieren und vermeintlich „richtige“ Antworten zu vermeiden. Im Gegenteil: Es ist wichtig, Jugendliche zu ermutigen, kritisch zu denken und Fragen zu stellen und auch Predigten zu hinterfragen. Dazu gehört es dann auch, dass die predigende Person eigene Standpunkte vertritt, um den Jugendlichen Angebote zu machen, diese zu adaptieren. Wichtig ist aber, dass sie diese Standpunkte nicht als absolut kommuniziert und in Haltung und Wortwahl so kennzeichnet, dass für die Jugendlichen erkennbar wird: Dieser Standpunkt entspringt der persönlichen Interpretation und Erfahrung der Person, die predigt.

Die Geschichte [von David] zeigt doch, dass Gott uns in alle Lebenssituationen begleiten möchte. Er ist nicht nur der Gott für „Notfälle“, wenn alles im Chaos versinkt und wir uns einen großen, starken Retter an unsere Seite wünschen, sondern Gott ist da, wenn es etwas zu feiern gibt, und er feiert mit. Gott ist da, wenn du grübelnd auf deinem Bett sitzt und er ist da, wenn du Tränen lachst. Er ist bei dir, wenn du dich einsam fühlst und wenn du mit deinen Leuten gemeinsam eine richtig gute Zeit hast. So habe ich das erlebt und ich glaube, dass auch du das erleben kannst, wenn du Gott Teil deines ganzen Lebens sein lässt. Probier es gerne aus, und sprich mal ein Stoßgebet nicht nur in einer heftigen Situation, sondern auch, wenn du das nächste Mal eine richtig gute Zeit hast. Vielleicht erlebst du dann das, was David erlebt und in einen seiner Songs geschrieben hat (Psalm 139,1–3; BB): „Herr, du hast mich erforscht und kennst mich genau. Ob ich sitze oder stehe: Du weißt es. Meine Absicht erkennst du von fern. Ob ich gehe oder ruhe: Du merkst es. Alle meine Wege sind dir bekannt.“ (Auszug aus einer Predigt von Florian zum Leben von David)

In diesem Predigtausschnitt wird deutlich, dass es eine klare inhaltliche Aussage gibt. Diese wird nicht sofort relativiert, weil ja auch „alles ganz anders sein könnte", aber es wird deutlich, dass dies eine persönliche Erfahrung (die hier in den Kontext der biblischen Erfahrung Davids gestellt wird) ist. Die Jugendlichen werden nicht aufgefordert, die Kernaussage einfach zu glauben, sondern sind eingeladen, eine eigene Erfahrung zu machen und so für sich herauszufinden, ob die Aussage tragfähig ist.

Zurück zum Bild dieses Kapitels: Am Küchentisch sitzt definitiv das Thema Identität. Dieses Thema lässt sich nicht involvieren, indem man kommuniziert, wie eine „richtige" (christliche) Identität aussieht, sondern indem man Anregungen gibt, Fragen stellt und zu eigenen Erfahrungen ermutigt und dabei eben auch – vielleicht sogar ganz bewusst – in Kauf nimmt, auf Ablehnung zu stoßen. Denn darin kann ein Beitrag zur Identitätsfindung liegen.

Freund:innen und was die anderen von mir denken

Die Peergroup, also die Gruppe der Gleichaltrigen, spielt eine entscheidende Rolle in der Identitätsentwicklung von Jugendlichen. Ihre Meinungen und Rückmeldungen nehmen Jugendliche besonders ernst, da sie in dieser Personengruppe das größte Verständnis für ihre Situation und direktes Feedback auf ihr Verhalten erhalten. In der Peergroup lernen Jugendliche, was es bedeutet, Teil einer Gruppe zu sein und zu werden. Es existieren bestimmte Werte und Normen, die von der Gruppe geprägt und berücksichtigt werden müssen, während Jugendliche gleichzeitig an diesem Prozess mitwirken können.

Diese sozialen Normen und Gruppendynamiken formen die soziale Identität der Jugendlichen und beeinflussen ihr Verhalten und ihre Entscheidungen. Parallel bietet die Peergroup die Möglichkeit, sich in Bezug auf Verhalten, Styles und Meinungen auszuprobieren, ohne sofort drastische Konsequenzen fürchten zu müssen. Jugendliche können in diesem sozialen Umfeld soziale Rollen und Identitäten ausloten und herausfinden, welche für sie passend sind. Dabei spielt Konformität und Anpassung an die Gruppe eine bedeutende Rolle. Hierarchien und Autoritäten innerhalb der Gruppe ermöglichen es Jugendlichen, selbstbestimmt mit Machtstrukturen umzugehen und ihre eigene Position innerhalb von Gruppen zu finden. Diese sozialen Gefüge können auf verschiedenen Faktoren wie Beliebtheit, sozialem Status oder persönlichen Eigenschaften beruhen und beeinflussen das Gruppenverhalten und die Interaktionen der Mitglieder.

Die Peergroup bietet Jugendlichen Unterstützung und Sicherheit, insbesondere während des Prozesses der Loslösung von den Eltern. Sie dient als Rückzugsort, an dem Jugendliche über Probleme und Frust sprechen können und Unterstützung finden. Das Vertrauen und die emotionale Unterstützung innerhalb der Gruppe fördern die psychische Gesundheit und das Wohlbefinden der Jugendlichen. Nicht zuletzt ermöglicht die Peergroup den Jugendlichen, Kontakte zu Personen unterschiedlichen Geschlechts aufzunehmen und Beziehungen zu entwickeln, die über Freundschaften hinausgehen. Diese Beziehungen spielen eine wichtige Rolle bei der Entwicklung der sexuellen Identität der Jugendlichen und beeinflussen ihr Selbstkonzept und ihre Beziehungsqualität.

Für das Predigen mit Jugendlichen ergeben sich daraus gleich mehrere Konsequenzen: Ganz offensichtlich sind die Themen Freundschaft, Zugehörigkeit und Beziehung für diese Lebensphase zentral. Wer in seinen Predigten lebensrelevant sein möchte, wird an diesen Themen nicht vorbeikommen. Auch hier gilt, dass man diese Themen nicht in jeder Predigt ansprechen muss, aber man sollte sie unbedingt bei der Suche nach Themen oder der Planung von Themenreihen berücksichtigen.

Unabhängig vom Thema sollte derjenige, der eine jugendgemäße Predigt vorbereitet, in jedem Fall im Blick behalten, dass Jugendliche in einem besonderen Maße soziale Wesen sind bzw. sich in einer besonderen Phase der sozialen Entwicklung befinden. Ihre Entwicklungsaufgabe ist es, zu lernen, Teil von Gruppen zu sein, ohne sich selbst aufzugeben. Deswegen sind Feedbacks von Gleichaltrigen sowie Normierungsprozesse in Gruppen für sie besonders wichtig. Wenn eine predigende Person dann z. B. fordert, „gegen den Strom zu schwimmen" oder sich durch bestimmte Haltungen und Handlungen von anderen abzugrenzen, mag das zwar vielleicht theologisch begründbar sein, aber Predigende müssen sich bewusst machen, dass das in der Regel konträr zu dieser Entwicklungsaufgabe steht. Hier braucht es einen sensiblen Umgang.

Eine besondere Chance liegt in der inhaltlichen Gestaltung oder der Gestaltung des Predigt-Settings, wenn die Peergroup aktiv berücksichtigt wird. Wer Jugendliche nicht als „Ich und die anderen", sondern als Gruppe anspricht, Inhalte oder Aussagen nicht nur individuell auf sie bezieht, sondern in soziale Kontexte stellt (was im Übrigen bei einer Vielzahl biblischer Texte der Fall ist), wer aus dem Du öfter ein Ihr oder ein Wir macht, kann dem Rechnung tragen. Außerdem kann es hilfreich sein, Predigt-Settings zu kreieren, die bestehende Peergroups als Zielgruppe in den Blick nehmen, z. B. in Jugendkreisen, bei einer Verkündigung im Kontext der offenen Tür oder in anderen Settings, die die Predigtsituation von einer gottesdienstlichen Sondersituation in ein Gruppensetting transferieren. Nicht zuletzt liegt eine große Chance darin, Jugendliche dabei zu begleiten, selbst zu Predigenden zu werden. Berücksichtigt man die bis hier gemachten (entwicklungspsychologischen) Besonderheiten der Jugendphase, scheint es doch nur konsequent, die Expert:innen für jugendliche Lebenswelten auch zu denen zu machen, die selbst verkündigen. Auch die Wirkung auf die Gruppen der Gleichaltrigen dürfte von deutlich anderer Qualität sein, als wenn ältere Menschen den jüngeren etwas vom Leben und Glauben erzählen.

Fazit: Entwicklungssensible Predigtpraxis

Die drei genannten Themen stehen in diesem Kapitel exemplarisch für die entwicklungspsychologischen Besonderheiten der Jugendphase. Es sind wichtige, zentrale Themen, aber nicht die einzigen, die Jugendliche in dieser Lebensphase beschäftigen. Das Jugendalter ist von einer Reihe von Entwicklungsaufgaben geprägt, mit denen Jugendliche beschäftigt sind bzw. deren Bewältigung eine zentrale Herausforderung darstellt. Der Pädagoge und Bildungsforscher R. J. Havighurst (1900–1991) war einer der Ersten, der die Herausforderungen der Jugendphase anhand sogenannter Entwicklungsaufgaben schematisiert hat. In seinem Buch „Developmental tasks and education" ordnete er diesen Aufgaben sechs Zeitetappen zu:

- frühe Kindheit,
- mittlere Kindheit,
- Jugend (13–18 Jahre),

- frühes Erwachsenenalter (19–30 Jahre),
- Mittelalter (30–60 Jahre),
- Alter (61 Jahre und älter).

Er führt weiter aus:

> *„Unter einer Entwicklungsaufgabe werden in der psychologischen Diskussion die kulturell und gesellschaftlich vorgegebenen Erwartungen und Anforderungen verstanden, die an Personen einer bestimmten Altersgruppe gestellt sind. Sie definieren für jedes Individuum in bestimmten situativen Lebenslagen objektiv vorgegebene Handlungsprobleme, denen es sich stellen muss." (Havighurst, zitiert nach Hurrelmann 1985: 12)*

Die jeweiligen Entwicklungsaufgaben sind nicht als feststehende Fakten zu betrachten, sondern werden von physiologischen Veränderungen wie der Pubertät beeinflusst, durch soziale und kulturelle Anforderungen definiert und durch individuelle Interpretationen geformt. Diese Perspektive hat die Jugendforschung übernommen. Ein herausragendes Merkmal der Lebenssituation junger Menschen ist, dass sie eine Vielzahl typischer Probleme bewältigen und Entscheidungen treffen müssen, um sich zu entwickeln, sprich, „erwachsen zu werden". Dazu gehören die Berufswahl, Partner:innenwahl, der Freundeskreis, Familiengründung, Kinderwunsch sowie die Entwicklung eines Konsum- und Lebensstils, der Umgang mit Alkohol, Drogen und anderen Herausforderungen. Die Anzahl der Entwicklungsaufgaben und die Art ihrer Lösung sind nicht festgelegt. Jungsein bedeutet in dieser Perspektive nicht nur, „frei zu werden" von Konventionen, sondern auch, typische Entwicklungsaufgaben zu bewältigen und zu lösen.

Die Formulierung der Entwicklungsaufgaben stammt aus den 50er-Jahren des 20. Jahrhunderts, und es muss natürlich gefragt werden, inwiefern sie heute noch so gelten. Dazu gibt es in der Forschung zahlreiche Weiterentwicklungen, Umformulierungen und kritische Betrachtungen. Trotzdem erkennt man in der Auseinandersetzung damit, dass sie nach wie vor eine gewisse Gültigkeit haben, weil sie eine entwicklungspsychologische Realität, die ja teilweise durch biologische Faktoren festgelegt ist, beschreiben. Die konkrete Ausprägung der Entwicklungsaufgaben und vor allem die gesellschaftlich akzeptierten Wege der Bewältigung haben sich sicher stark verändert, aber die Beschreibung dessen, was Jugendliche in der Jugendphase bewältigen müssen, ist 3. zurechtzukommen nach wie vor recht aktuell. Die folgende Übersicht zeigt die Entwicklungsaufgaben nach Havighurst in einer leicht angepassten Form auf und macht so sichtbar, womit Jugendliche beschäftigt sind.

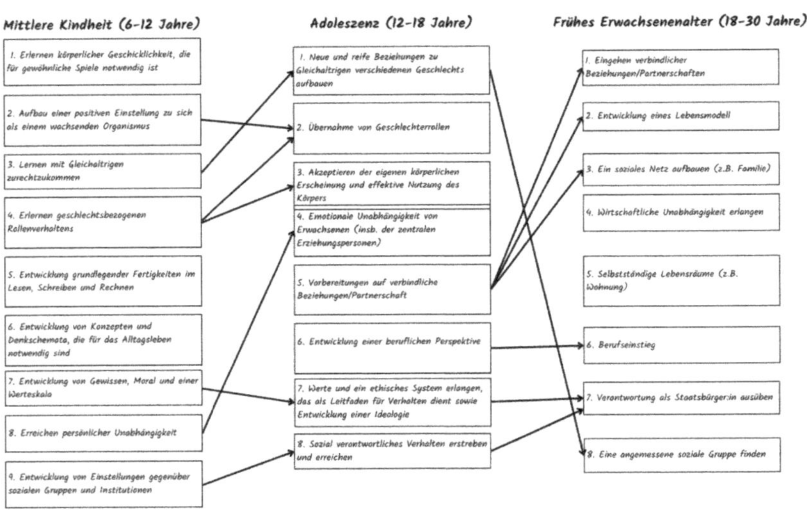

Abb. 6: Entwicklungsaufgaben Jugendlicher in Anlehnung an Havighurst (eigene Abbildung nach Stangl 2024[2])

Wollen Predigende die Jugendlichen ernst nehmen, werden ihre Predigten entwicklungssensibel sein. Sie werden also bereits in der Vorbereitung wahrnehmen, in welcher entwicklungspsychologischen Phase sich die Jugendlichen aktuell befinden, und Rücksicht auf die entsprechenden Entwicklungsaufgaben nehmen. Dies betrifft alle Aspekte der Predigt: von der Auswahl des Themas über die Wortwahl

2 https://arbeitsblaetter.stangl-taller.at/JUGENDALTER/Bedeutsame-Entwicklungen.shtml (Abruf 29.04.2024)

bis hin zur Haltung, die den Jugendlichen gegenüber eingenommen wird. Wer die Entwicklungsaufgaben ernst nimmt, wird beispielweise verstehen, dass Jugendliche keine belehrenden Erwachsenen brauchen, die ihnen in der Predigt etwas erzählen, sondern ein Gegenüber, das dazu ermutigt, eigene Standpunkte zu entwickeln (siehe Entwicklungsaufgaben 4 und 7 in Abb. 4).

Ferner heißt entwicklungssensibles Predigen im optimalen Fall auch, mit der Predigt einen kleinen Beitrag zu leisten, der Jugendliche dabei unterstützt, die Entwicklungsaufgaben zu bewältigen. Eine Predigt, die z. B. die soziale Verantwortung in einer Gesellschaft oder darüber hinaus betont und konkrete Wege aufzeigt, wie diese Verantwortung wahrgenommen werden kann, kann einen Beitrag leisten, dass Jugendliche selbst handlungsfähig werden, aus dem Glauben heraus sozial verantwortlich zu leben (siehe Entwicklungsaufgaben 8 in Abb. 4). Entwicklungssensibles Predigen heißt dann, danach zu fragen, welchen Beitrag der christliche Glaube und letztlich das Evangelium zu einer guten und gesunden Entwicklung Jugendlicher beitragen kann.

Kulturell und historisch unterschiedliche Themen der Jugendphase

Wie bereits erwähnt gibt es neben diesen entwicklungsbezogenen Themen immer auch eine ganz Menge an kulturellen oder zeitgeschichtlichen Themen, die Jugendliche bewegen. Im Jahr 2024, in dem dieses Buch geschrieben wurde, und für einen deutschsprachigen Kontext sind sicher Themen wie Klimagerechtigkeit, Krieg und Frieden, aber auch konkrete Social-Media-Plattformen, wie TikTok oder Instagram zu nennen. Auch wenn diese Themen das Potenzial haben, Generationenthemen zu werden oder es vielleicht sogar längst schon sind, ist es für Menschen, die mit Jugendlichen predigen, vielleicht weniger hilfreich, eine konkrete (theoretische) Auseinandersetzung mit solchen Themen parat zu haben, als vielmehr eine Strategie, wie man sich mit den für Jugendlichen relevanten Themen updatet. Vielleicht passiert morgen etwas im wahrsten Sinne des Wortes „Weltbewegendes“ und dann sind es wieder andere Themen, die bei Jugendlichen obenauf liegen. Daher kommt es mehr darauf an, dass man, wenn man mit Jugendlichen predigt, zum einen eine Haltung entwickelt, die sich grundsätzlich für die Themen Jugendlicher interessiert, und zum anderen auch weiß, welche Möglichkeiten einem zur Verfügung stehen, sich über diese Themen zu informieren. Grundsätzlich können dabei zwei mögliche, sich gegenseitig ergänzende Wege gegangen werden.

Theoretische Auseinandersetzung anhand von Jugendstudien

Der Bereich der Jugendforschung ist ein gut aufgestelltes Forschungsfeld innerhalb der Sozialwissenschaften. Daher stehen Wissenschaftler:innen und interessierten Menschen aus der Praxis eine Reihe gut aufbereiteter wissenschaftlicher Daten zur Verfügung, die Auskunft über jugendliche Interessen und Themengebiete bieten. Diese sind grundsätzlich geeignet, um sich zu informieren, und geben oftmals einen guten Überblick.

Zum einen gibt es in diesem Bereich die großen Jugendstudien, wie z. B. die bereits zitierten Sinus Jugend-Milieu-Studien (vgl. Calmbach et al. 2020). Diese unterteilen jugendliche Lebenswelten in verschiedenen Milieus, die sich in manchen Werten und Interesse unterscheiden, aber auch gleichen. Eine zweite wichtige Jugendstudie ist sicher die Shell Jugendstudie (vgl. Albert et al. 2019). In dieser regelmäßig erscheinenden Jugendstudie wird eine repräsentative Stichprobe von Jugendlichen aus Deutschland befragt. So hat man z. B. in der 18. Shell Jugendstudie von 2019 (eine neue ist für Herbst 2024 angekündigt) 2.572 Jugendliche im Alter von 12 bis 15 Jahren befragt und dabei zahlreiche Diversitätsmerkmale (Geschlecht, Religion, Bildung, Einkommen, Migration) berücksichtigt (vgl. Albert/Hurrelmann/Quenzel 2019). Insofern kann man bei der Shell Jugendstudie von einer Repräsentativität sprechen. Diese Studie gibt Auskunft über die Freizeitaktivitäten und Interessen Jugendlicher, aber auch über ihre Zukunftswünsche und -sorgen. Sie versucht, ein großes Bild zu zeichnen, um die aktuelle Generation von Jugendlichen zu charakterisieren. So trägt die 18. Shell Jugendstudie den Titel „Eine Generation meldet sich zu Wort" und die Herausgeber schreiben diesbezüglich:

> *„Die gegenwärtige junge Generation formuliert wieder nachdrücklicher eigene*

> *Ansprüche hinsichtlich der Gestaltung der Zukunft unserer Gesellschaft und fordert, dass bereits heute die dafür erforderlichen Weichenstellungen vorgenommen werden. Als zukunftsrelevante Themen haben vor allem Umweltschutz und Klimawandel erheblich an Bedeutung gewonnen. Sie stehen im Mittelpunkt der Forderung nach mehr Mitsprache und der Handlungsaufforderung an Politik und Gesellschaft.“* (Albert/Hurrelmann/Quenzel 2019: 13)

Damit zeichnet diese Studie ein großes Bild und benennt gleichzeitig Themen und Interessen der Generation. In diversen Unterkapiteln geht die Studie dann ins Detail. Dieses Überblickswissen kann wirklich hilfreich sein, wenn man sich einen Überblick verschaffen will, was Jugendliche bewegt.

Generell gilt aber auch: Studien zeichnen nur ein grobes Bild der Realität, sie sind aber nicht die Realität. Die Daten solcher Studien sind in aller Regel Durchschnittswerte und zeigen auf, was der statistische Durchschnitt bei den Jugendlichen ist. Die Realität im Stadtteil einer Jugendarbeit kann ganz anders aussehen. Außerdem sind die Analysen der Jugendstudien immer nachgelagert. Auch wenn sich die Wissenschaftler:innen solcher Studien in Zeiten einer gewissen Schnelllebigkeit bemühen, die Auswertungen und Analysen zügig durchzuführen und zu veröffentlichen, sind es immer Daten aus der Vergangenheit, deren Erhebung Monate und manchmal Jahre her ist. Aber wer sich klar macht, dass es sich hier nicht um die Realität sondern ein Durchschnittsbild handelt, das sich unter Umständen bereits weiterentwickelt hat, wird in den Studien hilfreiche Anregungen finden, um Predigten mit Jugendlichen zu gestalten.

Zuletzt sei noch auf die Ergebnisse und Veröffentlichungen des Deutschen Jugendinstituts (DJI) hingewiesen, das eines der größten sozialwissenschaftlichen Forschungsinstitute Europas ist.[3] Das DJI forscht zu zahlreichen Themen des Jugendalters, sowohl im Überblick als auch zu speziellen Themen. Zudem sind die Forschungsergebnisse in einigen Publikationen auch für Nicht-Wissenschaftler:innen (z. B. in dem kostenlos abonnierbaren Magazin „DJI-Impulse“) zusammengefasst und so leicht verständlich und zugänglich.

---

3 www.dji.de (Abruf 21.03.2024).

Die Ergebnisse der Jugendforschung sind ein wichtiges Handwerkszeug für Menschen, die mit Jugendlichen predigen möchten. Wie in allen anderen Bereichen des Lebens ist es wichtig, sich auf dem Laufenden zu halten, und dazu können diese Studien einen wichtigen Beitrag leisten. Besonders für Menschen, die haupt- oder ehrenamtlich mit Jugendlichen arbeiten und mit ihnen predigen, empfiehlt es sich, eine gewisse Routine zu etablieren und sich mit solchen Ergebnissen auseinanderzusetzten, indem sie z. B. entsprechende Publikationen abonnieren oder sich zu den oftmals angebotenen Veranstaltungen beim Erscheinen neuer großer Studien anmelden. Es gilt eben „dranzubleiben" an der jugendlichen Lebenswelt. Dass dieser Zugang Grenzen hat, wurde bereits klar, daher braucht es einen weiteren, um relevant und lebensnah mit Jugendlichen zu predigen.

Partizipation als Grundhaltung der Predigt mit Jugendlichen

Eine große Schwäche von Jugendstudien, genauso wie die von Vorlesungen, Vorträgen und Büchern (auch wie diesem) ist, dass sich dabei in der Regel erwachsene Menschen darüber Gedanken machen, was Jugendliche bewegt, welche Themen sie vielleicht in Predigten brauchen und wie Predigten für sie sein sollten. Erwachsene machen sich also Gedanken *über* Jugendliche. Dazu passend ereignet sich jedes Jahr ein kleines mediales Schauspiel, das die Begrenztheit dieses Zugangs offensichtlich werden lässt: Alljährlich wählt ein großer deutscher Verlag das „Jugendwort des Jahres", das dann medial, unter anderem in der Tagesschau verkündet wird. Auch wenn seit einigen Jahren Vorschläge auch von Jugendlichen gemacht werden können und eine Wahl stattfindet, führt dieser von Erwachsenen gesteuerte Prozess dazu, dass auf der Siegerliste immer wieder Wörter landen, die bei Jugendlichen in der Realität wenig vorkommen. Das Ganze führt dann immer wieder zu peinlichen Situationen, wenn Erwachsene diese Wörter benutzen. An diesem Beispiel wird deutlich, dass jemand, der haupt- oder ehrenamtlich mit Jugendlichen arbeitet, immer eine erwachsene Perspektive einnimmt, wenn er *über* Jugendliche nachdenkt. Die Reflexion dessen, was Erwachsene denken, was Jugendliche bewegt, ist eben nicht unbedingt deckungsgleich mit dem, was Jugendliche wirklich bewegt, sondern immer bereits eine Interpretation dessen, und zwar aus Sicht Erwachsener. Die Expert:innen für die jugendliche Lebenswelt sind die Jugendlichen selbst!

Wenn man diese Erkenntnis ernst nimmt, liegt die Schlussfolgerung nahe, dass es eine konsequente Einbeziehung Jugendlicher in den Predigtprozess braucht. Sie dürfen nicht nur eine theoretische Größe sein, sondern es braucht konkrete Einbezüge, um das Predigtgeschehen von den Jugendlichen her zu denken. Letztlich wäre die höchste Form der Partizipation eine Herangehensweise, die Jugendliche befähigt, selbst zu predigen (darum wird es auch in Kapitel 7 gehen). Aber auch dort, wo Predigten eher für Jugendliche gestaltet werden, gibt es konkrete Einbeziehungsmöglichkeiten, um sich an ihrer Lebenswelt und ihren Lebensthemen zu orientieren.

1. *Das Gespräch mit Jugendlichen über ihre Themen suchen:* Menschen, die mit Jugendlichen predigen, sind gut beraten, im Gespräch mit Jugendlichen zu sein, und zwar im Modus des Fragens. Ein echtes Interesse an Jugendlichen ist eine partizipative Grundvoraussetzung für lebensweltnahe Verkündigung. Wer ehren- oder hauptamtlich in der Jugendarbeit tätig ist, hat in der Regel genügend Kontaktflächen zu Jugendlichen und kann diese nutzen, um grundsätzlich im Gespräch über aktuelle Themen und Fragestellung zu sein. Wer diese Möglichkeit nicht hat, ist gut beraten, im Kontext von Predigttätigkeiten aktiv das Gespräch zu suchen. Warum nicht eine Art Predigtvorbereitungsgespräch mit einer Gruppe Jugendlicher führen, die zur Zielgruppe des nächsten Jugendgottesdienst gehört: Was beschäftigt euch? Worüber macht ihr euch Gedanken? Was macht euch Sorgen? Welches Thema soll in meiner Predigt vorkommen? Die Erkenntnisse solcher Gespräche können aktiv in die Themenfindung und Predigtvorbereitung einbezogen werden.
2. *Interaktion mit Jugendlichen zu konkreten Themen:* Steht das Thema oder der Text einer Predigt erst mal fest, können Kommunikationswege aufgemacht werden, die Jugendliche aktiv auffordern, ihre Meinungen oder Gedanken zu äußern. Das kann ganz unterschiedlich aussehen. Wer z. B. auf Social Media aktiv und dort mit

Jugendlichen verbunden ist, kann in einer Story oder einem Beitrag Fragen stellen und durch eine „call to action" die Möglichkeit geben, sich dazu zu äußern. Wer im Alltag mit Jugendlichen zu tun hat, kann konkret nach Meinungen und Sichtweisen zu einem bestimmten Thema fragen. Und wer mit Jugendgruppen arbeitet, kann z. B. mit Methoden der Jugendtheologie ein theologisches Gespräch mit Jugendlichen anstoßen (vgl. Karcher/Freudenberger-Lötz/Zimmermann 2020) und so tiefere Einblicke in ihre Sichtweise gewinnen. Wichtig ist dabei, dass die Predigenden in solchen Gesprächen und Prozessen nicht als belehrend oder bereits verkündigend auftreten, sondern diejenigen sind, die selbst lernen wollen, ein echtes Interesse zeigen und so Partizipation ermöglichen.

3. *Feedback von Jugendlichen auf Predigtentwürfe:* Ist dann ein erster Entwurf für eine Predigt entstanden, liegt ein besonderes Potenzial darin, Jugendliche um Feedback zu bitten. Um den Aufwand nicht zu hoch werden zu lassen, reicht es vielleicht sogar aus, eine jugendliche Person im eigenen Umfeld darum zu bitten, über den Entwurf zu schauen und dazu schonungslos Feedback zu geben, vielleicht anhand konkreter Feedbackfragen: Was verstehst du nicht? Was ergibt für dich keinen Sinn? Was ist für dich uninteressant? Wozu würdest du gerne mehr hören? Diese oder andere Fragen signalisieren dem Gegenüber, dass es um die ehrliche Meinung geht. Vielleicht kostet es anfangs echte Überwindung, Jugendliche um Feedback zu bitten, aber es ist Ausdruck einer Haltung, die Jugendliche als Expert:innen ihrer eigenen Lebenswelt ernst nimmt und der es ein Anliegen ist, nicht zu sich selbst zu predigen, sondern eine Brücke zwischen dem Evangelium und dem Leben Jugendlicher zu schlagen.

Die hier vorgeschlagenen Methoden sind nur einige Möglichkeiten. Letztlich geht es darum, eine Grundhaltung der Partizipation im Predigtprozess zu entwickeln und dann Wege zu finden, wie diese Partizipation möglich werden kann. Und sie läuten das Ende einer Haltung ein, die zu wissen meint, was die Zielgruppe wirklich beschäftigt, eine Haltung, die in der Predigtentwicklung viel zu häufig vorherrscht. Wer sich eingesteht, nie wirklich wissen zu können, was für die Zielgruppe gerade relevant ist, wird natürlich nach Wegen suchen, die Sichtweise zu ergründen und zu verstehen. Auch hier sei noch mal betont, dass es dabei nicht darum geht, Jugendlichen nach dem Mund zu reden. Die Botschaft des Evangeliums reproduziert ja nicht die Lebenswelt, aber sie will in der Lebenswelt von Menschen relevant werden, und dazu muss diese Lebenswelt eben im Blick sein und die Verkündigung dort ihren Ausgangspunkt suchen. Der US-amerikanische Theologe Fred B. Craddock nennt ein solches Vorgehen induktiv, weil es bei den Erfahrungen der Menschen ansetzt und von dort aus allgemeinere Wahrheiten aufstellt und nicht umgekehrt (vgl. Müller/Suhner 2023: 73).

Was die Digitalisierung mit dem Predigtgeschehen macht

Im vorherigen Kapitel gab es schon einige Überlegungen zur Digitalisierung und ihren Auswirkung auf das Predigen mit Jugendlichen. Diese theologischen Überlegungen sollen an dieser Stelle ergänzt werden und zwar mit einem Blick auf die praktischen Auswirkungen auf das Predigtgeschehen.

Die tagtägliche und andauernde Auseinandersetzung mit Medien jeglicher Art verändert etwas bei Jugendlichen. Das Gehirn von Kindern und Jugendlichen ist ein komplexes Organ, das sich im Laufe der Entwicklung ständig verändert und anpasst. So betont Gerald Hüther, ein renommierter deutscher Neurobiologe, die Bedeutung von Erfahrungen und Umwelteinflüssen für das Gehirn. Hüther argumentiert, dass das Gehirn von Kindern und Jugendlichen besonders empfänglich für neue Informationen und Erfahrungen ist. Die Neuronen im Gehirn bilden ständig neue Verbindungen, die sogenannten Synapsen, wenn sie aktiviert werden (vgl. Hüther 2019: 39ff.). Dieser Prozess, bekannt als Neuroplastizität, ermöglicht es dem Gehirn, sich an verschiedene Umgebungen und Anforderungen anzupassen. Des Weiteren betonen verschiedene Studien die Bedeutung emotionaler Erfahrungen. Emotionale Erfahrungen, sowohl positive als auch negative, fördern die Entwicklung des Gehirns. Positive emotionale Erlebnisse tragen zur Bildung gesunder und stabiler neuronaler Verbindungen bei, während negative Erfahrungen anhaltende Auswirkungen auf die Hirnstruktur und die psychische Gesundheit haben können (Vgl. Tottenham/Gabard-Durnam: 2018). Auch der Konsum von sozialen Medien, wie YouTube und/oder TikTok-Videos, hat einen erheblichen Einfluss auf die kognitive Entwicklung von Kindern und Jugendlichen. Dieses Phänomen wird in letzter Zeit in der wissenschaftlichen Literatur ausführlich untersucht, wobei verschiedene Aspekte berücksichtigt werden. Im Folgenden sollen diese kurz dargestellt sowie ihre Auswirkungen auf das Predigtgeschehen reflektiert werden.

Jugendliche, die oft Videos auf Plattformen wie YouTube oder TikTok konsumieren, sind an kurze, visuelle Inhalte gewöhnt. Dies wirkt sich langfristig auf das Gehirn aus: „Die Fähigkeit, die Aufmerksamkeit langfristig und in reizärmeren Umgebungen aufrechterhalten zu können, verliert so an Relevanz." (Anthes 2023). Auch frühere Forschungsergebnisse (z.B. Bergmann/Hüther 2013) legen nahe, dass eine solche visuelle Reizüberflutung zu einer Verkürzung der Aufmerksamkeitsspanne führen kann. Die selektive Aufmerksamkeit, also die Fähigkeit, relevante Reize zu fokussieren und irrelevante auszublenden, wird durch den Konsum von sozialen Medien ebenfalls beeinflusst. Die Videos auf Plattformen wie TikTok aktivieren bestimmte Hirnregionen, die unsere Aufmerksamkeit auf die Videos lenken. Besonders das Gehirn junger Menschen ist anfällig für solche Reize, da der präfrontale Kortex, der für die Aufrechterhaltung der Aufmerksamkeit zuständig ist, bis zum 25. Lebensjahr noch nicht vollständig ausgebildet ist. Der Konsum von sozialen Medien trainiert das Gehirn auf schnelle Wechsel und kann dazu führen, dass die Aufmerksamkeitsspanne schrumpft (vgl. Anthes 2023).

Sicherlich gibt es hier unterschiedlichste Studien und wissenschaftliche Meinungen. Für das Predigen mit Jugendlichen ist es aber in diesem Zusammenhang wichtig, sich bewusst zu machen, dass das längere Zuhören einzig auf eine Stimme für die allermeisten Jugendliche eine Kontrasterfahrung zu der Art und Weise ist, wie sie sonst in ihrer Freizeit Informationen aufnehmen und sich mit Themen beschäftigen. Vermutlich war das lange Zuhören schon immer eine Herausforderung für die Zuhörenden einer Predigt, bekommt aber in einer digitalen Informationsgesellschaft eine neue Dimension. Die Konsequenzen liegen auf der Hand: Predigten für Jugendliche müssen kurz sein, sie müssen abwechslungsreich sein und möglichst mehrere Sinne beanspruchen, wenn das Gehirn die Aufmerksamkeit darauf lenken soll. Angesichts der verkürzten Aufmerksamkeitsspanne ist es entscheidend, die Predigt so zu gestalten, dass sie die Aufmerksamkeit der Jugendlichen aufrechterhält und ihr Interesse weckt. Dies erfordert eine prägnante und dynamische Präsentation.

Darüber hinaus sollten Predigten interaktive Elemente enthalten, um die Jugendlichen aktiv einzubeziehen und ihre Beteiligung zu fördern. Die Verwendung visueller Hilfsmittel, kurzer Videos oder Grafiken kann ebenfalls hilfreich sein, um die Aufmerksamkeit zu steigern und das Verständnis zu vertiefen.

Ein weiterer Ansatzpunkt, um dieser veränderten Wahrnehmung gerecht zu werden, ist, die Predigt auf mehrere Teile aufzuteilen. Die Predigt wird also von anderen Elementen unterbrochen. Auch hier kann festgehalten werden, dass diese Erkenntnisse nicht wirklich neu sind. Predigen mit Jugendlichen im digitalen Zeitalter heißt entweder, die genannten Punkte konsequent umzusetzen oder eben damit zu leben, dass die Predigt an den Jugendlichen vorbeirauscht. Hilfreich kann hier der Ansatz der „Dramaturgischen Homiletik“ sein, der dafür plädiert, die Predigt als Film zu verstehen.

> *„Wie ein Film aus verschiedenen Szenen, so besteht eine Predigt aus verschiedenen Moves (Szenen), aus bewegten Sequenzen. Die Structure (Spannungsbögen) stellt die Verbindung der einzelnen Moves zum Ganzen der Predigt her. Es geht um die Erstellung eines Spannungsbogens.“ (Müller/Suhner 2023: 67)*

TikTok und ähnliche soziale Medien aktivieren zudem unser Belohnungssystem im Gehirn, indem sie personalisierte Inhalte liefern, die unsere Interessen ansprechen und angenehme Emotionen hervorrufen. Dies führt zu einem verstärkten Verlangen nach wiederholter Nutzung und einem erhöhten Dopaminfluss. Wir gewöhnen uns daran, dass unsere Bedürfnisse und Wünsche sofort befriedigt werden, was langfristig zu einer Verringerung der Fähigkeit führen kann, langfristige Aufmerksamkeit aufrechtzuerhalten und verzögerte Belohnungen zu schätzen. Dieser Zyklus des schnellen Konsums kann dazu führen, dass unsere Impulskontrolle abnimmt und wir Medien exzessiv nutzen, was wiederum unsere mentalen Fähigkeiten beeinflusst und daher kritisch zu betrachten ist (vgl. Anthes 2023).

Trotzdem ergeben sich auch hieraus Konsequenzen für die Gestaltungen von Predigten. Predigende, besonders solche, die für Jugendliche predigen, sind herausgefordert, den konkreten Nutzen klar herauszuarbeiten und den Jugendlichen das Gefühl zu geben, dass der Inhalt eine positive Wirkung auf ihr Leben hat. Dabei geht es nicht nur um die langfristigen Effekte, sondern, im Zusammenhang mit den genannten Erkenntnissen, auch um die kurzfristigen. Für Jugendliche ist in ihrer aktuellen Lebensphase vielleicht weniger relevant, durch welche schwerwiegenden Krisen der Glaube sie im späteren Leben begleiten kann und welchen Ewigkeitswert er hat, sondern vielleicht mehr, was er für den nächsten Montag in der Schule bringt, wie er im Hier und Jetzt hilft, sich selbst anzunehmen oder wie er von aktuellen Ängsten und Sorgen befreien kann.

Auch hier zeigt sich eine gewisse Spannung. Der Glaube ist kein Wellnessprogramm für die Seele, das man mal eben für eine kurze Zeit bucht, sondern eine lebensumfassende Transformation. Trotzdem erkennt man auch im Wirken Jesu, wie er nicht nur die langfristigen Stärken des Glaubens verkündigt, sondern immer wieder auch direkte und unmittelbare Veränderungen geschaffen hat, indem er Menschen vom Rand der Gesellschaft einbezogen, Leiden geheilt und Menschen Wert zugesprochen hat. Predigende, besonders die, die mit Jugendlichen predigen, können es ihm gleichtun und ebenfalls aufzeigen, welches Potenzial die Botschaft des Evangeliums unmittelbar und direkt entfalten kann.

Jesus sagt: „Ich bin nicht weit weg“, sondern ich bin hier. Wenn du in die Schule gehst, sagt Jesus: „Ich geh mit. Dein Leben ist mir nicht zu klein.“ Jesus sagt: „Wenn du zu Hause vor deinem Rechner sitzt." Dann ist er da. Es ist ihm nicht zu klein. Jesus sagt: „Wenn du heute Abend mit deinen Freunden weggehst." Dann ist er da, ist er hier. Das ist ihm nicht zu komisch, das ist ihm nicht zu klein. Gott kommt in diese Welt. (Auszug aus einer Predigt von Kai zum Thema „nah")

In diesem kurzen Predigtausschnitt wird deutlich, dass das Evangelium direkte Auswirkungen auf das Leben haben, dass es mitten im Alltag von Jugendlichen relevant sein kann.

! *Do it!*

Schau dir ein paar Clips auf den gängigen Social-Media-Kanälen an, die bei Jugendlichen gerade angesagt sind, besonders die von den großen und erfolgreichen Kanälen.
Frage dich: Wie sind die Videos aufgebaut? Was macht sie besonders interessant? Wie gelingt es, dass sie die Zuschauer:innen in ihren „Bann" ziehen?
Übertrage das auf die Predigt: Was davon kannst du in deiner nächsten Predigt umsetzen? Welche Methoden kannst du für deinen eigenen Predigtstil vielleicht übernehmen und welche vielleicht auch ganz bewusst nicht?
Noch tiefer einstiegen kannst du, indem du auf einer Videoplattform wie z. B. YouTube einfach mal in die Suchleiste „Erfolgreiche Videos erstellen" eingibst. In der Regel werden dir dann eine ganze Reihe Clips angezeigt, die das vermeintliche Erfolgsrezept für gute Videos auf Social Media verraten. Sicherlich ist hier auch die ein oder andere Inspiration für deine Predigtpraxis dabei.

Jugendarbeit als Predigtort

Predigten, die explizit für Jugendliche konzipiert sind, haben ihren Ort in aller Regel im Kontext christlicher Jugendarbeit bzw. finden sie im Rahmen eines Angebots der Jugendarbeit statt. Daneben gibt es noch andere Situationen wie z. B. Schulgottesdienste oder öffentliche Veranstaltungen, aber meistens begegnet man Predigten doch in den Angeboten der Jugendarbeit. Das können Jugendgottesdienste, Freizeiten, Jugendgruppen oder Events sein, bei denen es Predigten, Andachten oder andere Formen der Wortverkündigung gibt.

Predigen mit Beziehungsaspekt

Oftmals haben die Menschen, die Predigen in der Jugendarbeit gestalten, zu den Jugendlichen, die regelmäßig ein Angebot der Jugendarbeit besuchen, auch eine Beziehung, die über die einzelne Predigtsituation hinausgeht. Diese Beziehungsdynamik eröffnet eine Vielzahl von Möglichkeiten, die Predigtinhalte auch über den Moment der Predigt hinaus lebendig zu halten. So können die Themen der Predigt im Gespräch bleiben, Jugendliche haben die Möglichkeit, Fragen zu stellen und die predigende Person kann das Feedback der Jugendlichen direkt berücksichtigen. Diese fortlaufende Interaktion zwischen Prediger:in und den Jugendlichen fördert nicht nur ein tieferes Verständnis der behandelten Themen, sondern auch ein Gefühl der Verbundenheit und des gemeinsamen Wachsens in Glauben und Spiritualität.

Des Weiteren bietet die bestehende Beziehungsdynamik die Gelegenheit, Predigten als Teil eines größeren Kontextes in der Jugendarbeit zu verstehen. Die Predigten stehen so in Verbindung mit anderen Aktivitäten und Programmen, die in der Jugendarbeit angeboten werden. Beides kann sich gegenseitig ergänzen und vertiefen, sodass die Predigten Teil eines ganzheitlichen Bildungsprozesses werden. Auf diese Weise entsteht ein umfassendes und integratives Bild des Glaubens, das den Jugendlichen eine vielschichtige Perspektive bietet und sie dazu ermutigt, über den reinen Predigtinhalt hinaus zu reflektieren und sich mit ihrem Glauben auseinanderzusetzen bzw.

diesen gemeinsam mit anderen zu praktizieren. Die kontinuierliche Einbettung von Predigten in den breiteren Kontext der Jugendarbeit ermöglicht letztlich auch, auf individuelle Bedürfnisse und Interessen der Jugendlichen einzugehen, was eine besondere Chance für die vorher beschriebenen partizipativen Prozesse für das Predigen mit Jugendlichen darstellt.

Jugendarbeit zwischen Safe Space und Glaubens-Bubble

Eine weitere Stärke von Predigten, die im Kontext der Jugendarbeit gehalten werden, besteht darin, dass Jugendliche die Angebote und Veranstaltungen der Jugendarbeit häufig als einen Safe Space des Glaubens erleben. Hier finden sie einen Ort und eine Gruppe, in der es selbstverständlich ist, über Glaubensthemen zu sprechen und gemeinsame Ausdrucksformen des Glaubens zu praktizieren. Dies steht jedoch oft im Kontrast zu ihrem Alltagserleben, wo es in der Schule, im Verein, im Freundeskreis und zunehmend auch in der Familie alles andere als üblich ist, über Glaubensthemen zu sprechen oder sie praktisch zu leben. In diesen Umgebungen fühlen sich Jugendliche oft marginalisiert in Bezug auf ihren Glauben, was nicht selten zu einem Doppelleben führt: Während sie in der Gemeinde oder der Jugendarbeit aktiv Glaubensthemen diskutieren, bleibt dies in der Schule oder im Freundeskreis oft ein Tabu, und sie geben möglicherweise nicht preis, dass sie sich für solche Fragen interessieren.

Deshalb spielen christliche Events für viele Jugendliche eine wichtige Rolle, denn dort können sie die Erfahrung machen, dass es viele Gleichgesinnte gibt, die sich ebenfalls für den Glauben interessieren und ihn gemeinsam praktizieren (vgl. Karcher 2016: 497ff.). Dadurch wird der religiöse Safe Space der Jugendarbeit zu einer Art Bubble, in der religiöse Fragen und Glaubensthemen eine zentrale Rolle spielen, während sie außerhalb dieser Bubble oft keine Beachtung finden.

Die Predigt mit Jugendlichen findet also oft in diesem religiösen Safe Space statt, was zunächst eine große Chance darstellt: Predigten dürfen herausfordern, hinterfragen und Jugendlichen ermöglichen, ihre eigenen Zweifel und Fragen zu stellen sowie den Glauben praktisch auszuprobieren. Zum Beispiel kann eine Predigt zum Thema Gebet

Jugendliche dazu herausfordern, sich dieser religiösen Erfahrung zu öffnen und das Gebet praktisch auszuprobieren, sei es allein oder in Gruppen innerhalb der Jugendarbeit. Die Beziehungsdynamiken und Gruppenstrukturen der Jugendarbeit bieten dafür den Raum.

Gleichzeitig wird jedoch auch die Herausforderung deutlich, denn außerhalb der Jugendarbeits-Bubble haben die Jugendlichen oft keine Gruppenstrukturen, in denen sie das Gebet praktizieren können, und sind herausgefordert, das persönliche Gebet in ihren Alltag zu integrieren. Daher müssen Predigten mit Jugendlichen die Herausforderung annehmen, eine Brücke zum Alltagserleben der Jugendlichen zu schlagen und sich nicht ausschließlich auf das sichere Setting der Jugendarbeit zu verlassen.

Eine Predigt, die z. B. dazu aufruft, gemeinsam mit Freund:innen für persönliche Anliegen zu beten, verkennt oft, dass für viele Jugendliche der Großteil ihrer Freundschaften außerhalb der Jugendarbeit verortet ist. Eine solche Predigt muss daher besonders konkret werden und Wege aufzeigen, wie der Glaube auch außerhalb der Jugendarbeit gelebt werden kann. Es ist wichtig, die psychologischen Überlegungen zur Entwicklung zu berücksichtigen, da auch Scham- und Peinlichkeitsgefühle eine Rolle spielen können. Daher ist es entscheidend, bei der Vorbereitung und Durchführung von Predigten mit Jugendlichen konsequent auch ihren Alltag außerhalb der Jugendarbeit zu berücksichtigen und sich zu fragen, wie Jugendliche mit dem Thema der Predigt in vermeintlich säkularen Umfeldern umgehen können. Kurz gesagt: Predigten im Kontext der Jugendarbeit benötigen einen Realitätscheck.

Machtstrukturen und Nähe reflektieren

Bei einer Reflexion über den Ort der Predigt in der Jugendarbeit muss auch berücksichtigt werden, dass Verantwortliche der Jugendarbeit vor der Herausforderung stehen, einen angemessenen Umgang mit Beziehungsgestaltung, also dem Verhältnis von Nähe und Distanz sowie Machtfragen zu finden. Während intensive Beziehungen, Begegnungen auf Augenhöhe und die Bereitschaft, auch über persönliche Themen zu sprechen, dazu beitragen können, dass Jugendliche im

Kontext der Jugendarbeit ihre religiösen Fragen stellen können und das Predigtgeschehen an Beziehungsdynamiken anknüpfen kann, stellen eben diese Dynamiken auch eine Gefahr dar. Es können emotionale Abhängigkeiten, grenzüberschreitende Sprache und Handlungen sowie asymmetrische Machtverhältnisse entstehen. Dieses Risiko muss besonders beim Predigen mit Jugendlichen beachtet werden. „Jedes System ‚religiöser Kommunikation' und damit auch jedes homiletische Geschehen, ist geprägt durch Relations- und Machtdynamiken auf verschiedenen Ebenen" (Müller/Suhner 2023: 81). Bei der Gestaltung von Predigten mit Jugendlichen ist es wichtig, diese Beziehungsdynamiken bewusst zu berücksichtigen und verantwortungsvoll damit umzugehen. Neben konkreten Möglichkeiten, diese zu gestalten, ist es entscheidend, eine reflektierte Haltung zur eigenen Rolle als Prediger:in einzunehmen und sich der eigenen Macht und Verantwortung bewusst zu sein, um sie nicht zu missbrauchen.

! *Do it!*

Nutze konkrete Möglichkeiten, um Macht- und Beziehungsdynamiken einzuschränken.
Die Aufgabe, Macht- und Beziehungsdynamiken im Blick zu behalten, ist immer eine Teamaufgabe und sollte nicht von einer Einzelperson allein übernommen werden müssen.

- Achtet als Team darauf, dass kein Personenkult um gute Predigende entsteht. Sorgt dafür, dass immer wieder andere Menschen die Chance bekommen, zu predigen.
- Achtet dabei auch auf Diversitätsmerkmale und sorgt für ausgewogene Geschlechterverhältnisse bei den Predigten.
- Nehmt als Team Schutzkonzepte ernst und reflektiert sie auch für Situationen der Verkündigung.
- Achtet unbedingt die individuellen Grenzen Einzelner und thematisiert, wie ihr in eurer Jugendarbeit Grenzen kommunizieren und damit umgehen wollt.

3. Was predigen wir?

Was dich erwartet

Das Kapitel klärt die Frage nach dem Gegenstand der Predigt für und mit Jugendlichen. Um was geht es eigentlich, wenn man mit Jugendlichen predigt? Dabei soll der Fokus auf der Frage nach dem Evangelium liegen sowie auf dessen Bedeutung, Inhalt und Kommunikation.

Biblische Texte predigen: Das Alte und das Neue Testament

Wie im ersten Kapitel bereits erwähnt, weist Karl Barth darauf hin, dass uns Gottes Wort in drei Gestalten begegnet: Jesus Christus, die Bibel und die Predigt biblischer Texte. Daraus ergeben sich bereits erste Antworten auf die Frage, was wir predigen: Wir predigen biblische Texte und wir predigen Jesus Christus, und zwar so, wie er uns in den biblischen Texten bezeugt wird. Diese biblischen Texte finden sich im Alten und Neuen Testament, welche den einen Kanon christlicher Schriften bilden. Das führt zu der Frage nach dem Verhältnis von Altem und Neuem Testament und einem angemessen homiletischen Umgang mit den Texten der jüdischen Bibel.

Da es sich bei den Texten des Alten Testaments um die jüdische Heilige Schrift handelt, sollten wir uns zunächst fragen, inwiefern es angemessen ist, auch diese Texte im Rahmen einer christlichen Predigt auszulegen. Zur Klärung des Verhältnisses von Altem und Neuem Testament betont Wilfried Härle, dass jüdischer und christlicher Glaube in einem engen und – zumindest aus christlicher Sicht – untrennbaren Verhältnis stehen (vgl. Härle 2018: 119–123 sowie Meyer-Blanck 2020: 445–452 und Eiffler/Herbst/Schneider 2022: 169–174) Hinsichtlich der Predigt alttestamentlicher Texte gilt es zwei Dinge zu berücksichtigen und in ein fruchtbares Verhältnis zu bringen:

1. Die Texte des Alten Testamentes sind zunächst keine christlichen Texte, sondern die Heilige Schrift des Judentums. Diese Tatsache gilt es anzuerkennen und die Texte nicht einfach christlich zu vereinnahmen.
2. Die Bücher des Alten Testamentes waren sowohl für Jesus als auch für die ersten Christ:innen die Heilige Schrift. Infolgedessen wurden sie zum festen Bestandteil des christlichen Kanons, welcher – aus christlicher Perspektive – seine Mitte in Jesus Christus hat.

Christ:innen begründen die Autorität der Bibel also anders als Jüdinnen und Juden, denn für sie ist Christus die „normgebende Offenbarung" (Härle 2018: 121). Diese Offenbarung umfasst auch das Alte Testament, was die zahlreichen alttestamentlichen Bezüge und Zitate im Neuen Testament verdeutlichen, denn: „Schließlich sind die meisten neutestamentlichen Texte selbst Predigten des Alten Testaments" (Meyer-Blanck 2020: 445).

Härle betont, dass die christozentrische Begründung für die Autorität des christlichen Kanons nicht zu reduktionistischen Gegenüberstellungen von Altem und Neuem Testament („Verheißung und Erfüllung" oder „Gesetz und Evangelium") führen darf. „Solche Formeln werden weder dem Alten Testament noch dem Neuen Testament und deshalb natürlich auch nicht deren Verhältnis zueinander gerecht. Auch das Alte Testament enthält Evangelium und Erfüllung, und auch das Neue Testament enthält Gesetz und Verheißung" (Härle 2018: 122)

Dementsprechend wird sich eine Predigt alttestamentlicher Texte darum bemühen, die Texte für sich wahrzunehmen und zu entdecken, was sie über Gott, sein Volk und deren Verhältnis sowie Gottes Verhältnis zu allen Menschen aussagen. Zugleich kann und soll eine christliche Predigt die Texte des Alten Testament in Beziehung zur Offenbarung Gottes in Christus bringen und die heilgeschichtlichen Beziehungslinien und Kontinuitäten entdecken und veranschaulichen. Diese Haltung gilt auch umgekehrt: Eine Predigt neutestamentlicher Texte sollte sich darin üben, wahrzunehmen, wie tief die

Schriften des Neuen Testaments in den Texten des Alten Testaments und der jüdischen Kultur verwurzelt sind.

Der biblische rote Faden läuft auf einen Höhepunkt zu. Er ist wie ein großer Pfeil. Der Sinn dieser Geschichte [von Abraham und Isaak] erschließt sich erst mit dem Ausruf von Johannes dem Täufer am Jordan, als er Jesus zu sich kommen sieht und ruft: „Siehe, das ist Gottes Lamm!" Gott wählt sich ein Opferlamm aus. Gott macht sich klein. Er kommt zu uns. Gott ergreift die Initiative – mal wieder. Und diesmal sehr nachhaltig. Gott sendet seinen eigenen Sohn. Und dann trägt dieser Sohn das Holz auf den Berg. Und wird geopfert. Gott tut, was er nie von uns verlangen würde. Er schenkt uns seinen einzigen und geliebten Sohn. Er nimmt unseren Platz ein – so wie der Widder für Isaak. (Predigt von Felix zu 1. Mose 22,1–14)

Schriftgemäß predigen

Um dem, was wir predigen, noch tiefer auf den Grund zu gehen, bedarf es einer weiteren Konkretion: Eine Predigt soll nicht nur einzelne biblische Texte des Alten und Neuen Testaments auslegen, sondern sie sollte schriftgemäß sein. Es geht also neben der Wahrnehmung, Würdigung und Auslegung eines spezifischen Textabschnitts auch darum, diesen Text im Horizont des gesamten biblischen Kanons wahrzunehmen und einzuordnen. Dieses Anliegen gerät gelegentlich in Spannung mit der (absolut wichtigen) Bemühung textgemäß zu sein. Wenn man nämlich einzelne Texte in Beziehung zum gesamten Kanon setzt, dann können konkrete Texte bestätigt, aber auch erweitert, ergänzt oder sogar korrigiert werden. Somit handelt es sich zunächst um eine exegetische Aufgabe. Diese sollte jedoch im Austausch mit dogmatischen und ethischen Fragestellungen geschehen, um zu klären, inwiefern dieser Text in das Ganze des christlichen

Glaubens gehört und worin sein spezifischer Beitrag, aber auch gegebenenfalls seine Verengung besteht (vgl. Eiffler/Herbst/Schneider 2022: 158–160). Dazu bedarf es exegetischer, hermeneutischer und systematisch-theologischer Kompetenzen. Sollte die predigende Person nicht über eine theologische Ausbildung verfügen, steht ihr hierfür eine große Auswahl an Literatur zur Verfügung, die ihr helfen kann, sich einen Text im größeren Horizont der Bibel zu erschließen und sowohl dem Text an sich als auch der gesamten Schrift gerecht zu werden.

Aber die Frage nach dem, was wir predigen, lässt sich noch konkreter beantworten, denn Timothy Keller weist darauf hin, dass die Aufgabe der Predigt nicht nur in der Auslegung biblischer Texte besteht, sondern: „Wir dürfen nicht nur die Bibel im Allgemeinen, sondern wir müssen das Evangelium predigen" (Keller 2012: 32). Wir sollen das Evangelium predigen. Doch was ist das Evangelium eigentlich?

Das Evangelium predigen (bzw. kommunizieren)

Was ist das Evangelium?

Im ersten Kapitel wurde die Predigt als eine Form der Kommunikation des Evangeliums vorgestellt. Damit ist bereits die zentrale Antwort auf die Frage gegeben, was wir eigentlich predigen, wenn wir predigen: das Evangelium. Daran stellt sich die Anschlussfrage: Was ist eigentlich das Evangelium? Dieser Frage soll nun in mehreren Schritten nachgegangen werden.

! Do it!

Bevor du weiterliest, denk bitte über folgende Frage nach und mach dir gern Notizen: Was ist das Evangelium für dich?

Das Evangelium von Jesus Christus

Eine erste, relativ knappe Antwort auf die Frage, was das Evangelium ist, finden wir bei Wilfried Härle: Es ist das Evangelium von Jesus Christus (vgl. Härle 2018: 304–308). Härle beschreibt jedes der vier Wörter dieser Formel noch etwas genauer. Zunächst meint Evangelium (griechisch εὐαγγέλιον) „(Lohn für eine) gute Nachricht, Siegesnachricht". Ausgehend vom römischen Kaiserkult übernehmen die Autoren des Neuen Testaments die Formulierung – aber: „Im Unterschied zum Kaiserkult gibt es im Neuen Testament [...] nur ein Evangelium, nämlich das von Jesus Christus. Damit wird die Heilserwartung und -verkündigung auf einen einzigen Punkt konzentriert" (Härle 2018: 304). Wenngleich die neutestamentlichen Autoren verschiedene Begriffe für dieses Geschehen verwenden (Heil, Versöhnung, Gerechtigkeit Gottes), so beschreiben sie doch immer dasselbe Geschehen, welches untrennbar mit dem Namen Jesus Christus verbunden ist.

Im römischen Kaiserkult können wir also einen Ursprung für den Begriff Evangelium entdecken. Daneben hat Evangelium laut Christian Grethlein auch einen alttestamentlichen Bezug auf die Zionstheologie: „Damit wird die Ansage eines bzw. von Freudenboten benannt (Jes 40,9; 41,27; 52,7), die Frieden und Heil verheißen." Diese Freudenbotschaft für die im Exil lebenden Jüdinnen und Juden wurde eschatologisch ausgeweitet, „so dass die Auferstehung der Toten (Jes 26,19) und dann die Vernichtung des Todes überhaupt (Jes 25,8) verheißen wurden". Jesus nahm die Vorstellung von der Gottesherrschaft auf, und sie bildet bis heute das Zentrum seines Evangeliums (vgl. Grethlein 2018: 36f.).

Die enge Verbindung des Heilsgeschehens mit dem Namen und der Person Jesu führt Härle zu den übrigen Worten der Formel: Das Evangelium ist das Evangelium von Jesus Christus. Dabei kommt dem kleinen Wörtchen von eine doppelte Bedeutung zu: „Im ersten Fall bezeichnet es denjenigen, von dem das Evangelium herstammt; im anderen Fall denjenigen, von dem es handelt. Diese Doppeldeutigkeit ist sachgemäß und nicht zu eliminieren" (Härle 2018: 305). Das Evangelium kann also nicht von Jesus Christus getrennt werden, ohne dass es aufhört Evangelium – gute Nachricht – zu sein. Die Formel Evangelium von Jesus Christus akzentuiert dabei Ursprung und Inhalt der Botschaft. Ohne das Leben, Lehren, Leiden, Sterben und Auferstehen von Jesus aus Nazareth wüssten wir nichts vom Evangelium. Er ist Ursprung und Quelle des Evangeliums als Botschaft Gottes an bzw. als Handeln Gottes für die Welt. Zugleich ist Jesus Christus der Inhalt des Evangeliums. Seine Person, sein Name, seine Lehre und sein Schicksal beschreiben das, wovon das Evangeliums handelt.

Darüber hinaus verdeutlicht dieser doppelte Genitiv – also Jesus als Ursprung und als Inhalt des Evangeliums – einen doppelten Bezug des Evangeliums zu Jesus Christus: Zum einen lesen wir vom historischen Jesus aus Nazareth zum anderen von Jesus Christus als dem präexistenten „Logos", dem Sohn Gottes, dem auferstandenen Herrn („Kyrios") und wiederkehrenden Richter der Welt. Dass es sich bei beiden um dieselbe Person handelt, machen sowohl die Bekenntnisse zu Jesus innerhalb des Neuen Testaments (vgl. Matthäus 16,16; Johannes 1,1–18; Galater 4,4; Philipper 2,6–11) als auch die kirchlichen Bekenntnisse deutlich.

Zusammenfassend bezeichnet Härle den christlichen Glauben als einen „Glaube[n] an das Evangelium von Jesus Christus" (Härle 2018: 304). Dies entspricht der untrennbaren Verbindung des Evangeliums mit der Person Jesus Christus und deckt sich mit der Zusammenfassung der Botschaft von Jesus aus Nazareth, die Markus 1,15 mit dem Imperativ „Kehrt um und glaubt an das Evangelium!" (LUT 2017) zusammenfasst. Zur Bindung des Evangeliums an den Namen Jesus Christus schreibt David Reißmann:

> *„Christus als Verkündiger, Christus als Verkündigter und Christi Verkündigung können gebündelt ‚das Evangelium' genannt werden, aber eben nur in Rückbindung an den Namen. Natürlich muss dieses Evangelium, sofern es verstanden werden will, kontextualisiert und interpretiert werden. Aber dass das Evangelium immer anders kommuniziert wird, heißt eben noch nicht, dass damit auch gleich ein anderes Evangelium kommuniziert wird. Es ist gebunden an diesen Namen und erhält von dort seine Identität, Kontinuität und Reiterabilität (Wiederholbarkeit)." (Reißmann 2024: 447)*

Das Evangelium als Botschaft

Die Botschaft des Evangeliums Teil 1: Befreit von

Sachlogisch ist Evangelium also untrennbar mit der Person von Jesus Christus verbunden. Worin besteht nun aber der Inhalt der Botschaft des Evangeliums? Hier könnte man sicherlich zahlreiche biblische Belege anführen, weshalb aus dieser Fülle nun sollen zwei herausgegriffen und etwas intensiver betrachtet werden sollen.

Als Erstes soll ein Bekenntnis betrachtet werden, das der Apostel Paulus selbst empfangen und an die Gemeinde in Korinth weitergegeben hat:

> *„Was ich euch weitergegeben habe, habe ich selbst als Überlieferung empfangen. Grundlegend ist: Christus ist für unsere Sünden gestorben, wie es in der Heiligen Schrift steht. Er wurde begraben und am dritten Tag auferweckt, wie es in der Heiligen Schrift steht. Er hat sich Kephas gezeigt, danach auch den Zwölf." (1. Korinther 15,3–5)*

Was dieses Bekenntnis so besonders macht, ist die Tatsache, dass Paulus es selbst übernommen hat – vermutlich als sein Taufbekenntnis. Da Paulus wenige Jahre nach den Osterereignissen Christ wurde, handelt es sich hier um ein sehr frühes christliches Glaubensbekenntnis, welches aber bereits erste theologische Reflexionen aufweist (vgl. Schlink 2005: 3 und Schrage 2001: 18–25).

Der Text des Bekenntnisses lautet:

> *„Christus ist für unsere Sünden gestorben, wie es in der Heiligen Schrift steht. Er wurde begraben und am dritten Tag auferweckt, wie es in der Heiligen Schrift steht. Er hat sich Kephas gezeigt, danach auch den Zwölf."*

Man erkennt, dass der ursprüngliche Verfasser in diesem Bekenntnis die Christusereignisse bereits im Licht der jüdischen Heiligen Schrift deutet und dabei das Sühnehandeln Christi im Zentrum steht („Christus ist für unsere Sünden gestorben"). Zudem wird bekannt, dass Christus begraben und am dritten Tage auferweckt worden ist. Schließlich nennt das Bekenntnis die ersten Zeugen der Auferstehung. Anders als in den Evangelien sind dies hier nur Männer (und damit faktisch nicht die ersten Zeuginnen).

Dieser kurze Text beschreibt bereits zentrale Aspekte des Evangeliums von Jesus Christus: Das Sterben für die Sünden, das Begräbnis und die Auferweckung. Die mit dem Sterben Christi verbundene Vorstellung einer Lösegeldzahlung (vgl. Matthäus 20,28; Markus 10,45) ist eines der zentralen biblischen Motive zur Deutung des Todes Jesu. Dahinter steckt die Vorstellung, dass Christus die Menschen aus ihrer Schuld gegenüber Gott (er)löst. Er nimmt auf sich, was zwischen Gott und Mensch steht. Er ist das Opferlamm Gottes, das stellvertretend für die Menschheit stirbt. Dahinter steckt das Motiv der Feindesliebe, denn: „Als wir noch Feinde waren, wurden wir mit Gott versöhnt durch den Tod seines Sohnes“ (Römer 5,10). In diesem Motiv der Feindesliebe entdeckt der Philosoph Jürgen Habermas die zentrale und kulturprägende Botschaft des Christentums (Abromeit 2021). Eng damit verbunden ist die für die evangelische Theologie zentrale Lehre der Rechtfertigung (Jüngel 2011). Der Gerechte gibt sein Leben für die Ungerechten. Er nimmt ihren Platz ein und bietet ihnen den seinen an. Er tauscht. Oder wie es Timothy Keller formuliert: „Er hat das Leben gelebt, das du hättest leben sollen, er ist den Tod gestorben, den du hättest sterben sollen“ (Keller 2011: 34) Mit dieser Formulierung knüpft Keller an das an, was Martin Luther den „fröhlichen Tausch und Wechsel“ nannte und womit er das Herzstück des evangelischen Glaubens beschrieb. Paulus drückt dies so aus:

„Obwohl Christus ohne jede Sünde war, hat Gott ihm unsere Sünde aufgeladen. Denn durch die Verbindung mit Christus sollen wir an Gottes Gerechtigkeit teilhaben.“ (2. Korinther 5,21)

Die Theologin Gunda Schneider-Flume fasst dieses Geschehen so zusammen:

„Gerechtfertigt heißt herausgeholt aus der Verschlossenheit in sich selbst, befreit aus der Isolation auf sich selbst, in eine Fülle lebensförderlicher Beziehungen versetzt.“ (Schneider-Flume 2008: 111)

Do it!

Beschreibe „Rechtfertigung“ mit deinen eigenen Worten! Fallen dir Szenen aus Filmen/Serien oder Songs ein, die ein solches Geschehen darstellen?

Real Talk

Die Geschichte von „Die Schöne und das Biest“ geht so: Ein Mensch, der zu einem Monster wurde, wird durch die Liebe einer Schönheit gerettet und kann wieder ein Mensch werden. Das Märchen beschreibt den unwahrscheinlichen Fall, dass sich die Schöne in ein Biest verliebt und diese reine Liebe alles wieder gut macht. Diese Geschichte spiegelt etwas vom Evangelium. Gott – die Liebe selbst – liebt seine Menschen unbedingt. Er kann nicht von ihnen lassen. Egal, wie viel sie ihm, sich selbst und der Welt zumuten und antun. Egal, wie verbiestert sie sind. Er liebt sie ohne Ende. Aber er geht noch noch weiter als die Schöne aus dem Märchen. Er verliebt sich nicht nur in das Biest. Er wird selbst zum Biest. Er wird zum Hässlichen. Er wird zur Sünde. Um das Biest zu retten. Um die Menschen zu erlösen von ihrer Verkrümmung in sich selbst, nimmt Jesus auf sich, was unser ist und schenkt uns, was sein ist. Er wird zur Sünde. Wir werden zu Gerechten. (Predigt von Tim über Gottes Gnade)

Dies führt uns zu der Frage, was mit Sünde eigentlich gemeint ist. Und was eben auch nicht. Im Altgriechischen bedeutet Sünde „Verfehlung“. Damit beschreibt dieser Begriff die Verfehlung des menschlichen Lebens aufgrund einer Entfremdung von Gott. Gott schuf den Menschen als sein Ebenbild und Gegenüber (vgl. z. B. 1. Mose 1,27), aber der Mensch hat diese Beziehung zerstört und lebt seitdem getrennt und entfremdet von Gott. Das Verhältnis zu Gott ist von Misstrauen, Unterstellungen, Zweifeln und verzerrten Vorstellungen geprägt. Sünde ist also ein Begriff, der vor allem eine Beziehung oder eben Nicht-Beziehung und nicht ethisches (Fehl-)Verhalten beschreibt. Dass die Folge der Sünde als Beziehungsstörung dann auch zu ethischen Problemen führt, macht Jesus in Markus 7,14–23 deutlich:

> *„‚Nichts, was von außen in den Menschen hineinkommt, kann ihn unrein machen. Denn es kommt nicht in sein Herz, sondern in seinen Magen. Dann wird es vom Körper wieder ausgeschieden.' Damit erklärte Jesus alle Speisen für rein. Weiter sagte er: ‚Das, was aus dem Menschen herauskommt, das macht den Menschen unrein. Denn alle bösen Gedanken kommen von innen, aus dem Herzen des Menschen: sexuelles Fehlverhalten, Diebstahl, Mord, Ehebruch, Habgier, Bosheit, Betrug, Zügellosigkeit, Neid, Verleumdung, Überheblichkeit und Unvernunft. Alle diese bösen Dinge kommen aus dem Inneren des Menschen und machen ihn unrein.'"*

Letztlich sind die genannten Handlungen Ausdruck von Selbstbezogenheit, bzw. von einer „Verkrümmung des Menschen in sich selbst" – so haben Augustin und Martin Luther Sünde beschrieben. Christopher Watkin weist auf das heuristische Potential der biblischen Beschreibung der Wirklichkeit von Sünde und des Menschen als Sünder hin (vgl. Watkin 2022: 107–177; vgl. auch Dalferth 2008: 240–254). Watkin schreibt dazu:

> *„Christen verfügen über ein fabelhaftes Instrument für die kulturelle Analyse und das kulturelle Engagement, welches wir aber so oft nicht nutzen. Es ist eine großartige Ressource, die dazu beitragen kann, überzeugende, durchdringende und frische Analysen kultureller Trends sowie unverwechselbare, konstruktive Beiträge zu den gesellschaftlichen und intellektuellen Debatten von heute zu entwickeln. Wir schauen direkt an dieser Ressource vorbei, weil sie für die meisten Menschen heute, ob Christen oder nicht, der letzte Ort ist, an dem wir suchen würden, um zum Gedeihen der Gesellschaft beizutragen. [...] Die großen, übersehenen Ressourcen für kulturelles Engagement, von*

denen ich spreche, sind also die biblischen Lehren von Sünde und Gericht." *(Watkin 2022: 107f.)*

Watkin verbindet gesellschaftliche Fragen nach Demokratie, sozialer Gerechtigkeit, Gleichheit, Freiheit und Würde mit den biblischen Erzählungen sowie den dogmatischen Reflexionen zu den Themenfeldern Sünde und Gericht.

Timothy Keller verweist darauf, dass ein Menschenbild ohne Sünde an der Realität scheitert und bezieht sich auf den englischen Philosophen C. E. M. Joad, der folgende Beobachtung macht:

> *„Weil wir die Lehre von der Erbsünde abgelehnt haben, waren wir Linken immer so enttäuscht; enttäuscht von der Weigerung der Menschen, vernünftig zu sein ... vom Verhalten der Nationen und der Politiker ... vor allem von der wiederkehrenden Tatsache des Krieges." (zitiert in Keller 2011: 55)*

Joad stellt fest, dass die Lehre von der Sünde dabei hilft, die menschliche Natur und Wirklichkeit angemessen zu verstehen. Nimmt man die biblischen Beschreibungen des Menschen als Sünder:in ernst, so kann und wird man angesichts des menschlichen Potenzials zum Bösen nicht naiv sein. Zudem wird man weder überrascht noch verurteilend sein, wenn man mit schlechten, ja sogar bösen menschlichen Taten konfrontiert ist.

! Do it!

- In welcher Form und auf welche Art und Weise begegnet dir Sünde in deinem Alltag und deinem Leben? Wie wird das Thema in Filmen und in Songs aufgenommen? Was denken deine Freunde bei dem Wort ‚Sünde'?

Das Begräbnis Jesu (1. Korinther 15,4) zeigt, dass er tatsächlich starb, was die Tatsache unterstreicht, dass er ein Mensch war und nicht einfach nur menschliche Gestalt angenommen hatte. Vielmehr wurde das Wort wirklich „Fleisch“. Jesus schlug unter den Menschen sein Zelt auf (vgl. Johannes 1,14). Härle schreibt dazu:

> *„Weil in Jesus Christus Gottheit und Menschheit (göttliche und menschliche Natur) sich in einer Person verbunden haben, darum ist Jesus Christus der Mittler zwischen Gott und Mensch. Wäre er nicht zugleich wahrhaft Gott und wahrhaft Mensch, dann könnte er auch nicht der Heilsmittler zwischen Gott und Mensch sein.“ (Härle 2018: 307)*

In Jesus kommen zwei Welten zusammen, die eigentlich ein tiefer Graben (Sund) voneinander trennt: Gott und Mensch. Christus verbindet in sich beide Wirklichkeiten und versöhnt sie so miteinander: „Ja, in Christus war Gott selbst am Werk, um die Welt mit sich zu versöhnen. Er hat den Menschen ihre Verfehlungen nicht angerechnet“ (2. Korinther 5,19). Paulus leitet aus dem göttlichen Handeln seinen Auftrag (bzw. den Auftrag der Kirche) ab:

> *„Und uns hat er sein Wort anvertraut, das Versöhnung schenkt. Wir treten also im Auftrag von Christus auf. Ja, Gott selbst lädt die Menschen durch uns ein. So bitten wir im Auftrag von Christus: Lasst euch mit Gott versöhnen!“ (2 Korinther 5,19–20)*

Damit berühren wir das Thema Predigen mit Jugendlichen, denn: Das Evangelium ist die Botschaft der Versöhnung und jede Kommunikation dieses Evangeliums ist eine Bitte, sich versöhnen zu lassen. Diese Bitte stellt so etwas wie den Glutkern jeder Kommunikation der evangelischen Botschaft dar. Michael Herbst entdeckt in der Versöhnung den Zielpunkt der Mission Gottes. Er beschreibt es als „Versöhnung ‚in jeder Beziehung‘, mithin das Heilwerden der gesamten Schöpfung mit allen ihren Kreaturen. In der ökumenischen Debatte [...] wurde hier häufig vom ‚Schalom‘ gesprochen. Freilich hat dieser Schalom ein ‚Herzstück‘; es ist die Versöhnung des Menschen mit Gott. Die Heimkehr des aus dem Grundvertrauen gefallenen und heimatlos gewordenen Menschen, das ‚Finden‘ des Menschen, der Gott verloren ging“ (Herbst 2013: 159).

Das bedeutet, dass Jesus unser Schicksal auf sich nimmt. Unsere Entfremdung und Schuld, unsere verzerrten Gottesvorstellungen und unsere Selbstbezogenheit. Indem er das tut, nimmt er auf sich, was unser Leben belastet: Schuld, Angst, Misstrauen, Egoismus etc. Er nimmt es und trägt es aus der Welt. Er absorbiert es förmlich in sich. Über das, was an dem Kreuz geschieht, an dem Jesus hängt, schreibt der Theologe Ingolf Dalferth:

> *„Gott selbst steht im Streit mit Gott. Gott selbst lehnt sich gegen sich auf, Gott selbst leidet an sich. Dafür steht das Kreuz. [...] Gott liegt mit sich selbst im Streit, und demgegenüber ist jeder Streit des Menschen gegen Gott von kaum zu überbietender Harmlosigkeit. Selbst der aggressivste Atheismus und Antitheismus sind Unendichkeiten von Lichtjahren von der Schärfe des Widerspruchs entfernt, in dem Gott sich gegen sich selbst wendet." (Dalferth 2007: 213f.)*

Gott nimmt in sich die Entfremdung und Feindschaft zwischen Gott und Mensch auf. Er macht sie sich zu eigen und überwindet sie auf diese Weise. So befreit er den Menschen von seiner Sünde. Das ist die Botschaft des Evangeliums: Gott wird Mensch, um bei uns und mit uns zu sein. Er kommt uns so nahe, dass er unsere Sünde auf sich nimmt und sie damit aus der Welt trägt, um uns zu befreien. Dies ist eine Botschaft der Rettung, denn der Mensch steht in Konflikt mit Gott und somit in Konflikt mit der Quelle des Lebens. Dieser Umstand hat Folgen: Gottes Zorn, Gericht und ewiger Tod. Zorn meint hier nicht Wut, sondern berechtigte Ansprüche und Forderungen. Gericht zieht zur Rechenschaft und schafft Gerechtigkeit. Ewiger Tod ist die Folge der Trennung vom Leben. Aus alledem rettet Gott.

Real Talk

Als ich ein Baby war, wurden Kinder nicht selten mit zehn Wochen – ja richtig gehört zehn Wochen – in die Kinderkrippe gegeben. Dort wurden sie versorgt, gefüttert, gewickelt und schlafen gelegt. Sie lagen dann oft nebeneinander in den Babybettchen und haben geweint. Damals ging man häufig davon aus, dass man Babys schreien lassen muss. Wenn man sie jedes Mal hoch nimmt, verwöhnt man sie. So die Annahme. Außerdem sind sie ja versorgt und hören dann irgendwann schon auf zu schreien Das tun sie tatsächlich. Neuere Studien zeigen jedoch, dass die Babys deshalb aufhören zu schreien, weil ihr Körper irgendwann nicht mehr kann und sie in eine Art Schockstarre versinken und dann einschlafen. Der Körper ist so voll mit dem Stresshormon Cortisol, dass er sich runterfährt, um sich zu schützen. Das Baby ist voller Stresshormone, weil es um sein Leben weint. Es sucht seine Mutter (oder den Vater – meist aber die Mutter), weil es bei ihr sicher ist. Dort gehört es hin. Dort kennt es sich aus und fühlt sich wohl. Menschen sind Bindungswesen. Sie brauchen Beziehungen, um sich gut zu entwickeln. Das gilt auch für die Beziehung zu Gott. Eine Störung dieser Beziehung führt zu Stress, Angst und Verunsicherung. Eine geschädigte Beziehung zur Quelle aller Liebe stürzt uns in Existenzkrisen. (Predigt von Regina über Beziehungen)

Die Botschaft des Evangeliums Teil 2: Befreit zu

Bisher ging es um die Frage, wovon der Mensch befreit wird. Nun soll es darum gehen, wozu der Mensch befreit bzw. befähigt wird. Der zweite biblische Bezugspunkt ist ein Abschnitt aus dem Brief des Paulus an die Gemeinde in Galatien:

> *„Aber als die Zeit gekommen war, sandte Gott seinen Sohn. Er wurde von einer Frau geboren und war dem Gesetz unterstellt. Dadurch wollte Gott alle freikaufen, die dem Gesetz unterworfen waren. Auf diese Weise wollte Gott uns als seine Kinder annehmen. Weil ihr nun seine Kinder seid, hat Gott den Geist seines Sohnes in unsere Herzen gesandt. Der ruft: ‚Abba, Vater‘! Du bist also kein Sklave mehr, sondern ein mündiges Kind. Wenn du aber Kind bist, dann bist du auch Erbe. Dazu hat Gott dich bestimmt.“* (Galater 4,4–7)

Der erste Abschnitt des Zitats beschreibt die bisherige Darstellung der Botschaft des Evangeliums: Gott sendet seinen Sohn. Der Titel

„Gottes Sohn“ bedeutet, dass Gott Mensch wird: Der Sohn Gottes kann nicht nur ein Mensch sein, er muss auch Gott sein. Denn: Nur ein Mensch kann einen Menschen zeugen. Das heißt auch, dass Gottes Sohn, wenn er denn einen Sohn hat, ebenfalls göttlich sein muss.

Gottes Sohn als von einer Frau geborener Mensch vereinte beides in sich: Gottheit und Menschheit. Er lebte unter dem Gesetz, d.h. er lebte als frommer Jude und erfüllte das Gesetz. Somit befreit er bis heute jene, die unter dem Gesetz sind. Auch hier begegnet uns das Bild des Tausches: Der Sohn Gottes lebte so, wie wir Menschen hätten leben müssen. Er nahm unseren Platz ein und bot uns somit die Möglichkeit, seinen Platz einzunehmen. Aus Gottes Feind:innen wurden und werden Freund:innen. Aus Sklav:innen wurden und werden Kinder. Bis heute gilt: Wir bekommen einen Platz in Gottes Familie. Wir sind nicht nur Gäst:innen, sondern Familienmitglieder: „Ihr seid also nicht mehr Fremde und ohne Rechte in Israel. Ihr seid vielmehr Mitbürger der Heiligen und Mitglieder von Gottes Hausgemeinschaft“ (Epheser 2,19).

Die Tatsache, Gottes Kinder zu sein, drückt sich darin aus, dass Gott den Geist seines Sohnes in menschliche Herzen gibt. Das ist der Geist, der Gott „Abba“ nennt. Es ist die Anrede, mit der Jesus Gott angesprochen hat – ein zärtlicher, fast kindlicher Begriff. Es ist ein Geist der Kindschaft. Paulus schreibt an die Gemeinde in Rom:

> *„Ihr habt ja nicht einen Geist empfangen, der euch zu Sklaven macht. Dann müsstet ihr doch wieder Angst haben. Ihr habt vielmehr einen Geist empfangen, der euch zu Kindern Gottes macht. Weil wir diesen Geist haben, können wir rufen: ‚Abba! Vater!‘ Und derselbe Geist bestätigt unserem Geist, dass wir Kinder Gottes sind.“ (Römer 8,15–16)*

Gottes Geist ist nach christlichem Verständnis Gott selbst. Die dritte Person der Trinität bezeugt menschlichen Herzen, dass sie Gottes Kinder sind. Gottes Geist schafft Gewissheit, befreit von Angst und schenkt Worte für den Glauben:

> *„In gleicher Weise steht uns der Geist Gottes da bei, wo wir selbst unfähig sind. Wir wissen ja nicht einmal, was wir beten sollen. Und wir wissen auch*

nicht, wie wir unser Gebet in angemessener Weise vor Gott bringen. Doch der Geist selbst tritt mit Flehen und Seufzen für uns ein. Dies geschieht in einer Weise, die nicht in Worte zu fassen ist. Aber Gott weiß ja, was in unseren Herzen vorgeht. Er versteht, worum es dem Geist geht. Denn der Geist tritt vor Gott für die Heiligen ein." (Römer 8,26–27)

Gottes Geist schafft etwas Neues in den Menschen, in denen er wohnt. Er verbindet Gott und Mensch und gießt die Liebe Gottes in das menschliche Herz (vgl. Römer 5,5). Er verbindet uns Menschen mit der Wirklichkeit Gottes und stellt unser Leben in das Licht des Evangeliums. Er bewirkt in uns etwas, zu dem wir niemals imstande wären: Er schenkt Gaube, Liebe und Hoffnung.

„Wer von der menschlichen Natur bestimmt ist, strebt nur nach weltlichen Dingen. Wer aber vom Geist Gottes bestimmt ist, strebt nach dem, was der Geist will. Nach weltlichen Dingen zu streben bringt den Tod. Aber nach dem zu streben, was der Geist will, bringt Leben und Frieden." (Römer 8,5–6)

Leben und Frieden als göttliche Kategorien meint mehr als physische Existenz und Abwesenheit von Krieg. Es sind kategoriale Begriffe: Leben, das von keinem Tod bedroht wird, und Frieden, der eine umfassende Versöhnung und Verwobenheit aller mit allen beschreibt. Der Begriff, der diese Qualität von Leben bezeichnet, ist das hebräische Wort Schalom. Christopher Watkin schreibt dazu:

„Für diese ganzheitliche Sichtweise des wirtschaftlichen, sozialen und spirituellen Wohlergehens haben wir keinen gleichwertigen Begriff. Shalom ist ‚das Zusammenwirken von Gott, Menschen und der gesamten Schöpfung in Gerechtigkeit, Erfüllung und Freude'." (Watkin 2022: 484)

Die Botschaft des Evangeliums lautet auch hier: Gott tut etwas für den Menschen und am Menschen, was dieser nicht könnte. Gott tut das Entscheidende und alles Verändernde. Das Evangelium beschäftigt sich nicht mit dem, was Menschen tun sollen, müssen oder können. Das Evangelium beschreibt, was Gott getan hat. Timothy Keller fordert deshalb: „Predige Christus aus der ganzen Heiligen Schrift!"

(vgl. Keller 2015: 70–90; Keller 2012: 77–79). Dabei geht es nicht darum, alle Texte der Bibel krampfhaft christologisch auszulegen, sondern es geht um die Anwendung eines Prinzips, welches Keller im Anschluss an Lukas 24,25–27 als Frage formuliert:

> *„Letztendlich gibt es nur zwei Fragen, die wir uns stellen müssen, wenn wir die Bibel lesen: Geht es um mich? Oder geht es um Jesus? Mit anderen Worten: Geht es in der Bibel im Wesentlichen darum, was ich tun muss, oder darum, was er getan hat?"* (Keller 2012: 78)

David besiegt den riesigen Goliath und rettet sein Volk. Was können wir davon lernen? Ist David ein Vorbild? Klar! Er vertraut Gott in einer extrem schwierigen Situation und hat mit Gottes Hilfe Erfolg. Aber da ist noch mehr: Man kann hier hier auch ein Prinzip entdecken: Gott rettet sein Volk durch einen kleinen, unerwarteten und unterschätzen Helden. Niemand hatte David auf dem Zettel und am Ende rettet er alle. David ist ein Hinweis auf Jesus: Ein kleiner, scheinbar schwacher und unterschätzter Held rettet das ganze Volk. Er kämpft stellvertretend ihren Kampf und besiegt den Feind. Der, den keiner auf dem Zettel hatte, wendet die Gefahr ab und vollbringt das Entscheidende. (Predigt von Tim zu 1. Samuel 17)

Das Motiv der Kind- und Erbschaft und aus Galater 4 („Wenn du aber Kind bist, dann bist du auch Erbe.") unterstreicht, dass die Botschaft des Evangeliums nicht nur darin besteht, zu beschreiben, wovon der Mensch befreit wird, sondern auch wozu: Ein Leben als Gottes Kind und Erbe. Ein Leben im Licht göttlicher Liebe, Gnade und Zuwendung. Das Evangelium lädt zu einem Leben im Licht Gottes – ein Leben in doppelter Perspektive ein: Sünder:in und Gerechte:r. Die Beschreibung des Menschen als Sünder:in ist sowohl Zumutung als auch Entlastung. Es konfrontiert jede:n mit den eigenen Abgründen und den Potenzialen zu Selbstsucht und Eigensinn. Watkin beschreibt Sünde im Licht von 1. Mose 3 als Autonomie:

> *„Adam und Eva entscheiden sich dafür, nach ihrem eigenen Gesetz zu leben, nach ihrem eigenen Kodex dessen, was erlaubt und was nicht erlaubt ist, und nicht nach Gottes Gesetz. Sie entscheiden sich dafür, dies in der Welt zu tun, die Gott geschaffen hat und erhält, als die Geschöpfe, die Gott geschaffen hat und erhält. Im Kontext von Genesis 3 zeigt sich die Autonomie darin, selbst zu entscheiden, was als gut und böse gilt." (Watkin 2022: 133)*

Die Beschreibung des Menschen als autonom – also eigengesetzlich – beschreibt die Stellung des Menschen zu Gott. Diese Beschreibung wird dem Menschen in seiner Ambivalenz durchaus gerecht. Zugleich ist diese Wahrnehmung des Menschen immer eingebettet in die Zuschreibung der Gerechtigkeit, die Christus für den Menschen erwirbt und schenkt. Eine Selbsterkenntnis als Sünder:in ist ein Werk des Geistes Gottes und insofern immer verbunden mit der Erkenntnis, dass Gott uns eine neue Identität zuschreibt: Der Mensch als Kind Gottes und als Gerechte:r. Martin Luther hat mit seiner Formulierung simul iustus et peccator (Gerechter und Sünder zugleich) beide Wirklichkeiten eng zusammengehalten. Der Mensch, der sich im Licht des Evangeliums sieht, wird beide Wirklichkeit an sich selbst und für sich selbst entdecken. Betrachtet man die Sünde im Licht des Evangeliums, so wird sie immer vor dem Hintergrund der Vergebung betrachtet und nie für sich:

> *„Die Kraft des Evangeliums kommt in zwei Sätzen. Zuerst sagt es: ‚Ich bin sündiger und fehlerhafter, als ich je zu glauben wagte', aber dann folgt schnell: ‚Ich bin mehr angenommen und geliebt, als ich je zu hoffen wagte'." (Keller 2012: 48)*

Dieser Doppelklang ermöglicht eine ungeschönte Wahrnehmung der eigenen Verkrümmungen. Wenn die Sünde nicht das Einzige ist, was es über einen Menschen zu sagen gibt, kann man das Unschöne aushalten und zugleich die eröffnenden und erneuernden Potenziale des

Evangeliums ergänzen. Menschsein im Licht des Evangeliums eröffnet Perspektiven, die sich nicht von selbst erschließen:

> *„Die Pointe des Evangeliums aber ist nicht die Verheißung, Lebensprobleme zu lösen oder die Lebensdefizite von Menschen auszugleichen. Es erschließt ihnen vielmehr Gottes Gegenwart, die sich nicht auf irgendwelche quantitativen und qualitativen Steigerungen vom Üblen zum Guten und vom Guten zum Besseren verrechnen lässt, sondern ihnen etwas zuspielt, das ihre Wünsche und Hoffnungen nicht nur erfüllt, sondern bei weitem übertrifft." (Dalferth 2004: 51)*

In Gottes Gegenwart erkennt der Mensch sowohl Gott als auch sich selbst. Edmund Schlink verbindet dieses doppelte Erkennen (Erkenntnis Gottes und Erkannt-werden durch Gott) miteinander. In dem Erkanntwerden durch Gott kann sich der Mensch „in seiner geistig-leiblichen Ganzheit mit seiner Gegenwart, Vergangenheit und Zukunft Gott anvertrauen und sich in Gottes rettender Liebe geborgen wissen" (Schlink 2005: 10). Diese Geborgenheit in der Liebe Gottes ist die Bedingung dafür, sich selbst mit allen Ambivalenzen überhaupt wahrnehmen, aushalten und annehmen zu können.

Der Glaube an Christus bzw. ein Leben im Licht des Evangeliums eröffnet Möglichkeiten der Lebensdeutung und Lebensführung. Er ermöglicht ein anderes Handeln, denn:

> *„Der Glaube gibt Menschen Grund unter die Füße, Orientierung und Halt, dadurch dass er ihnen Beziehungen zuspielt und Anerkennung gibt, ohne und bevor sie etwas geleistet haben. Diese Überbietung menschlicher Realität ist das Übermaß, von dem der Glaube lebt und das Menschen zurechtbringt." (Schneider-Flume 2008: 111)*

Diese Art von Überbietung menschlicher Realität befähigt den Menschen zu einem neuen Handeln. Der Mensch lernt von sich abzusehen, da er entdeckt, dass Gott ihn sieht und sich seiner annimmt. Glaube bietet die Möglichkeit, selbstlos zu leben und „den anderen höher als sich selbst" (Philipper 2,3) zu achten. Mit anderen Worten: Ein Leben, das sich orientiert am Schöpfer, Erlöser und Erneuerer der

Welt ist ein Leben der Selbstlosigkeit und des Dienstes: „Nicht Eigennutz oder Eitelkeit soll euer Handeln bestimmen. Vielmehr achtet in Demut den anderen höher als euch selbst. Seid nicht auf euren eigenen Vorteil aus, sondern auf den der anderen – und zwar jeder und jede von euch! Denkt im Umgang miteinander immer daran, was in der Gemeinschaft mit Christus Jesus gilt“ (Philipper 2,3–5). Paulus stellt im sog. „Christushymnus“ (Philipper 2,6–11) Jesus als Vorbild vor, jedoch als ein Vorbild, dessen Handeln für uns, unser Handeln zuallererst ermöglicht: „Denn Gott bringt euch dazu, dass ihr nicht nur so handeln wollt, wie es ihm gefällt. Er sorgt vielmehr dafür, dass ihr es auch könnt!“ (Philipper 2,13). Keller schreibt dazu:

> *„Beim Evangelium geht es nicht um etwas, das wir tun, sondern um etwas, das für uns getan wurde. Und doch führt das Evangelium zu einer ganz neuen Lebensweise. Diese Gnade und die guten Taten, die sich daraus ergeben, müssen sowohl unterschieden als auch miteinander verbunden werden. Das Evangelium, seine Ergebnisse und seine Auswirkungen müssen sorgfältig aufeinander bezogen werden – weder verwechselt noch getrennt.“ (Keller 2012: 30)*

Wenn ein Mensch sein Leben im Evangelium verwurzelt, dann wird dies Konsequenzen für seine Lebensführung haben. Aber diese Konsequenzen sind nicht die Ursache, sondern die Folge der Zuwendung und des Handelns Gottes. Die Motive von Kindschaft und Erbschaft haben eines gemeinsam: Man besitzt beides aufgrund eines Status und nicht aufgrund eigener Leistung. Oder anders ausgedrückt: Dies alles kann sich kein Mensch selbst zusprechen oder erarbeiten. Es kommt von Gott, denn: „Dazu hat Gott dich bestimmt“ (Galater 4,7).

! Do it!

Überleg mal:

- Wie stellst du dir einen Menschen vor, der liebevoll und selbstlos lebt?
- Was zeichnet seine Taten aus?
- Was bewirkt er im Leben anderer?

Das Evangelium als Kraft und als Ereignis

Am Beginn des Römerbriefes (1,16) bekennt Paulus: „Denn ich schäme mich nicht für die Gute Nachricht [das Evangelium]. Sie ist eine Kraft Gottes, die jeden rettet, der glaubt – an erster Stelle die Juden, dann auch die Griechen." Diese Aussage macht deutlich, dass das Evangelium mehr ist als eine Botschaft. Es ist eine Kraft – eine Kraft Gottes. Es besitzt eine eigene Dynamik, die wirksam ist und das Potenzial besitzt, Leben zu transformieren. Es ist „die Kraft der Veränderung eines Lebens durch Gottes Gegenwart" (Dalferth 2004: 87). Diese Dynamik des Evangeliums geht über die Beschreibung von bestimmten Inhalten hinaus und das Evangelium kann mit Schlink als „tätiges Wort" beschrieben werden, „durch das Jesus Christus heute als der Lebendige handelt" (Schlink 2005: 3). Die Dynamik des Evangeliums hängt folglich an der Gegenwart Gottes und seinem Wirken. Gott handelt an Menschen, die das Evangelium kommunizieren. Dies schließt alle Beteiligten ein und folglich ist die Kommunikation keine Einbahnstraße vom Sender zur Empfängerin. Schlink schreibt: „Durch das Evangelium greift Gott nach uns, durchbricht die Verzweiflung, die Vermessenheit und Gleichgültigkeit, in der wir uns verschlossen haben, und öffnet uns den Zugang zu ihm. Durch das Evangelium schenkt er den Sündern die Vergebung, den Geängsteten Zuversicht, den Gefangenen Freiheit, den Todverfallenen Leben." Das Evangelium ist ein performatives Wort: „Es ist Gottes rechtfertigende und lebendigmachende Kraft, die wirkt, was es sagt" (Schlink 2005: 3). Dieses Geschehen ereignet sich sowohl an denen, die predigen, als auch an denen, die hören, reagieren und kommunizieren.

Dass sich diese Kommunikation ereignet, kann man nicht herbeiführen. Sie verdankt sich dem souveränen Handelns Gottes und ein Ignorieren dieser Unverfügbarkeit würde dem Predigen einen ernsthaften Schaden zufügen. Idealerweise legen nicht Menschen den biblischen Text aus, sondern der Text bzw. das Evangelium die Menschen: „Nicht die Auslegung von Texten, sondern die Auslegung des Lebens durch Texte ist die Pointe [der] Kommunikation des Evangeliums, in der sich die Selbstauslegung des Evangeliums in der Auslegung des Lebens durch das Evangelium ereignet" (Dalferth 2018: 45). Alles Bemühen um eine Kommunikation des Evangeliums mit Jugendlichen hat dieses Geschehen zum Ziel. Laut Ulrich Körtner „ermöglicht die Formel von der Kommunikation des Evangeliums, den Ereignischarakter des Evangeliums zu betonen“ (Körtner 2020: 18). Dieser Ereignischarakter macht das Evangelium zu einer Kraft, die das bewirkt, was sie verkündigt: Versöhnung zwischen Gott und Mensch, Erneuerung des Lebens und das Wecken von Glaube, Liebe und Hoffnung.

Die hier beschriebene Dynamik stellt dar, was im ersten Kapitel mit der homiletischen Pyramide ausgedrückt worden ist: Inmitten der Interaktion von Text, predigender Person und Hörenden ist Gott gegenwärtig und handelt an denen, die das Evangelium miteinander kommunizieren. In diesem Ergriffen- und Verwandeltwerden kommt die Kommunikation des Evangeliums an ihr Ziel und bewirkt, was Predigen mit Jugendlichen erreichen möchte: Real Talk. Eine Kommunikation, die den ganzen Menschen (be-)trifft und die „wahre Wirklichkeit“ (Lange) des Lebens aller Kommunikationspartner:innen aufdeckt.

Das Evangelium als Prinzip

Man kann Evangelium nicht nur als eine Botschaft und eine Kraft bzw. ein Ereignis beschreiben, sondern auch als ein Prinzip. Am besten eignet sich das im ersten Kapitel bereits vorgestellte u-förmige Prinzip, welches Christopher Watkin im Anschluss an 1. Mose 17 und 1. Mose 22 entwirft und das sich in zahlreichen biblischen Texten wiederfindet. So z. B. im Prolog des Johannesevangeliums (vgl. Johannes 1,1–18), welchen Watkin in einen Dialog mit Platons Höhlengleichnis bringt (vgl. Watkin 2022: 342–345):

> *„Von den vielen interessanten Parallelen und Kontrasten, die wir zwischen dem johanneischen Prolog und dem Höhlengleichnis ziehen könnten, möchte ich mich auf einen Hauptunterschied konzentrieren: Um ein wahres Verständnis der Wirklichkeit zu erlangen, muss Platons Gefangener seine Ketten sprengen und die lange Reise nach oben zum Licht antreten. […] Was Platon und die Aufklärung uns geben, ist ein n-förmiger Aufstieg zur Erkenntnis: Der Gefangene oder der Aufklärer steigt zur Wahrheit auf und bringt dann seine neu gewonnene Weisheit zum Nutzen der anderen Gefangenen wieder nach unten. Johannes kehrt im diametralen Gegensatz dazu die Richtung der Reise*

um. Es ist nicht so, dass jemand, der an die Dunkelheit gewöhnt ist, zum Licht aufsteigt, sondern dass ‚das Licht in der Dunkelheit leuchtet' (1,5). Wir klettern nicht nach oben zur Erleuchtung; sie kommt zu uns herab und bringt uns die Frucht der Gnade Gottes, das ‚Recht, Kinder Gottes zu werden'" (1,12) (Watkin 2022: 343f.)

Dieses u-förmige Paradigma durchzieht die ganze Bibel und zeichnet das Bild eines Gottes, der die Initiative ergreift und auf den Menschen zugeht. Mehr noch: Die Bibel stellt einen Gott vor, der dem Menschen selbst dann nachgeht, ihn sucht, sich um ihn bemüht und sein Vertrauen zu gewinnen sucht, nachdem dieser die Freundschaft aufgekündigt hat. Gott stellte Adam und Eva Kleidung zur Verfügung (vgl. 1. Mose 3), Gott schloss einen Bund mit dem schlafenden Abraham (vgl. 1. Mose 15) und stellte selbst das Opfertier zur Verfügung (vgl. 1. Mose 22). Gott hörte das Schreien seines Volkes in Ägypten und führte es aus der Sklaverei (vgl. 2. Mose 2–14). Als David Gott ein Haus bauen wollte, versprach Gott David ein Haus (vgl. 2. Samuel 7). Gott sandte ungefragt einen Boten zu den ärgsten Feinden nach Niniveh und musste sich dann mehr um seinen Boten bemühen als um die „böse Stadt" (vgl. Jona 1–4). Gott, der sich uns als guter Hirte vorstellt, der seine Herde selbst weidet (vgl. Hesekiel 34), eines von hunderten Schafen sucht (vgl. Lukas 15,3–7) und als Vater an der Einfahrt steht und auf die Rückkehr des geliebten Kindes wartet – nur um dem Abtrünnigen dann ein großes Fest zu bereiten (vgl. Lukas 15,11ff.). Gott, der als Kind eines jugendlichen Paares geboren wurde und als Mensch unter Menschen lebte (vgl. Matthäus 1; Lukas 2), Gottes Liebe predigte und Menschen heilte, befreite und integrierte. Dieser Mensch starb elend und kehrte vom Tod zurück und versprach: „Ich bin immer bei euch, jeden Tag, bis zum Ende der Welt" (Matthäus 28,20) und „Ich werde den Geist zu euch senden, den mein Vater versprochen hat" (Lukas 24,49). An Pfingsten schenkte sich Gottes Geist seiner Kirche und sandte ihre Anhänger:innen als Botschafter:innen und Zeug:innen (vgl. Apostelgeschichte 2). Am Ende der Zeit wird Gott einen neuen Himmel und eine neue Erde schaffen und seinen Menschen eine Stadt schenken, in der er gemeinsam mit ihnen wohnen wird (vgl. Offenbarung 21–22, auch Volf/McAnnally-Linz 2022 und Volf 2023).

Diese Liste ließe sich ausweiten und sie offenbart ein Prinzip: „In der biblischen Sicht der Dinge gibt Gott aus freien Stücken, er gibt aus freien Stücken das Recht, seine Kinder zu werden (Johannes 1,12), und dieses Recht kann ihm nicht abverlangt oder entrissen werden." Dieses Prinzip findet seinen Höhepunkt und seine Verdichtung in der Menschwerdung Gottes in Jesus Christus: „Christus kommt nicht, um zu rauben oder sich zu amüsieren, sondern um zu dienen (Mk 10,45), nicht um seinen Herrschaftsanspruch geltend zu machen, sondern um das Recht zu verleihen, Gottes Kinder zu sein" (Watkin 2022: 345).

Das Evangelium als Anstoß

Ein Nachdenken über das Evangelium kann die Anstößigkeit des Gegenstandes nicht ausblenden. Wilfried Härle stellt fest:

„Das Evangelium von Jesus Christus ist ein mögliches σκάνδαλον, dessen man sich schämen kann (Röm 1,16; 1 Kor 1,18 – 2,5). Und dem entsprechen auch der Inhalt und die Adressaten des Evangeliums. Es ist Heilszusage für Verlorene, Erwählung derer, die vor der Welt nichts gelten (Lk 15; 1 Kor 1,26 – 29)" (Härle 2018: 305).

Die Botschaft des Evangeliums ist das Wort vom Kreuz (vgl. 1. Korinther 1,18). Diese Botschaft ist keineswegs leicht, logisch oder gut nachvollziehbar. Sie ist und bleibt sperrig, und nur wenn man sie schon länger kennt, fällt einem der „Skandal" oder gar die „Dummheit" (vgl. 1. Korinther 1,18–25) nicht mehr auf. Paulus schreibt dazu:

„Wo sind jetzt die Weisen, wo die Schriftgelehrten, wo die wortgewaltigen Redner unserer Zeit? Hat nicht Gott die Weisheit dieser Welt als Dummheit entlarvt? Die Weisheit Gottes zeigt sich in dieser Welt. Aber die Welt hat ihn mit ihrer Weisheit nicht erkannt. Deshalb hat Gott beschlossen, durch eine scheinbar unsinnige Botschaft alle Glaubenden zu retten" (1. Korinther 1,20f.).

Keller entdeckt eine zentrale Ursache für die Fremdheit und Anstößigkeit des Evangeliums in der menschlichen Gestimmtheit auf ein n-förmiges religiöses Paradigma (vgl. Watkin 2022: 185–191):

Mit anderen Worten: Erweckungen und Erneuerungen sind notwendig, weil der Standardmodus des menschlichen Herzens Werkgerechtigkeit ist – wir leben normalerweise nicht so, als ob das Evangelium wahr wäre. Christen glauben oft in ihrem Kopf: „Jesus nimmt mich an, deshalb werde ich ein gutes Leben führen." Aber ihre Herzen und Handlungen funktionieren praktisch nach dem Prinzip: „Ich führe ein gutes Leben, deshalb nimmt Jesus mich an" (Keller 2012: 54).

Die Fremdheit der evangelischen Botschaft gilt folglich für Christ:innen und Nichtchrist:innen gleichermaßen.

! Do it!

Überleg mal für dich selbst:

- Was ist dir fremd am Evangelium?
- Was ergibt keinen Sinn für dich?
- Was fällt dir schwer, nachzuvollziehen und anderen zu erklären?

Das Wort vom Kreuz wird uns immer fremd bleiben und sich nach dem schmalen und steinigen Pfad anfühlen, den nur wenige finden, niemand gern geht und nur wenige tatsächlich gehen (vgl. Matthäus 7,13f.). Es ist eine Zumutung, die unseren Stolz trifft und deren Herausforderung eine doppelte Erkenntnis ist: Die Tiefe und Unentrinnbarkeit der menschlichen Sünde auf der einen Seite und die Bedingungslosigkeit und Unzerstörbarkeit der göttlichen Liebe, Treue und Gnade auf der anderen Seite. Darin liegt durchaus Plausibilität und wirklichkeitserschließendes Potenzial, und dennoch gilt: „Was du uns erzählst, klingt in unseren Ohren sehr fremd" (Apostelgeschichte 17,20). Jedoch besteht die Hoffnung, dass die Kommunikation des Wortes vom Kreuz auf Neugier stößt und Interesse weckt: „Wir würden gerne wissen, was es damit auf sich hat" (Apostelgeschichte 17,20). Diese Aussage (z. B. aus dem Mund eines Jugendlichen) kann der Beginn einer persönlichen Entdeckung des Wortes vom Kreuz sein, denn diese Botschaft wird von denen, die sich darauf einlassen, als Kraft Gottes erlebt (vgl. 1. Korinther 1,18):

„Christus ist Gottes Kraft und Gottes Weisheit. Das verkünden wir allen, die berufen sind – Juden wie Griechen. Denn was an Gott als dumm erscheint, ist weiser als die Menschen. Und was an Gott schwach erscheint, ist stärker als die Menschen." (1. Korinther 24f.)

Eine predigende Person sollte den Anstoß des Evangeliums beim Predigen mit Jugendlichen nicht wegdiskutieren oder kaschieren. Vielmehr gilt es, alle unnötigen Hürden zu entfernen, um so die Schönheit dieser anstößigen Botschaft zur Geltung zu bringen und auf diese Weise eine Einladung zur Auseinandersetzung mit dieser sperrigen Botschaft auszusprechen – in der Hoffnung, dass die Partner:innen der Kommunikation dieses Wort als Kraft Gottes entdecken.

Dieses Geschehen bezeichnet Keller als „gospel renewal" und meint damit die Entdeckung der Wahrheit und Wirklichkeit biblischer Aussagen und christlicher Dogmen auf persönlicher (kognitiver, affektiver und existenzieller) Ebene (vgl. Keller 2012: 54–83). Keller definiert diesen Prozess so: „Die Erneuerung des Evangeliums (gospel renewal) ist eine lebensverändernde Entdeckung des Evangeliums. Persönliche Erneuerung des Evangeliums bedeutet, dass die Lehren des Evangeliums von Sünde und Gnade tatsächlich erfahren werden und nicht nur intellektuell bekannt sind" (Keller 2012: 54). Ein solches Geschehen ist eine Folge des Wirkens des Heiligen Geistes und kann beabsichtigt, aber nicht herbeigeführt werden. Keller beschreibt „gospel renewal" als eine Form der Erweckung, was jedoch keine besondere Ausnahmesituation, sondern eine Intensivierung des gewöhnlichen Wirkens des Heiligen Geistes darstellt, denn „Die Erneuerung oder Erweckung durch das Evangelium ist eine Intensivierung des normalen Wirkens des Geistes (Überführung von Sünde, Wiedergeburt und Heiligung, Zusicherung der Gnade) durch die gewöhnlichen Gnadenmittel (Predigt des Wortes, Gebet und die Sakramente)" (Keller 2012: 54).

Do it!

Überleg mal für dich selbst:

- Hast du so etwas wie gospel renewal schon mal erlebt?
- Ist dir eine biblische Wahrheit ins Herz gefallen und hat deine Perspektive verändert?
- Wie ist das geschehen? Was hat dazu beigetragen?

Die Komplexität des Evangeliums

Die bisherige Darstellung hat gezeigt, wie komplex das Evangelium ist. Keller stellt fest, dass das Evangelium keine simple Sache („simple thing") ist. Stattdessen:

> *„Das Evangelium ist nicht alles, lässt sich aber letztlich auch nicht auf eine einzige einfache Formel mit einer Reihe von Punkten bringen, die jedem zu jeder Zeit und an jedem Ort vorgetragen werden müssen. Das Evangelium hat eine nicht reduzierbare Komplexität." (Keller 2012: 39)*

Das Evangelium beinhaltet viele Aspekte und lässt sich nicht auf eines reduzieren:

- Es offenbart Gottes Wesen und Herz.
- Es klärt über Wesen und Stand des Menschen auf.
- Es stellt ein göttliches Paradigma dar (u-förmig).
- Es beschreibt Gottes Willen, Handeln und Absicht.
- Es zeichnet ein Bild von der Vergangenheit, Gegenwart und Zukunft.
- Es ist eine Kraft Gottes und ein Anstoß.

Es gibt bereits in den biblischen Texten zahlreiche Beschreibungen des Evangeliums. Bereits die Vielfalt der biblischen Darstellungen zeugt von der Komplexität der evangelischen Botschaft. Neben den vier Evangelien ist es die Fülle an Bildern, Begriffen und Analogien, die die Autoren bemühen, um zu beschreiben, was die gute Nachricht ist: Gottes Reich und ewiges Leben, Exil und Heimkehr, Gottes Bund und Verheißung, Rückkehr in die Familie, ein Hochzeitsfest, Stellvertretung und Rettung vor Zorn und Gericht, Vergebung und Erneuerung, Sieg über Tod und Böses etc. Hinzu kommt die Fülle an Deutungen des Evangeliums und seiner Kernbotschaft: Vergebung von Schuld, Annahme und Befreiung von Scham, Schutz und Erlösung aus Angst. Die in diesem Kapitel fokussierte Deutung des Evangeliums ist ja selbst eine Interpretation, die nicht kontextlos geschieht, denn sie steht in der abendländischen Tradition reformatorischer Theologie.

Keller fasst zusammen: „Im Mittelpunkt der Theologie aller biblischen Autoren steht die Erlösung durch Stellvertretung" (Keller 2012: 40). Dieses Motiv beschreibt den Kern von Liebe – Substitution – Stellvertretung. Jemand tritt an die Stelle eines anderen. Dies tun alle Eltern, die für ihre Kinder auf eigene Freiheiten (oder Schlaf) verzichten. Dies tun all jene, die sich um Benachteiligte kümmern und ihre eigenen Ressourcen an Zeit, Geld, Kontakten etc. nutzen, damit es anderen besser geht. Dies tun alle, die sich um das Klima sorgen und nachhaltiger leben, damit andere (hoffentlich) weniger von den Folgen der Klimakrise betroffen sind.

Es wird gesagt, dass die Bibel mehrere verschiedene „Modelle" der Sühne enthält. Ich ziehe es vor, von verschiedenen „Sprachen" oder „Grammatiken" zu sprechen. So wird auf unterschiedliche Weise beschrieben, wie Jesus uns durch das Kreuz gerettet hat:

1. Die Sprache des Schlachtfelds. Christus hat für uns gegen die Mächte der Sünde und des Todes gekämpft. Er hat die Mächte des Bösen für uns besiegt.
2. Die Sprache des Marktes. Christus hat den Lösepreis, den Kaufpreis, bezahlt, um uns von unserer Schuld freizukaufen. Er befreit uns aus der Versklavung.
3. Die Sprache des Exils. Christus wurde verbannt und aus der Gemeinschaft ausgestoßen, damit wir, die es verdienen, verbannt

zu werden, aufgenommen werden können. Er bringt uns nach Hause.

4. Die Sprache des Tempels. Christus ist das Opfer, das uns reinigt und annehmbar macht, damit wir uns dem heiligen Gott nähern können. Er macht uns rein und schön.
5. Die Sprache des Gerichtes. Christus steht vor dem Richter und nimmt die Strafe auf sich, die wir verdienen. Er tilgt unsere Schuld und macht uns rechtschaffen (Keller 2012: 130).

Zwei Gedanken von Timothy Keller sollen den zurückliegenden Versuch, das Evangelium zu beschreiben, abschließen.

Erstens: „Weil das Evangelium unendlich reich ist, kann es die Last tragen, die ‚Hauptsache' der Kirche zu sein" (Keller 2012: 38). Dank seiner Komplexität erschöpft sich das Evangelium nicht – es ist eine Kraft Gottes, die sich immer wieder neu ereignet und die Wirklichkeit menschlicher Sünde aufzeigt sowie die Tiefe göttlicher Liebe in die Herzen schreibt.

Zweitens: „Das Evangelium ist weder Religion noch Irreligion, sondern etwas ganz eigenes – eine dritte Art der Beziehung zu Gott durch Gnade" (Keller 2012: 85). Das Evangelium stellt eine eigene Kategorie dar, welche andere Kategorien erweitert oder sogar sprengt. Es lässt sich nicht auf drei Sätze reduzieren und geht auch in Kontrastierungen (Religion vs. A-Religion) nicht auf. Es ist deshalb nötig und lohnend, der Eigenlogik des Evangeliums nachzugehen, um dessen wirklichkeitserschließendes und -veränderndes Potenzial zu entdecken.

Aufgrund der Eigenlogik des Evangeliums bedarf die Art und Weise, wie das Evangelium kommuniziert wird, eines eigenen Modus. Worin dieser besteht, soll nun dargestellt werden.

Wie lässt sich das Evangelium angemessen kommunizieren?

Die Kommunikation des Evangeliums in drei Modi

Für eine Näherbestimmung der Kommunikation des Evangeliums bezieht sich Christian Grethlein auf neutestamentliche Texte und entdeckt im neutestamentlichen Verb zur Beschreibung der Kommunikation des Evangeliums (εὐαγγελίζομαι) bereits einen Modus dieser spezifischen Kommunikation, denn dieses Wort begegnet fast nur in der grammatischen Form des Mediums und befindet sich somit zwischen aktiver und passiver Form: „So bildet bereits diese grammatische Form die Besonderheit von Kommunikation als Mitteilung ab, insofern wechselseitig gesendet und empfangen wird" (Grethlein 2012: 146). Die Intention dieser Jugendhomiletik – nämlich mit Jugendlichen zu predigen (anstatt für sie) – entspricht also bereits dem Modus der Kommunikation des Evangeliums als einem wechselseitigen Gespräch.

Im Anschluss an das Leben und die Lehre des Jesus aus Nazareth beschreibt Grethlein drei Arten der Kommunikation des Evangeliums:

1. Lehren und Lernen,
2. gemeinschaftliches Feiern und
3. Helfen zum Leben (vgl. Grethlein 2016: 165–169 und 256–327).

Diese drei Formen sind „im Wirken Jesu untrennbar miteinander verbunden" (Grethlein 2016: 256). Die untrennbare Verbindung der drei Modi im Leben von Jesus verbindet diese drei Modi auch in der gegenwärtigen Kommunikation des Evangeliums untrennbar miteinander – als auch angesichts des Bemühens um ein Predigen mit Jugendlichen. Die enge Verbindung der drei Modi zeigt die umfassende Qualität der Kommunikation des Evangeliums.

Für eine Predigt mit Jugendlichen bedeutet dies, dass sich die predigende Person um mehrere Dinge bemüht:

- Gemäß dem Modus des Lehrens und Lernen bemüht sie sich um die kognitiv-lehrhafte und plausible Darlegung und Weitergabe der Botschaft des Evangeliums von Jesus Christus. Damit dies gelingt, müssen die Formen der Kommunikation, die Sprache, die kulturellen Bezüge, die Themen sowie die konkreten Fragen der jugendlichen Lebenswelt entspringen und entsprechen. Ähnlich wie Jesu Gleichnisse Bezüge zur Lebenswelt der Menschen hergestellt haben, so sollte sich die predigende Person beim Predigen mit Jugendlichen um Bezüge zu ihrem Alltag, ihren Fragen und Interessen bemühen. Diese Forderung deckt sich mit den Ausführungen zur Relevanz in Kapitel 1: Gerade angesichts einer zunehmenden Säkularisierung der Kultur kann die Predigt mit Jugendlichen nicht mehr unbedingt an Vorwissen über den christlichen Glauben bzw. das Evangelium anknüpfen. Deshalb ist es nötig, zum Evangelium hinzuführen und dessen Botschaft zu plausibilisieren und in einen spezifischen Kontext hinein zu kommunizieren. Dabei gilt es, den individuellen Voraussetzungen der Hörenden möglichst gerecht zu werden und sowohl die Bildungsvoraussetzungen als auch den Bildungsstand zu berücksichtigen. Entsprechend dem Modus des Lehrens und Lernens beinhaltet die Predigt mit Jugendlichen das wechselseitige Moment der Kommunikation des Evangeliums: Alle an der Predigt beteiligten Personen lernen miteinander und voneinander. Sie lernen die je andere Lebenswirklichkeit kennen und wie diese sich im Licht des Evangeliums je neu darstellt. Insofern ist Predigen mit Jugendlichen sowohl ein wechselseitiges theologisch-geistliches als auch kulturell-kontextuelles Lehren und Lernen, an dem alle Partner:innen der Kommunikation gleichermaßen beteiligt sind.

- Gemäß dem Modus des gemeinschaftlichen Feierns bemüht sich die predigende Person beim Predigen mit Jugendlichen um die Inklusion aller an der Kommunikation Beteiligten. Die Tischgemeinschaften des Jesus von Nazareth haben niemanden ausgeschlossen, sondern vielmehr unterschiedlichste Menschen zusammengebracht, die sich sonst vermutlich nie begegnet wären. Beim Predigen mit Jugendlichen sollte die predigende Person also Räume eröffnen, die eine Gemeinschaft unterschiedlichster Jugendlicher sowie die Inklusion möglichst aller ermöglichen. Neben der Dimension einer inklusiven Gemeinschaft beinhaltet dieser Modus zudem das Feiern. Die Gemeinschaft, in der das Evangelium kommuniziert wird, versammelt sich um den auferstanden und gegenwärtigen Herrn, und somit ist sie eine Gemeinschaft, die sich zur Anbetung Gottes versammelt und miteinander und mit Gott feiert. Demzufolge ereignet sich Predigen mit Jugendlichen in einem größeren Kontext als bloß einer Rede oder einem Sprechakt. Das Predigen ist eingebettet in Gebet, Stille, Singen, Jubeln und Feiern, Essen und Trinken. Diese Gemeinschaft verdichtet sich im gemeinsamen Mahl am Tisch des Herrn. Aber sie ist nicht darauf beschränkt, sondern ereignet sich überall dort, wo Menschen dem lebendigen Christus begegnen und sich in seine Gemeinschaft rufen lassen.

- Gemäß dem Modus des Helfens zum Leben wohnt dem Predigen mit Jugendlichen eine diakonische Dimension inne. Auch hierin zeigt sich die ganzheitliche Wahrnehmung des Menschen, welche sich weder auf die kognitive Dimension noch auf geistliche Fragen beschränken lässt. Der Mensch als Seele ist ein bedürftiges Wesen, was in der Bedeutung von Seele als „Kehle" im Hebräischen Ausdruck findet. Die predigende Person muss beim Predigen mit Jugendlichen, das Kommunikation des Evangeliums sein möchte, die Jugendlichen ganzheitlich im Blick haben und folglich auch die diakonische und auf Lebensgestaltung und -gelingen abzielende Dimension in den Blick nehmen. Predigt ist dann mehr als die möglichst nachvollziehbare Vermittlung von Wissen. Sie ist eine Einladung in eine Gemeinschaft mit Christus und mit anderen Menschen – eine Gemeinschaft, die den Jugendlichen hilft, ihr Leben zu meistern, indem sie Chancen nutzen und Gaben entfalten sowie Herausforderungen begegnen und Schwierigkeiten gestalten. Die predigende Person ist beim Predigen mit Jugendlichen demzufolge wach für die Bedarfe, die Jugendliche haben, und die Herausforderungen, vor die sie das Leben (als Ebenbilder Gottes und als Sünder:innen) stellt. Solches Predigen sucht nach Wegen, Jugendlichen im Leben und zum Leben zu verhelfen. Dies umfasst den Anspruch und Zuspruch des Evangeliums als Kraft Gottes, eine Förderung von seelisch-geistlicher Resilienz, ein Befähigen und Bevollmächtigen (als empowerment, Bucher 2021) zum Leben in der Nachfolge Christi und zum Dienst an anderen und der Welt.

Dass diese Form der Kommunikation mit Jugendlichen nicht als Einbahnstraße funktioniert, dürfte deutlich geworden sein. Abgesehen davon, dass dies nicht realistisch und zielführend wäre, widerspräche es auch dem mit-teilenden Charakter der Kommunikation des Evangeliums im Anschluss an das Wirken und Leben des Jesus von Nazareth. Neben den drei von Grethlein identifizierten Modi soll noch eine weitere Besonderheit der Kommunikation des Evangeliums betrachtet werden: das Frohbotschaften.

Die Kommunikation des Evangeliums als Frohbotschaften

David Reißmann setzt sich mit dem Begriff Evangelisation auseinander und beschäftigt sich in diesem Zusammenhang auch mit dem Ursprung der biblischen Begriffe für diesen Vorgang. Damit bewegt er sich in der Nähe zu den Überlegungen bezüglich einer Kommunikation des Evangeliums (Reißmann 2024). Wenngleich es beim Predigen mit Jugendlichen nicht vorrangig um Evangelisation geht (wobei der Aspekt keineswegs unwichtig ist), sind die Ausführungen Reißmanns dennoch für das Anliegen dieses Buches und der Frage nach einem der Kommunikation des Evangeliums angemessenen Modus hilfreich und anregend und sollen deshalb kurz skizziert werden.
Reißmann zeigt, dass dem hebräischen „basar“ aus dem Stamm „bsr“ und dem griechischen Verb „euangelizomai“ im Deutschen am besten das Wort frohbotschaften entspricht. Das Spannende an diesem Verb ist, dass es sowohl die Tätigkeit als auch den Modus der Kommunikation des Evangeliums beschreibt (vgl. Reißmann 2024: 441–443). Der Begriff beschreibt eine eigene Art der Kommunikation, die sich sowohl durch eine affektiv-existentiell-persönliche Ergriffenheit (froh-) als auch durch eine theologisch-kognitiv-kommunikative Auseinandersetzung (-botschaften) auszeichnet. Die eigene Freude an der Botschaft ist die Voraussetzung, um das Evangelium überhaupt kommunizieren zu können, denn „es braucht und gibt einen Grund, um überhaupt frohbotschaften zu können“ (Reißmann 2024: 443).

! Do it!

Überleg mal für dich selbst:

- Welche Freude löst das Evangelium bei dir aus?
- Wie äußert sich diese Freude und wie wirkt sie auf andere?

Dabei umfasst die Freude das Frohbotschaften, denn: „Dem -botschaften geht das froh- voraus, und zwar ereignishaft, also immer wieder. […] Es ist die Freude, die ebenso konstitutiv dafür ist, frohbotschaften zu können, wie die Botschaft" (Reißmann 2024: 444). Die Freude geht der Kommunikation voraus und diese Freude ist die Entdeckung und das Erleben der Gegenwart Gottes in Jesus Christus und damit ist es „die Freude an der Gegenwart der Freiheit, die sich mit der Präsenz Jesu Christi einstellt" (Jüngel 2011: 219). Die Gegenwart Gottes ist die Gegenwart der Freiheit, weil Jesus Christus uns dazu befreit, wir selbst zu sein. Wir müssen ihm nichts bringen, vorweisen oder anbieten – außer uns selbst und das so, wie wir sind. Der Kommunikation des Evangeliums geht also die Sendung Gottes (missio Dei) voraus. Frohbotschaften ist also eine Folge der göttlichen Mission und damit sowohl Ausdruck der Teilnahme an dieser Sendung als auch Ausdruck der Freude über das Evangelium der Gegenwart Gottes.

Aber die Freude ist nicht nur die Voraussetzung, sondern auch ein Resultat des Frohbotschaften – beides hängt eng zusammen und kann nicht getrennt werden. Reißmann schreibt dazu:

> *„Die Freude ist ein Resultat des Botschaftens, das Botschaften ein Resultat der Freude. Der Modus des ‚Frohbotschaftens' […] erweist sich damit als eine besondere Form der theologischen Kommunikation. Sie stellt einen genuinen Aspekt theologischer Sprache dar, einer Sprache, die man ‚Theologisch' nennen kann, und die sowohl zu erlernen als auch zu erfahren ist." (Reißmann 2024: 445)*

Diese theologische Sprache kann man erlernen und man erlebt sie dann, wenn eine Predigt das eigene Leben trifft und sie als relevant erlebt wird, wenn Predigt zum Real Talk wird. Somit wird „der Indikativ des Evangeliums von Jesus Christus und die Freude an dessen Präsenz [...] zum immer neuen Anlass des Frohbotschaftens“ (Reißmann 2024: 448).
Aber es ist eben nicht nur Ergriffenheit, die einen Menschen auszeichnet, der die frohe Botschaft weitersagt. Die inhaltliche Auseinandersetzung, das Nachdenken über die Bedeutung, Tragweite und die Folgen des Evangeliums sind ebenfalls integraler Bestandteil des Predigens mit Jugendlichen. Beim Frohbotschaften können beide Aspekte „in ihrer Differenz bei gleichzeitiger kommunikativer Relation betrachtet werden“ (Reißmann 2024: 444). Das Verb „frohbotschaften“ beschreibt ein Ereignis, welches in Bindung an die gegenwärtige Person Jesus Christus entsteht und somit immer über sich hinausweist und eine doppelte Einladung ist: sich von Christus ergreifen zu lassen und sich mit der Botschaft auseinanderzusetzen. Letztlich ist Kommunikation des Evangeliums eine Einladung in die Nähe und Beziehung zu Christus selbst. Diese Überlegungen korrelieren mit den Ausführungen zur Relevanz in Kapitel 1: Damit etwas als relevant wahrgenommen wird, muss es sowohl affektiv als auch kognitiv anregend sein.

4. Wie eine Predigt gut vorbereitet wird – Schritt-für-Schritt-Anleitung

Was dich erwartet

Dieses Kapitel liefert eine Schritt-für-Schritt-Anleitung für die Predigtvorbereitung: von der Textauswahl und der eigenen geistlichen Auseinandersetzung über die Textanalyse und einen Perspektivenwechsel im Sinne einer Hörendenreflexion bis hin zu einem klaren Zielsatz. Zusätzlich liefert es weitere praktische und theoretische Hinweise. Immer wieder wird es auch um die Möglichkeiten gehen, wie man Jugendliche an diesem Prozess aktiv beteiligen kann. Zudem gibt es einen „Fast Track" für Situationen, in denen nur wenig Zeit für Predigtvorbereitung zur Verfügung steht.

Predigtvorbereitung als Prozess

Nach diesen wichtigen Vorüberlegungen widmet sich dieses Kapitel nun der praktischen Seite der Predigtvorbereitung. Dabei spielt eine Vielzahl von Fragen und Aspekten eine bedeutende Rolle. Im Kern geht es darum, den Text oder das Thema der Predigt so zu durchdringen, dass eine qualitativ hochwertige und wertvolle Predigt entstehen kann, die relevant für Jugendliche ist, ja, die Real Talk ist. Dabei spielen verschiedenste Fragen und Aspekte eine wichtige Rolle. So ist es entscheidend, den Text als Grundlage genau zu betrachten und zugleich die Hörenden als Zielgruppe der Predigt zu verstehen sowie sich selbst als Prediger:in in Bezug zum Thema oder Text zu setzen. Die homiletische Pyramide (vgl. Kapitel 1, Abb. 2) spielt daher bereits in der Vorbereitungsphase eine bedeutende Rolle. Der hier vorgeschlagene Prozess der Predigtvorbereitung gliedert sich in fünf Schritte:

1. Festlegung des Bibeltextes und des Themas
2. Persönliche Auseinandersetzung
3. Textanalyse (Exegese) und Bibelstudium
4. Perspektivenwechsel (Hörendenreflexion)
5. Entwicklung einer klaren Botschaft – der Real-Talk-Satz

Das Kapitel führt schrittweise durch den Prozess der Predigtvorbereitung. Zu jedem Schritt werden theologische Grundüberlegungen sowie konkrete Handlungsmöglichkeiten und Methoden vorgestellt, um ihn erfolgreich umzusetzen.

Die Vorbereitung einer Predigt ist ein intensiver und zeitintensiver Prozess, auf den im nächsten Kapitel näher eingegangen wird. Doch wer in der Jugend- und Gemeindearbeit tätig ist, weiß, dass die Realität oft anders aussieht und die Zeit für die Vorbereitung solcher Verkündigungen begrenzt ist.

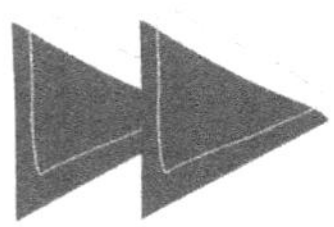

Obwohl dies nicht ideal ist, berücksichtigt dieses Kapitel diese Realität. Daher finden sich am Ende jedes Schrittes einige Hinweise, wie die Predigtvorbereitung zeitlich effizienter gestaltet werden kann. Außerdem finden sich hier Tipps, wie man Jugendliche beim Predigtvorbereitungsprozess unterstützen kann, um es für sie einfacher und machbarer zu gestalten. Diese „Fast track"-Tipps sind jeweils mit dem entsprechenden Symbol gekennzeichnet.

Bevor es losgeht: Zeitplanung und Materialsammlung

Bevor wir richtig in die Predigtvorbereitung eintauchen, sollen zunächst einige wichtige Aspekte und Themen angesprochen werden, die damit zusammenhängen. Eines dieser Themen, das bereits in der Einleitung des Kapitels erwähnt wurde, ist die Zeit. Wenn Menschen an Predigten zurückdenken, erinnern sie sich vor allem an die 10 bis 20 Minuten, in denen die Predigt, idealerweise lebendig, mitreißend und inspirierend, vorgetragen wurde. Wenn der Predigtstil dabei auch noch locker und nahbar war, könnte dies den Eindruck erwecken, als hätte die Person, die predigt, das Ganze mal eben aus dem Ärmel geschüttelt. Doch wenn man erfahrene Predigende fragt, wird schnell deutlich, dass hinter den wirklich guten und bewegenden Predigten oft ein langer und intensiver Vorbereitungsprozess steht. Gute und vielleicht sogar lebensverändernde Gedanken, tiefe geistliche Einsichten und ein echtes empathisches Einfühlen in die Hörenden entstehen in der Regel nicht spontan, sondern sind das Ergebnis eines intensiven Prozesses. In den vorherigen Kapiteln haben wir bereits über das Zusammenspiel von menschlichem Handeln und dem Handeln Gottes in der Predigt nachgedacht. Hier in der Predigtvorbereitung wird es nun konkret. Wir vertrauen darauf, dass der Heilige Geist in der Predigt wirkt, und manch genialer „Geistesblitz" wird auch während der Predigt vom Heiligen Geist geschenkt. Doch das Vertrauen und das Verlassen auf den Heiligen Geist entbindet uns keineswegs von einer gründlichen und intensiven Vorbereitung. Der bekannte englische Prediger Charles Haddon Spurgeon hat einmal gesagt:

> *„Wenn wir uns vorbereiten können und tun's nicht, […], so haben wir kein Recht zu erwarten, dass göttliche Hilfe den Mangel ersetzt, den wir durch unsere Frechheit und Überspanntheit verschuldet haben. […] Es wäre sündhafte Vermessenheit, die ganze Woche die Zeit zu vertrödeln und sich dann im letzten Augenblick auf die Hilfe des Heiligen Geistes zu verlassen." (Spurgeon 1996: 77)*

Mit anderen Worten und leicht überspitzt gesagt: Der Geist Gottes ist kein Ersatz für schlechtes Zeitmanagement und Faulheit. Es dient weder dem Evangelium noch den Jugendlichen, wenn man auf eine gründliche Predigtvorbereitung verzichtet oder sie so stark verkürzt, dass sie kaum noch als Vorbereitung zählt. Jugendliche, die sich Zeit nehmen, Predigten zu hören, verdienen es, dass diese angemessen vorbereitet sind. Es ist schwierig, pauschale Zeitvorgaben für die Predigtvorbereitung zu machen, da dies von vielen Faktoren abhängt. Realistischerweise haben Menschen, die in der Jugendarbeit predigen, sei es haupt- oder ehrenamtlich, in der Regel nicht unbegrenzt Zeit für die Vorbereitung zur Verfügung. Eine solide Predigtvorbereitung wird jedoch in der Regel „einige Stunden" in Anspruch nehmen. Dies können z. B. acht bis zehn Stunden für einen großen Jugendgottesdienst sein, in dem eine Person mit wenig Predigterfahrung predigt. In einem anderen Fall könnten es zwei bis drei Stunden sein, wenn jemand für den nächsten Jugendkreis predigt und dabei auf Vorbereitungsmaterial zurückgreifen kann. Hier gilt: Je mehr Zeit investiert wird, desto besser. Wenn man über diese erforderliche Zeit für die Predigtvorbereitung nicht verfügt oder sie nicht aufwenden kann, sollte ehrlich darüber nachgedacht werden, ob die Predigt nicht an eine andere Person abgegeben werden sollte. Das ist keine Schande, sondern ein Zeichen des Respekts gegenüber dem Wort Gottes und den Jugendlichen, die die Predigt hören sollen.

Neben der Dauer der Vorbereitung ist auch die Frage des Zeitrahmens, also wann die Predigtvorbereitung beginnen sollte, relevant. Es ist zwar möglich, die Predigtvorbereitung auf die zwei Tage vor der eigentlichen Predigt zu konzentrieren, wenn in diesen Tagen ausreichend Zeit dafür zur Verfügung steht. Vermutlich ist das in der Realität auch kein unübliches Vorgehen. Aus mehreren Gründen ist es jedoch sehr sinnvoll, den Prozess der Predigtvorbereitung deutlich früher zu beginnen und über einen Zeitraum von ein bis zwei Wochen anzusetzen. Der wichtigste Grund hierfür ist, dass gute Gedanken, starke Bilder und auch eine persönliche Auseinandersetzung Zeit brauchen, wie im folgenden Kapitel näher erläutert wird. Ein weiterer wichtiger Grund liegt darin, die Personen, die Predigten vorbereiten, von Stress und Druck zu entlasten und auch den Personen, die am Predigtgeschehen beteiligt sind (Moderation, Band), die Chance zu geben, zumindest das Thema und grobe Gedanken der Predigt im

Vorfeld zu kennen. Für das Predigen mit Jugendlichen ist ein weiterer wichtiger Grund zu nennen. Im Kapitel 2 wurde die besondere Bedeutung von partizipativen Prozessen in der Predigt mit Jugendlichen betont. So ist es z. B. sinnvoll, im Vorfeld über relevante Themen mit Jugendlichen zu sprechen oder sich Feedback einzuholen. Diese Prozesse brauchen ebenfalls Vorlaufzeit. Kurz gesagt: Eine kurzfristig vorbereitete Predigt bietet keine oder nur wenige Möglichkeiten der Partizipation. In der klassischen Predigtlehre für Berufsgruppen, die regelmäßig predigen (z. B. Pfarrer:innen), ist gelegentlich von der sogenannten Predigtwoche die Rede (vgl. Eiffler/Herbst/Schneider 2022: 82), bei der vorgeschlagen wird, die Predigtvorbereitung am Montag der Woche zu beginnen, wenn für den kommenden Sonntag die Predigt ansteht. Angesichts der vielfältigen Aufgaben, die Hauptamtliche in der Jugendarbeit zu bewältigen haben, und dem begrenzten Zeitbudget von Ehrenamtlichen in der Jugendarbeit ist es sinnvoll, diesen Zeitraum etwas auszudehnen und bereits früher zu beginnen.

Als realistisches und gleichzeitig machbares Zeitfenster der Vorbereitung kann von zehn Tagen ausgegangen werden, die hier einmal als Beispiel vorgestellt werden sollen: Etwa zehn Tage vor der eigentlichen Predigt sollte der Prozess der Predigtvorbereitung mit der Auswahl des Textes oder Themas beginnen, gefolgt von der persönlichen Auseinandersetzung damit. So wird genügend Zeit geschaffen, um im Laufe der nächsten Tage gute Ideen entstehen zu lassen, Gespräche mit (anderen) Jugendlichen zu führen und dem möglichen Team, das beteiligt ist, rechtzeitig das Thema und den Bibeltext zu nennen. Etwa fünf bis sechs Tage vor der Predigt können dann die umfangreichen Arbeitsschritte der Textanalyse, des Perspektivenwechsels und der Zielentwicklung eingeplant werden, damit am darauffolgenden Tag das Predigtmanuskript entstehen kann. Womöglich überschneiden sich die beiden Schritte auch. In dem Fall bleibt noch etwas Zeit, um die vorbereitete Predigt wirken zu lassen oder diesbezüglich Feedback von (anderen) Jugendlichen einzuholen, sodass am Tag vor der eigentlichen Predigt noch genug Zeit bleibt, um das Manuskript mehrfach durchzugehen und die Predigtperformance sogar zu üben. Dieses beispielhafte Zeitfenster kann natürlich an die persönlichen

Möglichkeiten und Zeitpläne angepasst werden und gerne auch früher beginnen. Für eine gute, stimmige und zusammenhängend gepredigte Predigt sollte der Vorbereitungsprozess jedoch auch nicht über einen zu langen Zeitraum gestreckt werden. Natürlich gibt es im Vorbereitungsprozess auch immer Möglichkeiten sich noch tiefer oder länger mit den Schritten auseinanderzusetzen, aber letztendlich gilt für den gesamten Prozess auch, dass es irgendwann einen Punkt gibt, an dem es „genug“ ist.

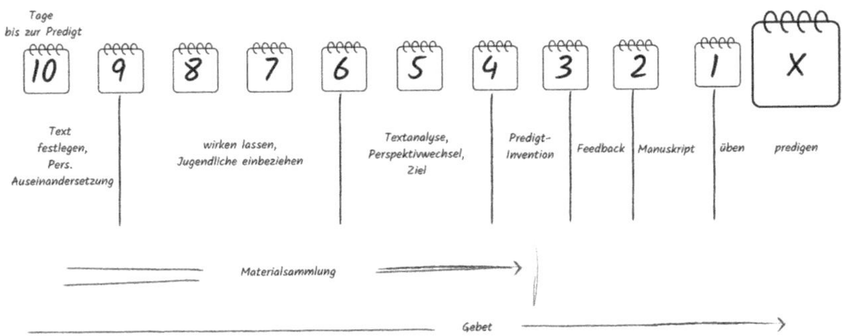

Abb 7: Optimale Planung des Vorbereitungsprozesses (eigene Darstellung)

Neben der Zeitplanung ist es sinnvoll, sich im Vorfeld Gedanken darüber zu machen, wie der Vorbereitungsprozess dokumentiert wird und wie die wichtigen Ergebnisse gesichert werden. Idealerweise werden in der Predigtvorbereitung entscheidende Erkenntnisse oder Einsichten gewonnen, die dann in der späteren Predigt zum Tragen kommen. Gerade bei der Nutzung kreativer Prozesse können spontane Gedanken, Geistesblitze und Ideen entstehen, die aus eigenen Gedanken und Analysen stammen, aber auch Geschenke des Heiligen Geistes sein können. Der Heilige Geist wirkt nicht nur in dem Moment des Predigens, sondern auch schon während der Predigtvorbereitung. Daher empfiehlt es sich grundsätzlich, den Vorbereitungsprozess in irgendeiner Form zu dokumentieren, sei es auf Papier oder digital, als strukturierte Mitschrift oder kreative Visualisierung. Auf einige Aspekte der Materialsammlung soll an dieser Stelle hingewiesen werden.

Die Predigtvorbereitung ist zwar eine intensive geistige Leistung, aber keine wissenschaftliche Dokumentation. Es geht nicht darum, alle Erkenntnisse oder Informationen aus der Literatur detailgetreu und gewissenhaft aufzuschreiben, um am Ende eine kleine Hausarbeit zu erstellen. Vielmehr geht es darum, die wesentlichen Erkenntnisse und Einsichten zu dokumentieren, damit sie am Ende des Prozesses oder bei der Manuskripterstellung reflektiert werden können. Daher empfiehlt es sich, am Ende jedes Vorbereitungsschrittes eine kleine Zusammenfassung zu erstellen und zu dokumentieren. Ob dies ausformuliert, in Stichpunkten oder auf kreative Art und Weise geschieht, bleibt jedem selbst überlassen.

Eine zweite Anregung zur Materialsammlung besteht darin, zwischen zwei Arten von Notizen im Vorbereitungsprozess zu unterscheiden. Zum einen sind da die Zusammenfassung und Dokumentation der einzelnen Schritte der Predigtvorbereitung, die dem bereits genannten Zweck dienen. Daneben hilft es sehr, eine strukturierte Ideen- und Materialsammlung anzulegen. Hier können Geistesblitze notiert werden, die während der Vorbereitung auftauchen, erste Predigtideen, geeignete Zitate und Bilder sowie all die Gedanken, die während des Tages entstehen. Sie sind ein zweites wichtiges Ergebnis der Predigtvorbereitung, denn der Text oder das Thema wirkt in uns und kann zu Erkenntnissen und Gedanken führen, die sich nicht im strukturierten Vorbereitungsprozess widerspiegeln, sondern in der eigenen inneren und äußeren Auseinandersetzung damit. Diese Ideen- und Materialsammlung erfüllt aber auch noch einen zweiten Zweck, nämlich den, dass durch die Sicherung dieser Gedanken im Kopf Freiräume entstehen, um anders zu denken, weil unser Gehirn sicher ist, dass diese Einfälle dokumentiert sind und so nicht verloren gehen. In dieser freien Materialsammlung finden sich dann manchmal bereits Sätze, die in der späteren Predigt fallen sollen, oder Bilder und Vergleiche, die noch entwickelt werden müssen. Sie ist also auch eine echte Hilfe für die spätere Manuskripterstellung.

Während die Dokumentation des Vorbereitungsprozesses also z. B. vielleicht strukturiert in einem Dokument auf einem Tablet erfolgt, ist die Ideen- und Materialsammlung womöglich ein kleines Notizheftchen in der Hosentasche, das während der Predigtvorbereitung überallhin mitgenommen wird.

! Do it!

Probiere aus, was gut für dich funktioniert und sei kreativ:
Das Dokumentieren und Materialsammeln darf Freude machen und kann gerne (muss aber nicht) kreativ und ästhetisch ansprechend geschehen. Hier kann nach den eigenen Vorlieben gearbeitet oder Neues ausprobiert werden. Vielleicht sind Methoden wie das Mindmapping oder Journaling ja motivierende Formen. Probiere verschiedene Formen aus und finde den Weg, der für dich gut funktioniert.

Schritt 1: Festlegung des Bibeltextes und des Themas

Am Anfang jeder Predigtvorbereitung steht natürlich die große Frage: „Über was predige ich eigentlich?" Im vorherigen Kapitel wurde deutlich, dass der Dreh- und Angelpunkt unserer Verkündigung immer das Wort Gottes in seiner Form als biblischer Text sein sollte, und dafür sprechen viele Argumente. Also sollte auch jeder Predigt ein Bibeltext zugrunde liegen. Das ist die beste Absicherung dagegen, dass wir in den Predigten nicht uns selbst oder unsere eigenen Gedanken und Vorstellungen predigen, sondern das Evangelium in den Mittelpunkt der Verkündigung stellen. Natürlich gibt es zu vielen Anlässen, besonders in der Jugendarbeit, Predigten, die thematisch orientiert sind. Viele Jugendgottesdienste oder Freizeiten setzen thematische Schwerpunkte und wollen mit den Jugendlichen über den christlichen Glauben mithilfe dieser Themen kommunizieren.

Dagegen spricht erst mal nichts. Nicht jede Predigt muss mit einem Bibeltext beginnen. Nicht immer muss ein Bibeltext im Vorfeld oder im Rahmen der Predigt prominent vorgelesen werden. Aber: Auch hinter jeder thematischen Predigt sollte ein Bibeltext stehen, und zwar im besten Fall tatsächlich ein zusammenhängender Abschnitt aus einem biblischen Buch. Denn auch eine mehr oder weniger willkürliche Zusammenstellung einzelner Bibelverse steht in

Gefahr, eher die eigene Meinung damit zu untermauern, als sich mit dem Anliegen der Bibel auseinandersetzen zu müssen.
Dabei kann die predigende Person mit dem Bibeltext hinter einem Thema in der Predigt ganz unterschiedlich umgehen: Entweder benennt sie ihn in der Predigt nicht explizit und er dient ihr eher als biblische Richtschnur für die thematische Predigt. Oder aber sie bezieht den Text konkret in die themenbezogene Predigt ein, indem sie ihn entweder ganz oder auch nur einzelne Verse davon aufnimmt oder die Geschichte des Textes erzählt. Predigende sind also in jedem Fall dazu aufgefordert und auch herausgefordert, einen Bibeltext als Grundlage ihrer Predigt auszuwählen. Dazu gibt es verschiedene Ausgangssituationen.

Ausgangssituation A: Es gibt einen vorgegebenen Text

Die Evangelische Kirche folgt einer sogenannten Perikopenordnung, also einem konkreten Plan, welcher Text an welchem Sonntag in der Predigt behandelt werden soll. Auch in der katholischen Kirche gibt es eine „Leseordnung" und in einigen Freikirchen existieren Predigtpläne. Alternativ kann für Andachten oder andere Kontexte auf die Tageslosung, den Wochen- und Monatsspruch oder die tägliche Bibellese zurückgegriffen werden. Oftmals gibt es auch für Kinder- oder Jugendgruppen eigene Textpläne oder die Verantwortlichen bzw. das Team hat für einen konkreten Anlass bereits einen konkreten Text ausgewählt. In diesen Fällen gibt es eine konkrete Textgrundlage, wodurch die grundsätzliche Frage nach dem Bibeltext entfällt. Die Vorteile liegen dabei in einer durchdachten und oft dem Kirchenjahr entsprechenden Textauswahl, die auch dafür sorgt, dass verschiedene Text in Predigten verkündigt werden, und einer Verkündigung, die stark am biblischen Wort orientiert ist. Außerdem wird vermieden, dass – bewusst oder unbewusst – bestimmte Lieblingstexten und -themen immer wieder Thema der Predigt sind (vgl. Lehmann 2016: 29).

Für viele mag der vorgegebene Text eine Entlastung sein, für manche – je nach Text – auch eine Herausforderung. Es spricht aber viel dafür, sich für die Predigt an genau dieser Textvorgabe zu orientieren.

Denn Gott spricht durch die ganze Bibel zu den Menschen und seine Botschaft findet sich auch in Texten, die uns vielleicht herausfordern oder auch auf den ersten Blick nicht erschließen. In der Predigtvorbereitung haben wir die Chance, uns dieser Botschaft zu nähern und sie für die Hörenden aufzubereiten. Und je nachdem, ob die Predigt ein konkret benanntes Thema benötigt (z. B. für die Ankündigungen oder Plakate), liegt eine große Chance darin, dieses Thema vom Text her in der Predigtvorbereitung zu entwickeln.

Ausgangssituation B: Es gibt ein Thema

„Kannst du in unserem Jugendgottesdienst zum Thema Nächstenliebe predigen?“ Diese Frage steht beispielhaft für die zweite Ausgangssituation, die wahrscheinlich in der Jugendarbeit häufig der Fall ist. Für einen konkreten Anlass, in dessen Rahmen eine Verkündigung stattfinden soll, gibt es ein Thema. Das kann das Thema des Jugendgottesdienstes sein, ein Tagesmotto auf einer Freizeit oder auch eine Themenreihe im Jugendkreis. Solche Themen entstehen in der Regel mehr oder weniger absichtsvoll, orientieren sich häufig an aktuellen Geschehnissen und sind oft darauf ausgelegt, ansprechend zu sein. Menschen, die eine Predigt vorbereiten wollen, sehen sich dann gleichzeitig versucht und herausgefordert. Die Versuchung besteht darin, allgemein etwas zu dem Thema zu sagen und das Ganze dann vermeintlich geistlich oder im besten Fall biblisch zu untermauern, um dem Anspruch des Themas gerecht zu werden und flexibel zu bleiben. Sie kann auch darin bestehen, sich zu fragen, welcher Bibeltext dafür geeignet ist, die eigene Meinung zu diesem Thema auszudrücken. Wenn man dieser Versuchung widerstanden hat und dem Anliegen, dass hinter jedem Thema auch ein konkreter Bibeltext stehen sollte, treu geblieben ist, steht man vor der Herausforderung, einen geeigneten Bibeltext auszuwählen. Um diesen Prozess zu gestalten, gibt es unterschiedliche Möglichkeiten und Herangehensweisen, bei denen Textauswahl und Beginn der Predigtvorbereitung ein Stück weit bereits ineinandergreifen. Dabei ist die Textauswahl bereits ein geistliches Geschehen und sollte daher möglichst auch so gestaltet werden. Vielleicht ist ein kurzes Gebet mit der Bitte um den Heiligen Geist oder eine eigene spirituell gestaltete Zeit ein guter Ausgangspunkt dafür. Auf dieser Basis gibt es nun einige Möglichkeiten, die bei der Textauswahl helfen können:

- *Gespräch mit verantwortlichen Beteiligten:* Um den Sinn eines Themas und die Beweggründe zu verstehen, kann es sehr hilfreich sein, das Gespräch mit denen zu führen, die das Thema gesetzt oder es sich gewünscht haben. Ein kurzes Gespräch mit den Jugendlichen aus dem Jugendkreis, ein Telefonat mit den Verantwortlichen des Jugendgottesdienstes oder auch ein paar Nachrichten mit der Person, die dafür verantwortlich ist, können schon helfen, Klarheit zu schaffen und zu verstehen, was der Hintergrund und das Anliegen dieses Themas ist. So kann ein konkreteres Bild entstehen und es können vielleicht schon erste Ideen für einen Bibeltext aufkommen.
- *Stichwortsuche in der Bibel:* Auf digitalen Plattformen wie www.bibleserver.de steht die Bibel in verschiedenen Übersetzungen im ganzen Text zur Verfügung. Über die Suchfunktion können Stichwörter oder Schlagwörter des Themas gesucht werden. Dazu kann es notwendig sein, das Thema leicht umzuformulieren, um das richtige Schlagwort zu finden. Außerdem bietet es sich an, für die Suche auch verschiedene Bibelübersetzungen und Übertragungen zu prüfen, da diese sprachlich sehr unterschiedlich gestaltet sind und man eine modernere Sprache weniger in der Lutherbibel und dafür eher in der Guten-Nachricht-Bibel oder der BasisBibel finden kann. Die Plattformen geben dann in den meisten Fällen einzelne Bibelverse aus, in denen das Schlagwort vorkommt. Vielleicht ist hier ein Text dabei, der anspricht und den man dann im Gesamtzusammenhang liest und so zu einem Bibeltext kommt.
- *Austausch mit anderen:* Neben der Recherche in der Bibel ist es auch eine zusätzliche Option, in den Austausch mit anderen zu kommen und zu hören, was sie denken. Das kann ganz unterschiedlich aussehen, z. B., indem man das Gespräch mit Kolleg:innen, Freund:innen oder generell anderen Christ:innen sucht und sich gemeinsam über das Thema und einen passenden Bibeltext Gedanken macht. Auch die Nachfrage bei theologisch und biblisch versierten Personen kann zu hilfreichen Tipps führen. Viele Men-

schen haben ihre Gedanken aber auch im Internet verewigt, z. B. in Predigten, die online zur Verfügung stehen, Blogbeiträgen oder auf verschiedenen Plattformen. Daher könnte auch eine Internetrecherche hilfreich sein. Nun ist nicht alles gut und hilfreich, was man im Internet findet, und unser Browser kennt durch Cookies und Algorithmen in der Regel auch unsere Vorlieben. Daher sollte die Internetrecherche nie am Anfang des Prozesses stehen.

Am Ende des Prozesses stehen dann vielleicht ein oder mehrere Texte zur Auswahl. Hier gilt es dann, eine Entscheidung zu treffen, bei der – bewusst am Ende und nicht am Anfang des Prozesses – auch persönliche Fragen leitend sein dürfen:

- Welcher Text sagt mir am meisten etwas?
- Bei welchem Text kommen schon erste Ideen für die Predigt bei mir auf?
- Mit welchem Text habe ich Lust, mich auseinanderzusetzen?

Während wir auswählen und uns für einen Text entscheiden, kann uns das Wissen entlasten, dass die ganze Bibel Gottes Wort ist und er in jedem Text und jeder Textpassage zu uns sprechen kann.

Ausgangssituation C: Es gibt weder Text noch Thema

Wenn für eine Predigt weder Text noch Thema vorgegeben sind, haben Predigende eine große Freiheit, aber auch eine große Verantwortung, Text und eventuell Thema selbst festzulegen. Die Auswahl kann dann als Prozess eines doppelten Hörens geschehen. Zum einen geht es natürlich darum, auf Gott zu hören und ihn zu fragen, was er den Menschen, die die Predigt hören werden, sagen möchte. Zum anderen geht es aber auch darum, ein Gespür für die Jugendlichen zu entwickeln und sich zu fragen, welche Themen sie gerade bewegen und in welchem Thema oder Text eine Ermutigung, eine Herausforderung oder eine Erweiterung für sie stecken könnte. Sich möglichst konkret mit der Lebenswelt der Jugendlichen auseinanderzusetzen, ist dabei eine große Hilfe (vgl. Kapitel 2). Elemente dieses doppelten Hörens können sein:

- konkretes Beten mit der Bitte um den Heiligen Geist und gute Ideen

- Gespräche mit den Jugendlichen, für die die Predigt entstehen soll, in denen man auch konkret nachfragt: „Welches Thema würde euch interessieren?"
- Auseinandersetzung mit den Themen und Texten, die in der Jugendarbeit in letzter Zeit eine Rolle gespielt haben (auch, um Doppelungen zu vermeiden)
- inneres, geistlich geprägtes Auf-sich-selbst-Hören mit der Frage: „Gibt es ein Thema oder einen Text, der bzw. das mir, vielleicht von Gott, aufs Herz gelegt wurde und das bzw. den ich für diese Jugendlichen zum Thema machen will?"
- Zeiten eigener Bibellektüre mit der Offenheit dafür, dass einen ein Text anspricht
- Austausch und Feedback mit anderen

Mithilfe dieser Elemente kann es sein, dass einem ein Text oder vielleicht auch ein Thema in den Sinn kommt. Hat man ein Thema gefunden, können einem die Möglichkeiten der Ausgangssituation B dabei helfen, einen konkreten Text zu finden.

Dieser Auswahlprozess sollte der eigentlichen Predigtvorbereitung vorangestellt sein und braucht daher seine eigene Zeit. Manchmal kann es auch hilfreich sein, sich mit dieser Frage schon lange vor dem eigentlichen Predigttermin auseinanderzusetzen, sodass die Chance besteht, dass man den Text nicht finden muss, sondern der Text einen selbst findet. Ein bisschen so wie bei Harry Potter: Der Zauberstab sucht sich die/den Zauberer:in aus und nicht umgekehrt. Und manchmal sucht sich der Text eben die predigende Person aus, wenn sie dafür offen ist.

Wenn für die Predigtvorbereitung wenig Zeit zur Verfügung steht oder die Text- oder Themenauswahl eine zu große Hürde ist, kann es auch eine Möglichkeit sein, diesen Schritt in die Hände anderer zu legen. Wer für eine Predigt angefragt ist, kann die Verantwortlichen bitten oder auffordern, Text oder Thema festzulegen. Oder: Wer regelmäßig in einem Gruppensetting ist, kann die Gruppe bitten oder einen kleinen Prozess anstoßen, die Auswahl vorzunehmen.

Wenn Jugendliche selbst befähigt werden sollen, zu predigen und Predigtsituationen zu gestalten, kann es eine große Hilfe sein, wenn man dafür konkrete Themen oder am besten Texte vorgibt bzw. das Ganze mit ihnen entwickelt. So wird die Predigtaufgabe für sie überschaubarer und sie können leichter einen konkreten Anfang finden.

! Do it!

Beziehe Jugendliche strukturell in die Themenauswahl ein: Predigtthemen oder Texte bieten ein großes Partizipationspotenzial für Jugendliche. Hier liegt die Chance, Jugendliche inhaltlich in die Jugendarbeit einzubeziehen, indem man die Themen- und Textauswahl in ihre Hände legt. Eine konkrete Praxisidee könnte es sein, ein Team aufzubauen, das die Aufgabe hat, die Texte und Themen für das konkrete Angebot (z. B. Jugendgottesdienst, Jugendkreis) oder für die gesamte Jugendarbeit im Sinne eines Halbjahres- oder Jahresplans im Vorfeld zu überlegen und festzulegen. Prediger:innen erhalten so konkrete Themen und Texte, was sie in der Regel entlastet, und Jugendliche können die Themen benennen, die für sie wirklich relevant sind.

Exkurs: Einführung in den Predigtprozess

In der Predigtvorbereitung und -erstellung spielen drei unterschiedliche Situationen eine Rolle, die alle berücksichtigt werden müssen. Die folgende Grafik soll diese Situationen veranschaulichen:

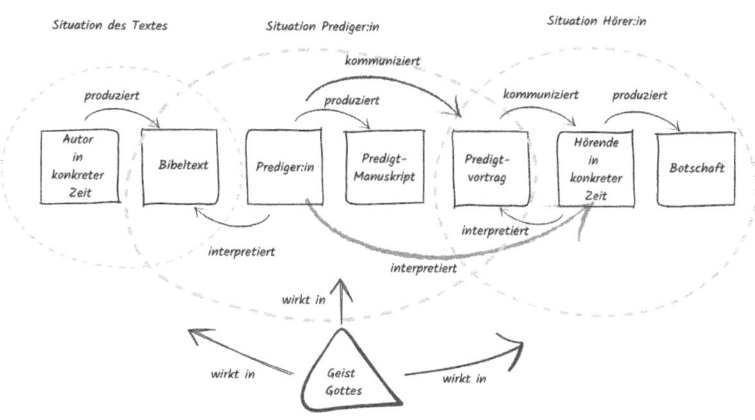

Abb. 8: Predigtprozess (vereinfachte und erweiterte eigene Darstellung in Anlehnung an Engemann 2020: 27)

Besonders in der Vorbereitungsphase ist die *Situation der predigenden Person* sehr präsent. Sie ist die Scharnierstelle zwischen der Situation des Textes und der Situation der Hörenden. Die Situation der Person, die predigt, ist dadurch gekennzeichnet, dass sie selbst in einer konkreten Situation verortet ist. Sie hat eigene Erfahrungen und Ansichten zum Thema des Textes und ist selbst zunächst Hörer:in des Wortes Gottes. Die Predigtvorbereitung braucht also auch einen Prozess der Auseinandersetzung mit der eigenen Situation. Aus dieser Position heraus kommen die beiden anderen Situationen in den Blick.

Die *Situation des Textes* wird im Wesentlichen durch die Situation des Autors des biblischen Textes festgeschrieben, der in einer konkreten Zeit und in einem konkreten Kontext bestimmte Ereignisse und Erfahrungen, teilweise nach jahrelanger mündlicher Überlieferung, verschriftlicht hat. Teil der Situation ist auch, dass der Autor dies intentional, also in aller Regel mit einer konkreten Absicht tat und auch hier ein geistlicher Prozess dahinter zu vermuten ist. Die Aufgabe der predigenden Person ist es, diese Situation, die sich konkret im Bibeltext niederschlägt, zu interpretieren und zu erfragen, welche Absichten und Ziele der Autor mit dem Text hatte.

Die dritte *Situation ist die der Hörenden.* Sie greift auf die zukünftige Predigtsituation und gleichzeitig auf die aktuelle Lebenssituation der Hörenden zurück. Die Hörenden werden die Predigt ebenfalls in einer konkreten Zeit und einem konkreten Kontext hören. Sie werden ihre Lebensthemen und Glaubensfragen im Gepäck haben und die Predigt darauf beziehen und so für sich eine Botschaft daraus ziehen. Die Aufgabe der Person, die predigt, ist es, zum einen die Lebenssituation der Hörenden zu interpretieren und für die Predigt mit in den Blick zu nehmen, zum anderen die Predigtsituation selbst zu reflektieren.

Das Verbindende aller drei Situationen ist, dass wir in allen Situationen mit dem Wirken des Geistes Gottes rechnen und hoffen dürfen, dass sowohl alle Interpretationsprozesse als auch alle anderen Prozesse in diesem Sinne inspiriert sind. Aus dieser Perspektive werden die weiteren Aufgaben der Predigtvorbereitung plausibel: nämlich die eigene Situation und Begegnung mit dem biblischen Text zu reflektieren, den Bibeltext in seiner Intention zu verstehen und sich dem anzunähern, was der Text den zukünftigen Hörenden, also den Jugendlichen, zu sagen haben könnte.

Schritt 2: Persönliche Auseinandersetzung

Mehr als ein kleines Gebet

Bevor man den Text intensiv analysiert, die Perspektive der zukünftigen Hörenden, den Jugendlichen, entdeckt und festgelegt, was der Inhalt der Predigt sein soll, sollte man sich persönlich mit dem Text auseinandersetzen. Persönliche Auseinandersetzung bedeutet, dass, bevor man sich fragt: „Was will ich eigentlich in der Predigt sagen?“, man sich mit der Frage auseinandersetzt: „Was will der Text, ja, was will Gott mir sagen?“ Es geht also um einen persönlichen Prozess, bei dem der eigene Glaube und die eigene Spiritualität im Vordergrund stehen. Es gibt viele Gründe, warum es absolut sinnvoll ist, mit einer persönlichen Auseinandersetzung in den konkreten Predigtvorbereitungsprozess einzusteigen.

1. Predigt ist immer ein geistliches Geschehen. Wie im Kapitel 1 deutlich wurde, kann die Predigt als ein Zusammenspiel zwischen Gott und Mensch verstanden werden. Es braucht daher die persönliche Auseinandersetzung als geistliche Vorbereitung auf das Predigen. Es geht um ein „Connecten“ zwischen Gott und Mensch, zwischen Verstand und Text und zwischen Verkündigen und Leben.
2. Dadurch, dass in der Predigtvorbereitung der Text und das Thema auch persönlich wahrgenommen wird, kann eine Predigt authentisch werden. Authentisch in dem Sinne, dass die Erkenntnisse und Weisheiten, die man in der Predigt von sich gibt, nicht nur bloß dahingesagt, sondern in einem eigenen geistlichen Erkenntnisprozess entstanden sind. Und authentisch auch in dem Sinne, dass das, was wir in der Predigt mit anderen teilen, auch für uns selbst gilt. Der inzwischen verstorbene, amerikanische Theologe Timothy Keller hat es einmal so auf den Punkt gebracht: „Während jedoch der Unterschied zwischen einer schlechten und einer guten Predigt hauptsächlich in der Verantwortung des Predigers liegt, liegt der Unterschied zwischen einer guten und einer großartigen Predigt hauptsächlich im Wirken des Heiligen Geistes im Herzen des Zuhörers und des Predigers“ (Keller 2015: 157). Sicher ist es auch möglich, ohne eine persönliche Auseinandersetzung eine rhetorisch und gut vorbereitete Predigt zu halten, aber eine Predigt gewinnt dadurch an Tiefe, an (geistlicher) Inspiration und Wahrheit – also all das, was man von einer Predigt im Gegensatz zu einem Fachvortrag erwarten darf und was sie zum Real Talk macht.
3. Die persönliche Auseinandersetzung schützt auch davor, dass wir uns nicht selbst predigen (nach 2. Korinther 4,5), also die eigene Meinung und Wahrnehmung nicht das Zentrum der Predigt wird. Gerade weil das im Prozess der persönlichen Auseinandersetzung seinen Raum bekommt, kann sich im Predigtprozess auch davon abgegrenzt und vielleicht zum Schluss noch einmal kritisch reflektieren werden.

Die persönliche Auseinandersetzung mit dem Text ist also mehr als ein kleines Anfangsgebet, sondern kann als wichtiger erster Schritt der Predigtvorbereitung verstanden werden. Es geht darum, dem biblischen Text als Wort Gottes und nicht nur als Arbeitstext für eine Predigt zu begegnen. Predigen ist eine geistliche Aufgabe, ein „Dienst“, um es mit biblischen Worten zu sagen. In diesem Dienst ist auch jede:r Prediger:in persönlich gefragt, weil es ja nicht um irgendeine Sache geht, die möglichweise nichts Persönliches ist, sondern es geht um das Evangelium, das auch die Grundlage des persönlichen Glaubens ist. „Predigt ist keine private Kundgabe eigener religiöser Ideen. Aber sie ist die Rede eines Zeugen/einer Zeugin“ (Eiffler/Herbst/Schneider 2022: 75).

Drei Dimensionen der persönlichen Auseinandersetzung

Persönliche Zugänge zu biblischen Texten können völlig unterschiedlich aussehen. Es gibt unterschiedliche Typen, unterschiedliche Traditionen und unterschiedliche Vorerfahrungen, daher kann es auch nicht den einen Weg der persönlichen Auseinandersetzung geben. Verschiedene Formen der Spiritualität, wie Gebet und Lobpreis oder Methoden der persönlichen Bibellese können in diesem Prozess zum Tragen kommen. Dabei können drei Dimensionen den Prozess leiten.

1. Stille und Gebet

Wenn sich in der Predigtvorbereitung Gottes Wort zeigen soll und man damit rechnen will, dass Gott in Vorbereitung und Predigt spricht, kann das Gebet der geeignete Einstieg in diesen Prozess sein. Indem man Gott einlädt, in diesem Prozess zu wirken, öffnet man sich dafür und bringt eine Haltung zum Ausdruck, in der es darum geht, sein Evangelium zu verkünden.

Mit Blick auf die vielen Aufgaben, vollen Terminkalender und die Menge an Informationen, die auf einen einprasseln, kann es eine gute Idee sein, dem Gebet einen entsprechenden Raum in der Vorbereitung zu geben. Vielleicht hilft es, eine Kerze anzuzünden, einen Augenblick still zu sein und dann in den Dialog mit Gott einzutreten oder bei einem Spaziergang den Kopf etwas freizukriegen und dann in das Gespräch mit Gott einzusteigen. Auch hier gibt es ganz unterschiedliche Zugänge. In jedem Fall empfiehlt es sich, diesem Prozess Ort und Zeit einzuräumen, um sich zu fokussieren, und das Gebet nicht als Einbahnkommunikation, sondern als Gespräch zu verstehen. Wenn wir Gott „hören" wollen, könnte es helfen, auch mal still zu sein. Manchmal reichen dafür schon 15 Minuten.

! Do it!

Überlege für dich persönlich:
- Was hilft dir, zur Ruhe zu kommen?
- Was hilft dir, den Kopf freizukriegen?
- Wie fühlst du dich wohl, um mit Gott zu reden?

2. Den Text wirken lassen

In der zweiten Dimension geht es darum, den ausgewählten Text wirken zu lassen. Bevor der Text in der Analyse auseinandergenommen wird, Hintergründe recherchiert werden und er in seine Relevanz für die Jugendlichen, die die Predigt hören sollen, befragt wird, gilt es, das, was da steht, schlicht und einfach wahrzunehmen. Wenn man in der Predigtvorbereitung direkt danach fragt, was der Text den Hörenden der Predigt sagen will, besteht die Wahrscheinlichkeit, dass die Botschaft an einem persönlich vorbeigeht (vgl. Lehmann 2016: 31). Daher lauten die Fragen an dieser Stelle der Predigtvorbereitung:
- Was sagt der Text mir persönlich?
- Wo hat er etwas mit meinem Leben zu tun?
- Was fordert mich heraus?
- Was stärkt mich?
- Was löst er in mir aus?

Um diese Fragen zu beantworten, ist es sicherlich hilfreich, den Text, mindestens einmal, aber vielleicht auch mehrmals zu lesen. Das gilt auch für Texte, die einem vielleicht sehr bekannt vorkommen, weil man sie schon zigmal gelesen hat. Hier kann es vielleicht besonders wichtig sein, den Text so zu lesen, als wäre es das erste Mal. Und auch hier gilt wieder: Die Auseinandersetzung mit dem Text kann dann völlig unterschiedlich aussehen. Ob es ein mehrmaliges Lesen und ein Drüber-Nachdenken ist oder ob kreative Bibellesemethoden angewandt werden, spielt eigentlich keine Rolle. Es geht darum, dass der Text und seine Bedeutung persönlich in den Vordergrund rutschen.

! Do it!

Überlege für dich persönlich:

- Was hilft dir, um über biblische Texte nachzudenken?
- Welches Setting, welche Hilfsmittel möchtest du dafür benutzen?

3. In den Alltag tragen

Biblische Texte möchten nicht nur gelesen werden. Vielmehr geht es darum, dass man das, worum es darin geht, glaubt und lebt. Deswegen ist gerade auch die dritte Dimension so wichtig: Es gilt, den Text mit in den Alltag zu nehmen, in die Schule, auf die Arbeit, in die Straßenbahn oder zum Sport. Das „Wirken" des Textes wird so nicht auf eine kurze Zeit der intensiven geistlichen Auseinandersetzung begrenzt, sondern auf alle Bereiche des menschlichen Lebens ausgeweitet. So kann die Predigt zum Real Talk werden, weil das, um was es in ihr geht, sich im realen Leben niederschlägt. Genau deswegen sollte man sich, wie in der Abb. 5 dargestellt, etwas Zeit für den Vorbereitungsprozess nehmen und ein paar Tage mit dem Text und dem Thema im eigenen Glauben und Leben unterwegs sein. Der Text wird damit zu einer Art Brille für den Alltag und hilft einem dabei, unter Umständen noch ganz andere Dimensionen zu entdecken, als man bereits beim Lesen und Drübernachdenken gefunden hat. Mithilfe der Materialsammlung können diese Eindrücke und Gedanken dann gesichert werden.

Do it!

Überlege für dich persönlich:

- Was könnte dir helfen, den Text und das Thema mit in deinen Alltag zu nehmen?
- An welchen Orten und bei welchen Gelegenheiten könntest du dich innerlich fragen, ob der Text und das Thema relevant sind?

Am Ende dieses Prozesses lohnt es sich, die persönliche Auseinandersetzung noch einmal zu bündeln und ein paar Dinge aufzuschreiben. Dabei kann eine kleine Übung helfen.

Do it!

- Stelle einen Timer auf 5 Minuten und beantworte die folgende Frage spontan schriftlich: Wenn ich jetzt sofort predigen müsste, was würde ich sagen? (vgl. Eiffler/Herbst/Schneider 2022: 95)

Real Talk

Dann saß ich in der Straßenbahn und gegenüber setzte sich ein Mann, der irgendwie verlottert aussah und auch nach Alkohol stank. In meinem Kopf ging dann die Kiste mit den Klischees auf: Bestimmt arbeitslos, mitten am Tag schon Alkohol trinken, na, hoffentlich kommt keine Fahrkartenkontrolle und so weiter. Dann kam mir dieser Vers wieder in den Kopf „Der Menschen sieht, was vor Augen ist, aber Gott sieht das Herz an." Ich bin eben durch und durch Mensch und in diesem Moment tat es mir unglaublich leid, was ich eben gedacht hatte. Ich weiß nichts vom Leben dieses Menschen, ich kenne die Kämpfe nicht, die er austrägt; ich weiß nicht, wie sein Leben aussieht, und ehrlich gesagt, weiß ich weder, ob er arbeitslos ist, ein Alkoholproblem oder eine Fahrkarte hat. Ich kann euch jetzt keine Geschichte erzählen, wie ich mehr über ihn erfahren habe. Ich kann nur erzählen, wie sehr sich meine Perspektive auf ihn geändert hat, als ich mich gefragt habe, was Gott wohl gerade in dieser Person sieht – und ich bin mir sicher, dass es völlig anders ist, als das, was ich gesehen habe. Gott sei Dank – sieht Gott in mir und in dir nicht nur das, was andere in mir oder dir sehen. (Auszug aus einer Predigt von Andrea zu 1. Samuel 1–7)

Die Situation, die Andrea in diesem Predigtausschnitt nacherzählt, zeigt auf, wie die Erfahrungen, die sie im Alltag mit dem Text gemacht hat, ihren Weg zurück in ihre Predigt gefunden haben. Wichtig ist: Das kann der Fall sein, muss aber nicht zwingend so sein. An diesem Beispiel wird aber auf jeden Fall deutlich, wie dadurch eine vertiefte Erfahrung von Andrea entstanden ist, die über das kognitive Verstehen des Textes und seine Kernaussage hinausgeht.

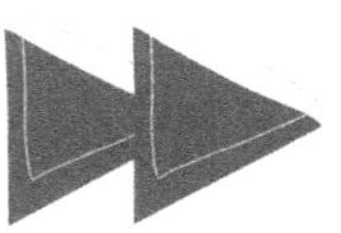

Eine persönliche Vorbereitung hat also einen hohen Wert für die Qualität der Predigt. Sollte die Zeit allerdings doch mal knapp sein, kann dieser Schritt auf 24 Stunden begrenzt werden. In diesem Zeitraum sollte man sich etwas Zeit für Stille und Gebet nehmen und den Text lesen, sodass der Text wenigstens einen Tag lang im Alltag und in den Gedanken wirken kann, bevor man dann am Ende der 24 Stunden die eigenen Erkenntnisse notiert und in die weitere Predigtvorbereitung startet.

! Do it!

Setze dich gemeinsam mit anderen persönlich mit dem Text auseinander:
Wenn Jugendliche an dem Vorbereitungsprozess partizipativ beteiligt werden sollen, kann man einzelne Dimensionen auch in Gruppeninteraktionen gestalten. Besonders für die persönliche Auseinandersetzung mit biblischen Texten gibt es tolles, auch gruppentaugliches Material wie z. B.:

- Karsten Hüttmann/Bernd Pfalzer (2021): Liest du mich noch?: 69 Methoden zum Bibellesen mit Gruppen. Ein Ideenbuch für Mitarbeitende Neukirchen-Vluyn: Neukirchener Verlagsgesellschaft.
- Florian Karcher/Petra Lötz-Freudenberger/Germo Zimmermann (2022): Selbst glauben: 50 religionspädagogische Methoden und Konzepte für Gemeinde, Jugendarbeit und Schule. Neukirchen-Vluyn: Neukirchener Verlagsgesellschaft.

Schritt 3: Textanalyse (Exegese) und Bibelstudium

Um es gleich vorwegzunehmen: Um eine Predigt vorzubereiten, braucht es weder ein theologisches Studium noch tagelanges Recherchieren in wissenschaftlichen Büchern und auch keine komplette theologische Exegese. Aber es braucht eine intensive Auseinandersetzung mit dem Bibeltext und zwar mit dem Anliegen, den Text in seinem biblischen Kontext zu verstehen. Dafür kann man von der Grundausrichtung und den Methoden der Exegese profitieren.

Was ist eigentlich Exegese?

Exegese bezeichnet die intensive Auseinandersetzung mit einem Text unter Anwendung verschiedener Methoden der Bibelwissenschaft. Ihr Hauptziel ist es, den Text transparent und verständlich zu machen, insbesondere im Kontext seiner historischen Epoche und Kultur. Die Exegese dient dazu, den Text durch eine präzise Analyse klarer zu interpretieren. Wie Uwe Becker betont, handelt es sich bei der Exegese um ein methodengeleitetes und damit methodisch kontrolliertes Verfahren, das darauf abzielt, einen Text so genau wie möglich zu verstehen. Mit anderen Worten: Die Exegese ist der Schlüssel zum Verständnis eines Textes (vgl. Becker 2015: 6–10). Sie hilft, sicherzustellen, dass die in der Predigt präsentierten Botschaften und Lehren auf einer fundierten und genauen Interpretation der Bibel basieren. Das ist entscheidend, um theologische Irrtümer zu vermeiden oder dem Text eine vorschnelle eigene, subjektive Interpretation überzustülpen. Ihr „methodisch kontrolliertes, allgemein nachvollziehbares und insofern möglichst ‚objektives'" (Becker 2015: 6f.) Vorgehen stellt sicher, dass der Text ernst genommen und nicht beliebig ausgelegt wird.

Anders als im vorherigen Schritt, der persönlichen Auseinandersetzung mit dem Text, sorgt die Exegese für eine gesunde kritische Distanz zwischen Prediger:in und Text und kann und darf auch die persönliche Sichtweise infrage stellen. Das gilt auch für die Hörenden der Predigt. In der Exegese wird der biblische Text bewusst (noch) nicht durch ihre Brille oder vor dem Hintergrund ihrer Lebenswelt betrachtet. An anderer Stelle der Predigtvorbereitung ist es wichtig und unabdingbar, dass ihre Perspektive eingenommen wird, aber an dieser Stelle gilt die Empathie ganz dem Bibeltext (Eiffler / Herbst / Schneider 2022: 104). Dieser (exegetische) Zugang ist nicht mehr wert als der persönliche und auch nicht wichtiger als die Bedeutung des Textes für die Hörenden, sondern er ist eine eigenständige Perspektive, die durch konkrete Methoden versucht, die Bedeutung des biblischen Textes für seine damaligen Adressat:innen herauszufinden. Somit entstehen in der Predigtvorbereitung drei wertvolle Perspektiven auf den Text:

1. eine persönliche, geistliche Sicht auf den Text, die besonders die Erfahrungen des:der Prediger:in mit dem Text und Gott erschließt (siehe Schritt 2),
2. ein Verständnis für den Text in seiner Zeit, für seine Kultur und seine (ursprüngliche) Absicht und Bedeutung und
3. mögliche Perspektiven und Anknüpfungspunkte der Hörenden, also ein Bezug zur ihrer Lebenswelt.

Alle drei Perspektiven sind für die Predigtvorbereitung wichtig und unersetzlich. Indem man sie alle drei ernst nimmt, gibt man dem Wirken Gottes durch seinen Geist Raum. In der persönlichen Auseinandersetzung schafft man Raum, damit Gott einem persönlich begegnet und mit der Botschaft des Textes berührt. In der Exegese wird der Text erforscht, bei dem wir davon ausgehen, dass er von Gottes Geist inspiriert aufgeschrieben und auch in seiner Zeit verstanden wurde und indem wir uns mit der Perspektive der Hörenden beschäftigt, gehen wir davon aus und bitten darum, dass Gottes Geist auch in und durch unsere Predigt wirken wird.

Die Exegese widmet sich dem biblischen Text mit verschiedenen methodischen Herangehensweisen (vgl. Vette 2008)

- Die *Textgeschichte* zielt darauf ab, den ursprünglichen Text der Bibel aus verschiedenen Manuskripten zu rekonstruieren und Varianten zu identifizieren. Dies beinhaltet die Auswahl einer bestimmten Textgestalt und die Berücksichtigung von Fehlerquellen.
- Mithilfe der *literarischen Geschichte* wird die Struktur und Entstehung eines Textes, insbesondere das Vorhandensein von inhaltlichen Spannungen, Widersprüchen und verschiedenen Textschichten untersucht.
- Die *Überlieferungsgeschichte* beschäftigt sich mit der Frage, wie Texte mündlich (besonders im Alten Testament) überliefert wurden, bevor sie schriftlich festgehalten wurden. Sie betrachtet den Einfluss der mündlichen Tradition auf die Textentwicklung.
- Die *redaktionelle Geschichte* untersucht, wie Texte von Redaktoren zusammengestellt und bearbeitet wurden. Dies umfasst die Analyse der Absichten und Ziele der Redaktoren sowie die Identifizierung von Änderungen und Zusätzen.
- Die *Formgeschichte* analysiert die sprachliche Gestaltung eines Textes und identifiziert typische Sprachmuster und Gattungen. Hier wird der soziale und kulturelle Kontext, in dem der Text verwendet wurde, betrachtet
- Die *Traditionsgeschichte* untersucht die geistige Welt, die den Kontext der Textinhalte ausmacht, und identifiziert Traditionen und Vorstellungen, die in einem Text aufgegriffen werden.

Diese intensive Auseinandersetzung liefert neben den theologischen Einsichten und einem Zugang zu seiner Interpretation auch wertvolle Informationen, die später helfen können, den Text den Hörenden nahezubringen. Insofern ist die Analyse des Textes auch eine Materialsammlung für die spätere Predigt.

Real Talk

Moment mal, am Sonntag lernen? Da höre ich wieder die Stimme der Pharisäer in meinem Ohr: Das MACHT man nicht! Für die Pharisäer waren die Gesetze und Gebote Gottes ein Wegweiser ihres Lebens: Wer immer den Wegweisern folgt, der kommt auch zum Ziel und vor allem nicht vom richtigen Weg ab! Daher am besten keine Ausnahmen machen, sondern sich genau daran halten, dann kann man ja nichts falsch machen. [...] Jesus erinnert sie aber an eine ähnliche Situation aus dem Alten Testament, die wir in 1. Samuel 21,7 nachlesen können: Es geht um David, der auf der Flucht vor Saul war und wirklich dringend Proviant brauchte. Er bat einen Priester um Brote, doch dieser hatte nur geweihte Brote, die eigentlich nur die Priester essen durften. Trotzdem gab er diese an David, der sie gemeinsam mit seinen Begleitern teilte und aß. Hier findet sich also durch das Motiv des Hungers eine Parallele zu den Jüngern, die die Ähren abreißen, obwohl es am Sabbat doch eigentlich verboten ist. Und Jesus will damit sagen: Merkt ihr denn nicht? Das Gesetz ist doch nicht dazu da, dass Menschen hungern oder Menschen leiden sollen. Nein! Sobald dies der Fall ist, ist das Gesetz nicht mehr der absolute Wegweiser, nach dem man sich richten sollte. (Auszug aus einer Predigt von Felicia zu Markus 2,23–28)

An diesem Beispiel wird deutlich, wie Erkenntnisse aus Felicias detaillierter Analyse in ihre Predigt eingeflossen sind. Sie dienen nicht als langweilige Fakten, sondern sie nutzt sie dazu, um die Hörenden besser in den Text mitreinzunehmen. Dadurch sind diese nicht davon abhängig, der Predigerin in ihrer Interpretation Glauben zu schenken, sondern sie werden vielmehr in die Lage versetzt, bestimmte Umstände und Zusammenhänge nachzuvollziehen, den Schlüssen und Interpretationen zu folgen und sie auf ihre Plausibilität hin zu überprüfen. Die Interpretation, die sich am Ende der Passage andeutet und die Felicia in ihrer weiteren Predigt ausführt, ist fundiert und für die Hörenden deswegen auch aussagekräftiger. Gleichzeitig ist die Formulierung in der Predigt kein Aufzählen von (langweiligen) Fakten, sondern aufs Wesentliche reduziert und sprachlich so, dass es interessant und lebensnah wirkt. Die Predigt ist eben nicht gleichzusetzen mit der Textanalyse, sondern die Textanalyse hilft der Predigt, verstehbarer, nachvollziehbarer und anschaulicher zu werden.

Bibeltext und Kontext

Ein wichtiges Stichwort der Exegese ist der Kontext. Jeder Bibeltext steht im doppelten Sinne in einem konkreten Kontext. Zum einen ist es der Kontext des Textes selbst, also die ganz konkreten Texte, die um ihn herum in der Bibel stehen: die Geschichten, die davor und danach erzählt werden, oder die Aussagen, die getroffen werden. Über Jahrhunderte und Jahrtausende hinweg (besonders im Alten Testament) hat man biblische Texte vor allem erzählt und sie weniger einzeln und separiert als vielmehr im Zusammenhang eines ganzen Erzählstrangs betrachtet. So erschließt sich der Text im Zusammenhang, also im Kontext der Texte, die im Umfeld stehen, oder sogar im Zusammenhang ganzer Abschnitte und biblischer Bücher. Wie in Kapitel 3 gesagt wurde sollte die Predigt „schriftgemäß" sein, also sich in den Gesamthorizont der gesamten biblischen Botschaft einordnen.

Eine wichtige Aufgabe im Zusammenhang mit der Textanalyse ist daher auch die Eingrenzung des Predigttextes. Dabei liegt die Herausforderung genau darin, den Kontext im Blick zu behalten und nach einer sinnvollen Sinneinheit zu suchen. Und auch wenn der Kontext ungemein wichtig ist, so benötigt die Predigt doch einen überschaubaren Textumfang. Timothy Keller rät zu einem pragmatischen Vorgehen:

> *„Wenn er nicht erklärt werden kann, ohne ständig Bezug auf die benachbarten Verse zu nehmen, ist er zu kurz; in diesem Fall muss man diese Verse mit in den Predigttext einschließen. Dagegen ist ein Predigttext zu lang, wenn er a) schlicht zu umfangreich ist bzw. es b) gleich mehrere bis viele ‚Kerngedanken' in ihm gibt." (Keller 2017: 209, Fußnote 223)*

Die Auswahl der Textgrenzen für den Predigttext hat also eine inhaltliche, aber auch eine pragmatische Dimension. Außerdem erfordert sie Flexibilität. Gegebenenfalls wird erst im Laufe der weiteren Predigtarbeit deutlich, dass ein paar Verse mehr benötigt werden oder ein paar Verse weniger ausreichend sind. Und noch ein ganz praktischer Hinweis dazu: Die Kapiteleinteilung und Überschriften in der klassischen Lutherbibel sind nicht Teil der biblischen Überlieferung, sondern wurden von Luther im Rahmen seiner Übersetzung eingeteilt und eingefügt. An vielen Stellen sind sie sicherlich hilfreich, aber nicht immer, und es bedarf eines genauen Blicks in der Predigtvorbereitung dafür.

Der zweite Kontext, der für den Bibeltext wichtig ist, ist der historische Kontext. Die Bibel ist das inspirierte Wort Gottes für die Menschen und gleichzeitig wurde jeder Bibeltext zu einer konkreten Zeit von einer konkreten Person im Umfeld konkreter Ereignisse verfasst. Beides ist gleichzeitig möglich: Biblische Texte beziehen sich auf eine konkrete Situation und sind dennoch darüber hinaus gültig und wahr. Um jedoch die Intention eines Textes zu verstehen, ist es wichtig, sich den historischen Kontext anzuschauen. So werden manche unverständlichen Aussagen möglicherweise klarer, wenn man versteht, in welcher politischen Situation sie geschrieben wurden. Und manche patriarchale Vorstellung sorgt weniger für Aufregung, wenn man sie im Zusammenhang mit antiken Familienkonzepten betrachtet. Wenn man den Kontext biblischer Texte versteht, kann man nach dem Kernanliegen des Textes fragen und ihn in die heutige Zeit übertragen. Es kann auch davor schützen, falsche Schlüsse zu ziehen und jede Aussage aus einem jahrtausendalten Kontext unreflektiert eins zu eins in die heutige Zeit zu übertragen. Die Exegese hilft dabei, diesen Kontext zu erhellen. Im Folgenden wird daher ein vereinfachtes Modell einer Exegese vorgestellt, das helfen soll, den Kontext und die Hintergründe biblischer Texte zu verstehen.

Textanalyse mit dem POZEK-Schlüssel

Eine leicht anzuwendende Methode der Textanalyse ist die Arbeit mit dem POZEK-Schlüssel. POZEK steht für Personen, Orte, Zeiten, Ereignis und Kern. Ähnlich wie die „klassische" Exegese leitet diese Methode dazu an, sich einen Bibeltext strukturiert und methodisch zu erschließen. Sie findet bisher vor allem in der Vorbereitung für das Erzählen biblischer Geschichten Anwendung (vgl. Westhoff 2011: 28), eignet sich aber in erweiterter Form hervorragend für die Vorbereitungen von Predigten in der Jugendarbeit und wird mittlerweile auch in exegetischer Literatur der Theologie als eine niedrigschwellige Option der Textanalyse erwähnt (vgl. Finnern/Rüggemeier 2016: 138).

Abb. 9: Übersicht der POZEK-Methode (eigene Darstellung)

P – Personen

Dieses Element konzentriert sich auf die Identifikation und Charakterisierung der Hauptfiguren oder relevanten Personen in einer biblischen Geschichte oder einem Text und nimmt auch die Personen in den Blick, die den Text verfasst haben oder an die er ursprünglich adressiert war.

Dazu kannst du wie folgt vorgehen:

1. Identifiziere die Hauptfiguren oder relevanten Personen in der Bibelstelle oder dem biblischen Text, den du in deiner Predigt behandeln möchtest.
2. Vertiefe dich in das Wissen über diese Personen, ihre Hintergründe, Charaktereigenschaften und Beziehungen zu anderen Personen im Text.
3. Beschäftige dich nun mit dem Verfasser des Textes und seinen ursprünglichen Adressat:innen. Recherchiere, wer diese Personen waren, und versuche, möglichst viel über ihren kulturellen und religiösen Hintergrund herauszuarbeiten.
4. Am Ende solltest du folgende Frage beantworten können:
   - Wer sind die zentralen Personen im Text und in welcher Beziehung standen sie zueinander?
   - Für welche Personengruppen stehen sie und was wissen wir über ihre Kultur, ihren Platz in der Gesellschaft, ihre politischen und religiösen Überzeugungen?
   - Welche Person schrieb den Text und warum? Was war ihr Anliegen?
   - An wen richtete sich der Text? In welcher Situation befanden sich die Adressat:innen?

Im Predigtbeispiel von Felicia zu Markus 2,23–28 wird z. B. deutlich, dass es wichtig für den Gesamtzusammenhang der Geschichte ist, zu wissen, wer die Pharisäer waren. Lässt man diese Information weg, wirken sie auf die Hörenden vielleicht wie böswillige, streitsuchende Menschen. Mit dem Hintergrundwissen wird deutlich, dass sie aus einer tiefen kulturellen und religiösen Überzeugung heraus gehandelt haben.

O – Ort

Der Ort bezieht sich zum einen auf den physischen Schauplatz, an dem die Handlung der Geschichte stattgefunden hat, zum anderen darauf, wie dieser Ort die Geschichte und ihre Bedeutung beeinflusst hat. Zum anderen geht es um den Ort – im übertragenen Sinne –, an dem der Text niedergeschrieben wurde.

Dazu kannst du wie folgt vorgehen:

1. Lies den Text in seinem Kontext, also auch die Verse und Kapitel davor. Dies gilt besonders dann, wenn sich die Predigt nur auf einen Vers bezieht. Setze dich auch mit dem biblischen Buch auseinander, in dem der Text steht, und verschaffe dir einen Überblick über seinen Aufbau und seine Struktur. Nimm wahr, wo in diesem Aufbau der Text steht.
2. Versuche dem Text genau zu entnehmen, welche Orte darin vorkommen bzw. an welchem Ort die Handlung stattfindet.
3. Recherchiere möglichst viele Hintergründe zu den Orten, ihren Namen, ihren symbolischen Bedeutungen, ihrer Atmosphäre und Besonderheiten.
4. Schau dir die Lage der Orte auf einer Karte an und vollziehe mögliche Ortswechsel nach.
5. Recherchiere andere Bibelstellen, auf die der Text z. B. verweist oder sich bezieht. Versuche aber auch, herauszufinden, in welchen anderen Bibelstellen etwas über dasselbe Thema steht.
6. Am Ende solltest du folgende Frage beantworten können:
   - Welche Orte sind im Text warum wichtig und wofür stehen sie?
   - An welchem „Ort" steht der Text in der Bibel? Was steht vorher? Was dahinter? In welchen Kontext ist der Text eingebettet? Welche Zusammenhänge ergeben sich dadurch?
   - An welchen „Orten" der Bibel stehen ähnliche Texte bzw. welche Verweise gibt es?

Im Predigtbeispiel von Felicia zu Markus 2,23–28 zeigt sich, wie wichtig es ist, die Parallele zwischen dem Text und der Geschichte von David im ersten Samuelbuch aufzuzeigen. Dadurch wird deutlich, dass Jesus nicht einfach vermeintlich bestehende Regeln über den Haufen wirft, sondern sein Wirken in einem größeren Zusammenhang stimmig ist.

Z – Zeit

Die Zeit bezieht sich auf den historischen Kontext, den zeitlichen Rahmen der Geschichte und die zeitlichen Abläufe innerhalb der Geschichte.

Dazu kannst du wie folgt vorgehen:

1. Versuche herauszufinden, in welchem historischen Kontext die Geschichte bzw. der Text stattfindet: Wie waren die politischen und gesellschaftlichen Verhältnisse?
2. Welche Bedeutung haben bestimmte Zeitpunkte oder Jahreszeiten damals für die Geschichte gehabt (z. B. Bedeutung der Feier- und Festtage)?
3. Wie ist der zeitliche Ablauf der Ereignisse in der Geschichte strukturiert?
4. Am Ende solltest du folgende Fragen beantworten können:
   - Was ist wichtig über die damalige Zeit des Textes zu wissen?
   - Welche Zeitangaben oder Zeitpunkte haben eine Bedeutung zur damaligen Zeit gehabt?
   - In welcher Zeitform erzählt der Text: Geht es um etwas Vergangenes, Gegenwärtiges oder Zukünftiges?
   - Gibt es Zeitwechsel (z. B. Rückblicke, Sprünge) innerhalb des Textes und haben sie besondere Bedeutung?

Im Predigtbeispiel von Felicia zu Markus 2,23–28 zeigt sich, dass der Sonntag eine besondere Bedeutung hat. Im antiken Judentum war es die Pflicht eine:r jeden Juden:in den Sabbat zu heiligen und dafür gab es bestimmte Regeln. Nur in diesem Zusammenhang ist zu verstehen, worin die Problematik des Textes liegt.

E – Ereignisse

Dieses Element konzentriert sich auf die Handlungen und Ereignisse in der Geschichte, ihre Abfolge und ihren Einfluss auf den Verlauf der Geschichte. Es geht dabei nur teilweise um historische Hintergründe, sondern besonders auch um die Struktur des Textes als Text.

Dazu kannst du wie folgt vorgehen:

1. Lies den Text mehrmals und versuche zu identifizieren, was die wichtigsten Ereignisse sind und ob sie einem Spannungsaufbau folgen. Versuche die Dramatik des Textes nachzuvollziehen. Dabei kann es helfen, einen Spannungsbogen aufzuzeichnen und die einzelnen Verse darin zu markieren.

2. Schau dir diesen Spannungsbogen an und identifiziere, ob es einen Höhepunkt oder einen Wendepunkt in der Geschichte gibt. Die sprachliche Gestalt des Textes hilft dir, so den richtigen Fokus zu finden.
3. Einen besonderen Blick kannst du auf die Art des Textes legen. Hier gilt es, herauszufinden, ob es sich um eine Erzählung, einen Brief, ein Lied, eine Predigt oder etwas anderes handelt.
4. Am Ende solltest du folgende Fragen beantworten können:
   - Welchen Spannungsaufbau hat der Text und was ist der Höhepunkt?
   - Zu welcher Gattung gehört der Text?
   - Wenn man einen Film daraus machen würde: Welche Szenen kämen darin vor?

K – Kern

Der Kern bezieht sich auf die Hauptbotschaft oder die zentrale Lehre, die der Text beinhaltet. In der Exegese nennt man diesen Schritt den Skopus oder auch griechisch „Kerygma“. Es geht dabei um die Frage, was der damalige Autor den damaligen Lesenden oder Hörenden als Kernbotschaft vermitteln wollte. Auf die Situation der Predigt übertragen also eine ähnliche Frage: Was war sein Kernanliegen der Verkündigung?[4]

Dazu kannst du wie folgt vorgehen:

1. Sichte nochmals deine bisherigen Erkenntnisse aus den Bereichen P, O, Z und E und versuche herauszuarbeiten, welche Informationen für den Text von besonderer Bedeutung sind.
2. Lies den Text mit diesem Hintergrund nochmals und frage dich, was die zentrale Botschaft oder der Hauptgedanke des Textes sein könnte.

---

4 Die POZEK-Methode wird auch in anderen Kontexten eingesetzt und dient u. a. als Anleitung zur persönlichen Bibellese. Anders als in diesen Settings geht es bei „K“ wie Kern nicht darum, welchen Kern der Text persönlich hat (darum ging es vielleicht in der persönlichen Auseinandersetzung) und auch nicht darum, was der Kern der Predigt sein soll (darum geht es am Ende der Predigtvorbereitung), sondern eben um den Kern des Textes selbst.

3. Wenn dabei mehrere Möglichkeiten infrage kommen, wäge ab, welche Gewichtung sie haben könnten, und lege Prioritäten fest. Vielleicht lohnt sich dafür auch nochmals der Blick in die Verse vor oder nach der Geschichte.
4. Versuche den Kerngedanken in einem klaren und prägnanten Satz zu formulieren.

Im Predigtbeispiel von Felicia zu Markus 2,23–28 kann der Vers 26 als Kern verstanden werden. Er bündelt in einer allgemeinen Aussage das Geschehen der Geschichte und fasst somit in gewisser Weise zusammen, was die Erzählung ausdrücken möchte. Diesen Aspekte hat sie dann in der Predigt auf das Leben der heutigen Hörenden übertragen.

Material und Hilfsmittel für die Textanalyse

Das wichtigste Hilfsmittel für die Textanalyse ist die Bibel selbst. Auf www.bibelserver.de gibt es Zugang zur ganzen Bibel in verschiedenen Übersetzungen und Übertragungen. Hier kann man zu Parallelstellen springen oder verschiedene Übersetzungen vergleichen. Außerdem gibt es eine Stichwortsuche in der ganzen Bibel. Sehr empfehlenswert ist auch die BasisBibel, da sie eine solide, aber verständliche Sprache und zusätzliche Erklärungen besonders für die Schritte P, O und Z am Rand bietet. Auf www.bibel.de findet man die BasisBibel auch online. Hier kann man über dem Text die „Sacherklärungen" auswählen und findet so zahlreiche Erklärungen zu Begriffen, Orten und Traditionen, die im Bibeltext vorkommen.

Um bestimmte Begriffe und Zusammenhänge zu recherchieren, sind Bibellexika sehr hilfreich. Neben diversen gedruckten Exemplaren gibt es unter www.bibelwissenschaft.de/wibilex das wissenschaftliche Bibellexikon im Internet. Zielgruppe sind dabei Wissenschaftler:innen, sodass die Einträge auf hohem Niveau sind. Dafür bekommt man aber hochwertige Informationen, die auf dem aktuellen Stand der Forschung sind.

Viele historische Hintergründe, Detailinformationen und auch Interpretationen findet man in den sogenannten Kommentaren zur Bibel. Auch hier gibt es ganz unterschiedliche Veröffentlichungen. Unter www.bibelwissenschaft.de/efp gibt es für viele Predigttexte frei zugänglich einen solchen Kommentar unter dem Stichwort „Exegese für die Predigt". Auch unter /www.perikopen.de findet man auf die Predigtsituation zugespitzte Textanalysen, die sehr tiefgehend sind. Neben den Online-Kommentaren gibt es auch zahlreiche Buchangebote auf dem Markt. Wichtig ist, wahrzunehmen, dass die Kommentare teilweise aus der Wissenschaft stammen (z. B. das Neue Testament Deutsch oder der Evangelisch-Katholische Kommentar) und dann eher akademisch sind. Manche Kommentare sind auch bestimmten theologischen Richtungen zuzuordnen. Deshalb ist es wichtig, sich bewusst zu machen, dass jeder Kommentar nur eine Interpretation neben vielen ist. Als Empfehlung für das Neue Testament wird an dieser Stelle die Kommentarreihe „Bibelkommentar für heute" vom englischen Theologien N. T. Wright ausgesprochen, der sowohl theologisch ausgewogen ist, als auch eine gute Balance zwischen Wissenschaft und Praxis bietet.

Um sich einen schnellen Überblick über die Gesamtzusammenhänge biblischer Bücher zu verschaffen, bietet bibleproject.visiomedia.org gut gemachte Videos zu Büchern und Themen der Bibel an, die einen guten Einstieg in die Textanalyse ermöglichen. Die Videos sind auch für Jugendliche sehr geeignet.

Viele dieser Hilfsmittel, wie Kommentare oder Lexika, entstammen westlicher, *weißer* und oft männlicher Sichtweisen. Wer in der Predigtvorbereitung diese Perspektive weiten möchte und die Sichtweisen anderer Kulturen, Herkünfte und Geschlechter einbeziehen will, findet auf www.theoversity.com/literaturlisten konkret, Literaturlisten zu biblischen Themen und Büchern, die ständig ergänzt werden.

So oder so wird die Textanalyse etwas Zeit in Anspruch nehmen. Es ist nicht ratsam, einzelne Schritte gegen Zeitersparnis einzutauschen. Wenn jemand diesen Vorbereitungsprozess in kurzer Zeit absolvieren muss, kann er zum einen die Intensität der einzelnen Schritte reduzieren und sich für jede Dimension weniger Zeit einplanen. Eine andere Strategie könnte sein, bereits von Anfang an auf die genannten Hilfsmittel zurückzugreifen und insbesondere mit Predigt-Kommentaren und Vorbereitungshilfen zu arbeiten.

Schritt 4: Perspektivenwechsel (Hörendenreflexion)

Eine Predigt soll eine Brücke schlagen zwischen einem biblischen Text und den Jugendlichen, die sie hören. Deshalb bedarf es einer zweiten, intensiven Analyse: eines Perspektivenwechsels. Es ist unbedingt erforderlich, die Sichtweise der zukünftigen Hörenden der Predigt einzunehmen, insbesondere der Jugendlichen, für die die Predigt bestimmt ist. Eine Predigt ist kein religiös geprägter Fachvortrag über ein biblisches Thema, sondern sie beansprucht, Real Talk zu sein und für das Leben der Jugendlichen Bedeutung zu haben. Daher ist die intensive Auseinandersetzung mit der Perspektive der Jugendlichen im Allgemeinen und bezogen auf das Thema bzw. den Text ein ebenso wichtiger Schritt in der Predigtvorbereitung. Der Theologe Ernst Lange hat diese Perspektive besonders stark betont und es so formuliert:

> *„Predigen heißt: Ich rede mit dem Hörer über sein Leben. Ich rede mit ihm über seine Erfahrungen und Anschauungen, seine Hoffnungen und Enttäuschungen, seine Erfolge und sein Versagen, seine Aufgaben und sein Schicksal. Ich rede mit ihm über seine Welt und seine Verantwortung in dieser Welt, über die Bedrohungen und Chancen seines Daseins. Er, der Hörer, ist mein Thema, nichts anderes; freilich: er, der Hörer vor Gott. Aber das fügt nichts hinzu zur Wirklichkeit seines Lebens, die mein Thema ist, es deckt vielmehr die eigentliche Wahrheit dieser Wirklichkeit auf.“ (Lange 1982: 57f.)*

Hier wird deutlich, warum es in der Vorbereitung unbedingt einen Perspektivenwechsel und eine vertiefte Analyse braucht. Nur wenn man versteht, was Jugendliche bewegt, was ihre Herausforderungen und Themen sind, wenn man in der Predigt ihre Sprache spricht und genau den Punkt herausarbeitet, an dem das Predigtthema oder der Predigttext für ihr Leben relevant ist, wird die Predigt zum Real Talk. Im Grunde ist das Kapitel 2 bereits ein großes Plädoyer für eine vertiefte Analyse gewesen. Alle dort angesprochenen Themen wie Milieu, Lebenswelt oder Entwicklung, werden hier relevant. In der Predigtvorbereitung ist die Hörendenreflexion jedoch keine theoretische Abhandlung über das Leben von Jugendlichen, sondern man muss konkret die Jugendlichen in den Blick nehmen, für und mit denen die Predigt entstehen soll. Nach ein paar grundsätzlichen Überlegungen soll hier eine kreative Methode vorgestellt werden, die helfen kann, diesen Perspektivenwechsel für die Predigtvorbereitung zu ermöglichen.

Einen Blick für die (Ziel-)Gruppe bekommen

Eine Zielgruppe ist eine spezifische Gruppe von Personen, die durch bestimmte Merkmale abgegrenzt sind und auf die eine bestimmte Maßnahme oder ein Angebot, sei es im Marketing, in der Werbung oder eben eine Predigtvorbereitung, abzielt. Die Eingrenzung der Zielgruppe erfolgt normalerweise durch die Bestimmung von Merkmalen, die die Personen innerhalb dieser Gruppe ausmachen. Dazu gehören demografische Merkmale wie Alter, Geschlecht, Familienstand und Wohnort, sozioökonomische Merkmale wie Bildungsstand, Beruf und Einkommen, persönliche Merkmale wie Interessen, Einstellungen und Werte, Zugehörigkeit zu bestimmten Gruppen sowie das Mediennutzungsverhalten und das Kauf- und Konsumverhalten (vgl. Claudy 2011: 384).

Das Wort Zielgruppe beschreibt also die Gruppe von Personen, auf die ein Angebot abzielt. Im Falle der Predigt ist es nicht zwingend immer die Gruppe von Menschen bzw. Jugendlichen, die die Predigt hören werden. Denn wer letztendlich im Jugendgottesdienst oder in der Gruppenstunde sitzt, ist nicht immer klar vorhersehbar und kann sogar von der eigentlichen Zielgruppe abweichen.
Ein bekanntes Beispiel aus der Praxis: Der örtliche Jugendgottesdienst richtet sich an Jugendliche zwischen 13 und 18 Jahren. In diesem Gottesdienst sind zwar auch genau diese Jugendlichen anwesend, aber ebenso die Erwachsenen der Gemeinde, die sich über eine frische Gottesdienstform freuen. Auch jüngere Jugendliche oder Kinder, die von ihren Geschwistern mitgebracht werden, können anwesend sein.

Möglicherweise sind auch Mitarbeitende aus der Nachbargemeinde anwesend, die sich den Jugendgottesdienst einmal ansehen möchten.

Hier wird deutlich, dass es einen differenzierten Blick braucht auf die Gruppe, für die oder mit der die Predigt gehalten werden soll, und die Personen, die tatsächlich anwesend sind, wenn dies geschieht. In offenen Einladungsszenarien wie Jugendgottesdiensten deckt sich die Zielgruppe nicht zwangsläufig mit den Anwesenden. In anderen Situationen, wie zum Beispiel auf Freizeiten, mag das schon eher der Fall sein. Bei der Hörendenreflexion muss also geklärt werden, wer wirklich die Zielgruppe der Predigt sein soll, also die Gruppe von Jugendlichen, auf die die Predigt ausgerichtet und zugespitzt ist. Die zweite Frage betrifft die anderen Personen. Hier muss entschieden werden, inwieweit sie bei der Predigtvorbereitung berücksichtigt werden sollen und können. Wenn versucht wird, allen Anwesenden gleichermaßen gerecht zu werden, besteht die Gefahr, dass die Predigt am Ende für niemanden mehr passt. Die Frage nach der Zielgruppe ist also auch eine Frage der Priorisierung. Es stellen sich also zwei Fragen bei der Eingrenzung der Zielgruppe:

1. Wer soll die Hauptzielgruppe der Predigt sein, also die Gruppe von Jugendlichen, auf die die Predigt primär ausgerichtet ist?
2. Welche anderen Personen könnten potenziell anwesend sein und wie sollen sie bei der Predigtvorbereitung berücksichtigt werden?

Wenn diese Fragen geklärt sind, bietet es sich an, einige wenige Stichpunkte zu dieser Zielgruppe zusammenzufassen. Dazu gehört die Altersspanne, der Bildungshintergrund, auch die Vorerfahrung mit solchen Settings, wichtige Interessen und Freizeitverhalten sowie die bisherigen Berührungen mit Glaubensfragen.

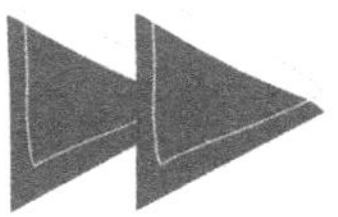

Wenn nur wenig Zeit für die Predigtvorbereitung zur Verfügung steht, muss eine solch grobe Zielgruppenbeschreibung ausreichen. Dann sollte an dieser Stelle unbedingt noch der Frage nachgegangen werden, welchen Bezug die jugendlichen Hörenden zu Thema und Bibeltext haben: Welche Themen, die der Bibeltext andeutet, sind für die Jugendlichen relevant? Welche Botschaft aus dem Text heraus könnte eine echte Bereicherung, eine gute Nachricht, für die Jugendlichen sein? Welche Fragen oder Lebensthemen spricht der Text an?

Fiktive Personas für den Perspektivenwechsel

Im modernen Marketing ist es mittlerweile üblich, nicht mehr primär mit Zielgruppen zu arbeiten, sondern mit sogenannten „Personas", um die Kundschaft besser zu verstehen und eigene Produkte auf sie abzustimmen (vgl. Lewrick/Link/Leifer 2018: 18). Auch in der Entwicklung einer Predigt können Personas helfen, zu überlegen, was die Jugendlichen, die man im Blick hat, wirklich ausmacht, und so einen Perspektivenwechsel zu schaffen. Dabei stellt man sich zwei bis fünf Jugendliche konkret vor, um Einzelne aus der Zielgruppe detailliert als Stellvertretende dieser Zielgruppe zu erfassen.

Diese Jugendlichen beschreibt man dann möglichst konkret. Sie bekommen Namen und Alter, haben Hobbys und Vorlieben. Bilder oder Zeichnungen und Zitate, die man ihnen in den Mund legt, machen sie anschaulicher. Mit einer Persona beschreibt man also einen fiktiven Jugendlichen, der Teil der Zielgruppe ist. Dabei bedient man sich des lebensweltspezifischen Vorwissens, aber auch Stereotype und Klischees kommen hier zum Tragen. Die Idee ist dabei, eine möglichst konkrete, aber eben nicht reale Person zu skizzieren, um später die Predigt genau auf sie abzustimmen.

Je intensiver man sich mit der Zielgruppe auseinandersetzt, desto genauer wird dann die Persona. Wer im Vorfeld Gespräche mit den Jugendlichen führt, mit ihnen Zeit verbringt und sich mit ihnen beschäftigt, wird vermutlich die Realität genauer erfassen können als jemand, der diese Möglichkeit nicht hat. Aber auch dann ist die Persona eine hervorragende Methode, Jugendliche in der Predigtvorbereitung möglichst konkret vor Augen zu haben.

Für ein umfassendes Bild der Zielgruppe braucht es dann mehrere Personas. Jede Persona steht dann für einen bestimmten Typus. Es geht also nicht darum, möglichst viele ähnliche oder gleiche Personas zu erstellen, sondern mit der Vielzahl der Personas das Spektrum der Zielgruppe abzudecken. Dabei ist es wichtig, nicht nur den Mainstream im Blick zu haben, sondern besonders auch die Personen der Zielgruppe, die in bestimmten Merkmalen von der Mehrheit abweichen.

Wenn wir noch einmal auf die Situation im Jugendgottesdienst eingehen, wissen wir aus Studien und aus Erfahrung, dass der allergrößte Teil der Jugendlichen in der Regel bereits Berührungspunkte mit dem christlichen Glauben hatte. Viele von ihnen sind Teil einer Jugendarbeit. Und obwohl diese Jugendlichen die große Mehrheit der Zielgruppe abbilden, wäre es sehr hilfreich, wenn unter den Personas vielleicht auch eine Person ist, die als Repräsentant:in für Jugendliche steht, auf die das nicht zutrifft und die bisher noch wenige oder keine Vorerfahrung mit dem christlichen Glauben haben. Ähnliches gilt für Bildungshintergründe, kulturelle Hintergründe und Migrationshintergründe.

In manchen Predigtsituationen kennen wir die Zielgruppe ziemlich genau, weil wir mit den Jugendlichen z. B. im Jugendkreis regelmäßig zusammen sind. Dann fällt es schwer, sich fiktive Personen auszudenken. Hier kann es hilfreich sein, sich ein paar dieser Jugendlichen konkret vor Augen zu führen, die in gewisser Weise repräsentativ für die gesamte Gruppe sind. Neben den allgemeinen Merkmalen und Interessen ist es für die Predigtvorbereitung in der Hörendenreflexion wichtig, sich mit den Personas auch in Bezug auf das Thema und den Text der Predigt auseinanderzusetzen. Dabei sollte man in den Blick nehmen, welche Relevanz das Thema der Predigt für die Persona hat und welche Meinungen und Einstellungen sie dazu bereits mitbringt.

Die Arbeit mit den Personas ist ein kreativer Prozess, deshalb bietet es sich besonders an, die Personas nicht nur mit Worten und Buchstaben zu beschreiben, sondern auch visuell zu veranschaulichen. Dies kann anhand der beispielhaften Vorlage oder auch völlig frei geschehen.

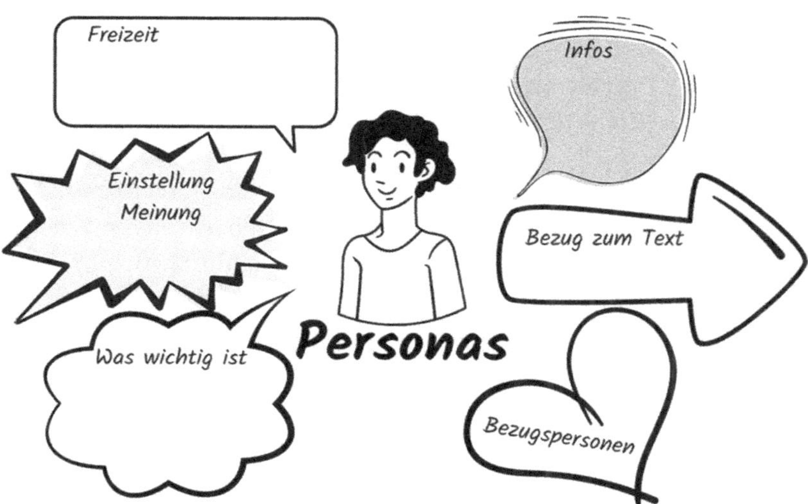

Abb. 10: Mustervorlage für eine fiktive Persona (eigene Darstellung)

Die Personas sind fortan Mitsprechende bei allen Überlegungen in der Predigtvorbereitung. Man fragt sich: „Wie würde Tim auf diese Aussage reagieren?“, „Welcher Zuspruch würde Lisa an dieser Stelle stärken?“, „Wie müsste ich diese Aussage formulieren, damit auch Ben etwas damit anfangen kann?“ oder „Würde sich Chiara dadurch angegriffen fühlen?“.

Es geht also um ein echtes Einfühlen und Hineinversetzen in die Jugendlichen. Peter Bukowski formuliert es so:

> *„Ein Prediger muss sich der Wirklichkeit, die er in seiner Predigt zur Sprache bringt, ebenso liebevoll, verantwortungsvoll und einfühlsam zuwenden wie der Seelsorger seinem Gegenüber, und er muss sie mit der gleichen Sorgfalt exegetisieren wie seinen Bibeltext.“* (Bukowski 2011: 93)

Das kann der kreative Zugang zu den Hörenden leisten, vielleicht sogar besser als ein sachlich-systematischer Zugang.

Die Visualisierungen können am Platz der Predigtvorbereitung aufgehängt werden und so den weiteren Predigtentwicklungsprozess begleiten. Mit Bezug zu den Überlegungen im vorherigen Abschnitt, nämlich der Erkenntnis, dass die Zielgruppe und die Hörenden nicht immer identisch sind, kann hier auch die Entscheidung getroffen werden, eine Persona als Repräsentant:in von Personen zu erstellen, die nicht zur Zielgruppe gehören, aber vermutlich dennoch anwesend sein werden.

Personas helfen dabei, ein klares Bild der jugendlichen Hörenden zu entwickeln. Sie sind auch eine effektive Methode, um die Predigt gemeinsam mit Jugendlichen vorzubereiten und durchzuführen, da der Zugang zu diesem Analysetool einfach und niedrigschwellig ist. Gleichzeitig stellt die Arbeit mit Personas die Predigenden vor Herausforderungen, da die verschiedenen Personas und ihre Merkmale oder ihre Einstellungen zum Thema stark voneinander abweichen können. Daher bietet es sich am Ende dieses Prozesses an, die Personas noch einmal zu betrachten und zu reflektieren, was sie verbindet und was sie gemeinsam haben. Diese Erkenntnisse kann man dann dokumentieren, um sie für die Predigt zu nutzen.

Schritt 5: Entwicklung einer klaren Botschaft – der Real-Talk-Satz

Am Ende des Vorbereitungsprozesses sind drei Perspektiven entstanden. Zum einen ist da die eigene geistliche Perspektive, also die durch die persönliche Auseinandersetzung mit dem Bibeltext entstandenen Entdeckungen und Erkenntnisse. Dann gibt es eine Fülle von Informationen, die den Hintergrund des Textes erhellen und den Versuch darstellen, eine Kernaussage des Textes in seinem ursprünglichen Anliegen zu formulieren. Und schließlich sind im letzten Schritt einige fiktive Personen entstanden, deren Sicht man auf das Thema und den Text hin überdacht hat.

Alle drei Perspektiven münden im letzten Schritt der Predigtvorbereitung in eine zentrale Frage: Was möchte ich in dieser konkreten Predigt zu diesem konkreten Text für diese konkreten Hörenden als Hauptaussage verkündigen? Es geht um einen Real-Talk-Satz, der die Botschaft echt und relevant für die Jugendlichen auf den Punkt bringt.

Vielleicht hilft es in dieser Situation, die Notizen noch einmal anzuschauen und auch noch einmal ins Gebet zu gehen. Danach können einige Ideen gesammelt und mit den Personas besprochen werden. Am Ende sollte die Hauptaussage der Predigt in einem einfachen Satz stehen – ja, in einem Satz. Vielleicht hilft es hier, die Frage noch einmal anders zu formulieren: Wenn die Jugendlichen sich nach der Predigt nur einen einzigen Satz merken würden, welcher sollte das sein?

Es geht hier also um eine echte Fokussierung. Damit werden nicht alle anderen Erkenntnisse und Inhalte über den Haufen geworfen, die wir in der Predigtvorbereitung gewonnen wurden, sondern der Fokus festgelegt. Damit wird die Grundlage dafür geschaffen, dass die Gedanken der Predigt später aufeinander aufbauen können und auf einen Zielpunkt hinauslaufen.

In dem Predigtbeispiel von Felicia, das in diesem Kapitel häufig verwendet wurde, lautete der eine Satz folgendermaßen: „Gott möchte dir mit seinen Geboten etwas Gutes tun!" Es ist ein einfacher Satz mit einer direkten Ansprache, einer klaren Aussage und einem klaren Zuspruch, formuliert mit einfachen Worten und ohne verschachtelte Formulierungen. Darum geht es am Ende der Predigtvorbereitung: gleichzeitig klar und einfach zu sein. Im anderen Predigtbeispiel von Andrea klang dieser Satz so: „Egal, was andere sagen – für Gott bist du unendlich wertvoll."

! Do it!

Bereite die Predigt gemeinsam mit Jugendlichen vor:
Die gesamte Predigtvorbereitung kann auch mit einer Gruppe Jugendlicher (z. B. in einer Jugendgruppe, die gemeinsam einen Jugendgottesdienst vorbereitet) gemacht werden. Dazu sollten dann drei Termine angesetzt werden, die so aufgeteilt sein könnten:

1. Treffen: Persönliche Auseinandersetzung mit dem Text und dem Thema als Gruppe mit Elementen der Einzelarbeit mithilfe verschiedener Methoden

2. Treffen: Textanalyse anhand des POZEK-Schlüssels z. B. als Stationenarbeit und mithilfe von zur Verfügung gestellter Materialien
3. Treffen: Gemeinsame Persona-Entwicklung mit den Jugendlichen und Ideensammlung für den Zielsatz

Die gemeinsame Vorbereitung entbindet aber nicht die Person, die die Predigt dann hält. Diese muss die Ergebnisse aufnehmen, überdenken und konkretisieren.

5. Wie eine Predigt entsteht

Was dich erwartet

Es gibt verschiedene Möglichkeiten, eine Predigt aufzubauen. In diesem Kapitel werden grundlegende Aspekte sowie unterschiedliche Konzepte zur Orientierung in der Predigtinvention („Erfinden der Predigt") vorgestellt. Außerdem gibt es Anregungen dazu, wie sowohl der Aspekt der Kreativität beim Predigen als auch eine handwerkliche Professionalität eingeübt werden können.

Bevor es weitergeht

Wer sich intensiv durch das letzte Kapitel gearbeitet und seine Predigt anhand der geschilderten Schritte vorbereitet hat, fragt sich wahrscheinlich mit einer formulierten Intention und einer Fülle an Entdeckungen, Material, Erkenntnissen, offenen Fragen und Ideen: Und jetzt? Wie wird aus dem bisher Erarbeiteten eine Predigt, die für die Jugendlichen spannend, erkenntnisreich, bewegend, vielleicht auch herausfordernd und berührend sein wird?

Es gibt kein „One-Size fits all"-Rezept zum Schreiben von gelingenden Predigten. Dennoch finden sich in unterschiedlichen homiletischen Ansätzen Grundlagen, die helfen, das, was man sagen möchte, so zu strukturieren und zu formulieren, dass die Chance größtmöglich wird, dass sie für die Jugendlichen stimmig ist und Resonanz erzeugt. Dabei bewegen sich Verkündigende in einem cokreativen Prozess mit Gott und seiner Heiligen Geistkraft, die (so hoffen und vertrauen wir) den Glauben, das Berührtsein und Verstehen wirkt. Es hängt nicht von der rhetorischen Raffinesse und den stichhaltigen Argumenten der Predigenden ab, ob Gottes Geist wirkt, dennoch kommt es durchaus auch auf ihr durchdachtes Arbeiten an (vgl. Kapitel 1, „Zu respektierende Grenzen").

Aufbauend auf den Vorbereitungen stellt dieses Kapitel nun unterschiedliche Möglichkeiten vor, aus exegetischen Erkenntnissen, Ideen, offenen Fragen und den Überlegungen zu Perspektive und Lebenssituation der Hörenden Predigten zu formulieren und entstehen zu lassen, die im nächsten Schritt „in die Performance gebracht werden können". Dies wird Predigtinvention genannt, also das „Erfinden der Predigt", wie sie dann in der Predigtsituation gehalten wird. Es wird in diesem Kapitel also zunächst um allgemeine Überlegungen und Methoden gehen, gefolgt von Konzeptideen für Predigten. Den Abschluss bilden Überlegungen zum Aufbau des Predigtmanuskripts.

In der Spannung zwischen Handwerk und Kunstwerk

Die Invention von Predigten bewegt sich in der Spannung zwischen Handwerk und Kunstwerk (vgl. Seely 2015: 335). Zum einen kann die Invention der Predigt insofern erlernt werden, als dass es unterschiedliche erprobte und abstrahierte Konzepte und Ideen für den Aufbau gibt. Diese helfen z. B., das Thema der Predigt in unterschiedlichen Facetten zu beleuchten, die biblische Grundlage und die Hörenden nicht aus dem Blick zu verlieren und ihre Fragen und möglichen Widersprüche einzubeziehen. Das erhöht die Wahrscheinlichkeit, dass die Jugendlichen sich gut auf die Verkündigung einlassen und inhaltlich mit ihr interagieren. Handwerkliches umfasst auch die Vorbereitungsschritte bis hierhin (vgl. Kapitel 4).

Gleichzeitig ist die Entstehung einer Predigt auch mit einem künstlerischen Prozess zu vergleichen, in dem es Inspiration und Flow braucht, wo Entwürfe entstehen und verworfen werden und Kreativität gefragt ist.

Sowohl im Handwerk als auch im Kunstwerk helfen dabei Übung, Anregungen und Fehlerfreundlichkeit. Und in beidem – Handwerk und Kunstwerk – sind die Verkündigenden nicht allein, sondern in einem co-kreativen Prozess mit Gott und Gottes Heiliger Geistkraft. Gottes Wirken ist und bleibt unverfügbar, die Wahrnehmung für geistliche Prozesse kann aber sensibilisiert werden und braucht ebenso wie das kreative Schaffen Disziplin (vgl. Pyka 2019: 20). Diese Disziplin kann das Einüben einer konkreten spirituellen Praxis für die Predigtvorbereitung umfassen ebenso wie kreative Schreibübungen.

Ein Anliegen – verschiedene Möglichkeiten: Formen der Predigt

Natürlich gibt es unterschiedliche Möglichkeiten, inhaltliche Überlegungen zu formulieren und zu präsentieren. Gerade in der Arbeit mit Jugendlichen haben sich für das Format der Predigt unterschiedliche Begriffe etabliert, die aber mehr oder weniger dasselbe meinen. Da wird z. B. von Input, Message, Impuls, Verkündigung und Predigten gesprochen. All diese Begriffe beschreiben eine Präsentation von biblisch-theologischen Themen mit Lebensweltbezug, die in der Regel ausführlicher sind, als wenn eine predigende Person nur einen Kerngedanken thematisieren würde. In der Art der Präsentation und in der Länge sowie dem Einbeziehen unterschiedlicher Methoden können sie sich unterscheiden. In der Regel finden sie aber in Gruppensettings statt, die in eine Form von Veranstaltung eingebettet sind – dies können z. B. Gottesdienste, Programmpunkte auf Freizeiten, evangelistische Formate oder Konzerte und andere Events sein.

Je nach Anlass, Predigtsetting, Hörenden und Predigenden wird sich der Charakter einer Predigt unterscheiden. Zu Beginn der Invention der Predigt ist es deshalb hilfreich, zusätzlich zu der Hörendenreflexion (vgl. Kapitel 4) das konkrete Predigtsetting zu reflektieren, um sich bewusst zu werden, welcher Charakter der Predigt stimmig ist. In dieser Reflexion führt sich die predigende Person den Anlass, den konkreten Rahmen, die Uhrzeit, die Hörenden und den Charakter der Predigt vor Augen.

Was ist der Anlass für die Predigt?

Jugendgottesdienst
Konfirmation/Firmung
Jugendfreizeit
Großevent (Jugendkonferenz, Festival)

Bedeutung für die Verkündigung:

Was ist der konkrete Rahmen der Predigt?

Was passiert vor und nach der Predigt?
Welche anderen Elemente tauchen auf, die Inhalte kommunizieren (Moderation, Lieder, Gebete)? Können diese einbezogen werden?
Welche Inhalte kommuniziert der Ort? Gibt es die Möglichkeit, auf die Inhalte zu reagieren, sie im Nachhinein zu vertiefen, zu besprechen?

Bedeutung für die Verkündigung:

Wann findet die Predigt statt?

An welchem Tag? Zu welcher Uhrzeit?
Was hat die Jugendlichen an diesem Tag bis hierher bewegt?
Welche Erfahrungen könnten obenauf liegen?
Wie aufnahmefähig werden die Jugendlichen zu diesem Zeitpunkt vermutlich sein?
Was bedeutet das für die Länge und „Inhaltsschwere" der Predigt?

Bedeutung für die Verkündigung:

Wer sind die Hörenden? (ergänzend zur Hörendenflexion)

Welches Vorwissen zum Predigtthema bringen sie mit?
Welche Fragen, Zweifel, Erleben zu meiner Intention?

Welchen Charakter soll die Predigt haben?

evangelistisch – zum Glauben einladend
auslegend – erklärend und vertiefend
prophetisch – in eine bestimmte Situation hineinsprechend

Bedeutung für die Verkündigung:

Abb. 11: Reflexion des Predigtsettings (eigene Darstellung)

Das hier Überlegte hilft, in den weiteren Schritten die Predigt zu formen.

Grundsätzlich Hilfreiches

Bevor konkrete Konzepte für den möglichen Aufbau einer Predigt mit Jugendlichen als Real Talk folgen, finden sich nun einige Grundlagen, die prinzipiell für die Predigtinvention, egal nach welchem Schema, empfehlenswert sind und als Kompass während der Phase der Predigtentwicklung dienen können.

Eine geistliche Praxis entwickeln

Wer predigt, übt Macht aus. Wer predigt, prägt Jugendliche. Wer predigt, muss Einseitigkeiten wagen. Wer predigt, macht sich verletzlich. Wer predigt, übernimmt Verantwortung. Wer predigt, erlebt Höhenflüge, die in die Überheblichkeit führen können. Wer predigt, erlebt Selbstzweifel und Krisen, die in die Selbstzerfleischung führen können.

Sich selbst als predigende Person kontinuierlich zu reflektieren, ist deshalb unerlässlich. Für diese Reflexion ist es hilfreich, eine geistliche Praxis einzuüben, die die eigene Person im Vorbereitungsprozess der Predigt in das co-kreative Geschehen zwischen Gott und Mensch einbettet und einen sowohl bei Druck und übersteigerter Angst entlastet als auch vor Augen führt, dass Predigen keine leichtfertige Tätigkeit ist, sondern Schaden wie Segen gleichermaßen zur Folge haben kann. Nicht alle Wirkung von Predigten ist steuerbar, dennoch übernehmen Verkündigende die Verantwortung, alles in ihrem Einflussbereich Mögliche zu tun, um die freisetzende Botschaft von Jesus Christus so zu kommunizieren, dass die Jugendlichen befreiter, fröhlicher, lebensfroher, zuversichtlicher, im guten Sinne nachdenklicher, von Gottes Wort und Wesen berührter aus der Predigt gehen. Eine geistliche Praxis ist dabei höchstindividuell, wird aber das Sich-selbst-in-Beziehung-zu-Gott-Setzen umfassen. Dies kann z. B. in einer Gebetspraxis geschehen.

Vielleicht kann es so klingen

„Gott, hilf mir, deine Ideen für die Jugendlichen zu erfassen. Präge du die Atmosphäre und das, was gesagt und gehört wird. Ich möchte nicht, dass es mir um mich geht. Lass mich erkennen, wo Missverständnisse und irreführende Bilder von dir entstehen könnten. Beschütze mich davor, meinen Wert von dem Gelingen dieser Predigt abhängig zu machen. Hilf mir, zurückzutreten, sodass du in den Vordergrund treten kannst. Danke, dass du mich begabt hast und liebst."

Wie klingt ein Gebet, das dir und deiner geistlichen Praxis entspricht?

Nach der intensiven Auseinandersetzung mit Text und Thema (vgl. Kapitel 4) ist es außerdem ratsam, die Invention der Predigt bewusst mit dem erneuten Hören auf Gott in der Stille zu beginnen. So kann sich die bisherige Stoffsammlung setzen und die predigende Person eine Haltung des Hörens auf Gott einüben.

! Do it!

Überlege dir, wie du das Hören auf Gott gestalten kannst.
Vielleicht hilft es dir, zunächst die bisherigen Notizen und Gedanken zu Bibeltext und Thema sowie die Hörendenreflexion erneut wahrzunehmen. Danach suchst du eine Umgebung auf, die dir hilft, in eine Haltung des Wahrnehmens von Gottes Geist zu gelangen. Vielleicht ist dies ein Spaziergang in der Natur, das Platznehmen auf einem Sitzkissen oder das Betrachten einer Kerze. Je nach Übung kannst du einen Timer für 15 bis 30 Minuten stellen, sodass du dich um die Zeit nicht kümmern musst. Du kannst mit dem Atem beten: (einatmend) „Gott" – (ausatmend) „zeige du mir, was für die Jugendlichen dran ist". Wenn deine Gedanken abschweifen, holst du sie mit dem Atemgebet behutsam zurück. Ein Notizzettel und Stift in der Nähe sind ratsam, um wichtige Gedanken, die nicht verloren gehen sollen, festzuhalten. Nun achtest du darauf, welche Ideen zur Predigt in den Vordergrund rücken. Vielleicht sind es wichtige Fragen, die zur Sprache kommen sollten. Vielleicht eine Story oder ein Beispiel, die bzw. das dir passend erscheint. Vielleicht Gedanken zum Aufbau der Predigt.
Welche Rahmenbedingungen sind für dich stimmig, um dem Hören auf Gottes Geist in der Predigtvorbereitung Raum zu geben?

Es geht nicht darum, das Geschehen geistlich zu überhöhen im Sinne von: „Alles, was ich nun denke, ist direkt von Gottes Geist eingegeben." Doch eine solche Praxis gibt dem Wirken Gottes einen bewussten Raum und erhöht das Bewusstsein für die Predigtinvention als geistlichen Prozess. Dies beschränkt sich nicht nur auf den Beginn der Predigtinvention, sondern durchzieht im besten Falle den gesamten Prozess der Predigtentwicklung. Nicht nur, aber gerade da, wo die Vorbereitung ins Stocken gerät, ist das Besinnen auf Gottes (Mit-)Wirken stärkend. Sich hier in einer stimmigen Praxis zu üben, trägt gerade in den Zeiten, in denen sich das Entwickeln einer Predigt als besonders herausfordernd erweist.

Kreatives Schreiben

Um vom theologischen und abstrakten Arbeiten am Bibeltext und Thema ins Predigtschreiben zu kommen, können Übungen aus dem Kreativen Schreiben helfen.

Eine erste Inspiration kommt aus der Praxis des Journalings: Julia Cameron beschreibt das Phänomen, dass Menschen, die kreativ arbeiten, häufig stark mit dem:der inneren Kritiker:in zu kämpfen haben (vgl. Cameron 2019: 34). Das führt nicht selten zur „Angst vor dem weißen Blatt". Und diese wiederum kann in die Starre und Hilflosigkeit führen, obwohl die Stoffsammlung aus der Exegese nach intensivem Arbeiten nur allzu umfangreich ist. Um dieser Erfahrung langfristig zu begegnen, schlägt Cameron vor, die Routine der „Morgenseiten" einzuführen. Die Morgenseiten bestehen in dem „auf den ersten Blick sinnlosen Verfahren" (Cameron 2019: 32), jeden Morgen drei Seiten zu füllen, ohne den Stift abzusetzen. Entscheidend dabei ist, dass es nicht darum geht, „vermeintlich Sinnvolles" zu schreiben, sondern ungefiltert von Bewertungen die eigenen Gedanken zu Papier zu bringen. Cameron schreibt dazu:

> *„Die Morgenseiten bringen uns wirklich auf die andere Seite: die andere Seite unserer Angst, unserer Negativität, unserer Launen. Und, was am wichtigsten ist, mit ihrer Hilfe lassen wir den inneren Zensor hinter uns. Dort, wo uns kein Zensor dazwischenquatscht, finden wir unsere eigene Mitte, den Ort, an dem wir die kleine, feine Stimme hören, die sowohl unserem Schöpfer als auch uns selbst eigen ist." (Cameron 2019: 36f.)*

Morgenseiten können also auch für Verkündigende ein Weg sein, um die eigene Kreativität dauerhaft zu pflegen. Angelehnt an die Idee der Morgenseiten kann aber auch das Schreiben im Predigtinventions-

prozess damit beginnen, drei Seiten oder eine bestimmte Zeit (z. B. Timer auf 10 Minuten stellen) zu der Frage „Was löst meine Intention und der Bibeltext mit Blick auf die Jugendlichen jetzt in mir aus?“ zu schreiben. Wichtig ist, loszuschreiben, bis die drei Seiten gefüllt sind bzw. die Zeit um ist. Kommt das Schreiben ins Stocken, schreibt man so lange „Mir fällt nichts ein“, bis eventuell wieder andere Ideen kommen. Vielleicht tauchen hier wieder Gedanken auf, die auch schon in der „geistlichen Praxis“, im Hören auf Gott in der Stille eine Rolle gespielt haben. Vielleicht wird diese Form auch zur geistlichen Praxis. In jedem Fall hat man nun begonnen, zu schreiben, und hat Entdeckungen gemacht, die sich weiterverwenden lassen.
Eine weitere kreative Übung stellt das Schreiben eines „Zevenaars“ (niederländisch Siebener) dar. Es kann z. B. helfen, den Fokus auf die Dynamiken der biblischen Figuren und ihre Wirkung zu richten (vgl. Pyka 2019: 38). Das Zevenaar besteht aus sieben Zeilen, die diesem Muster folgen:

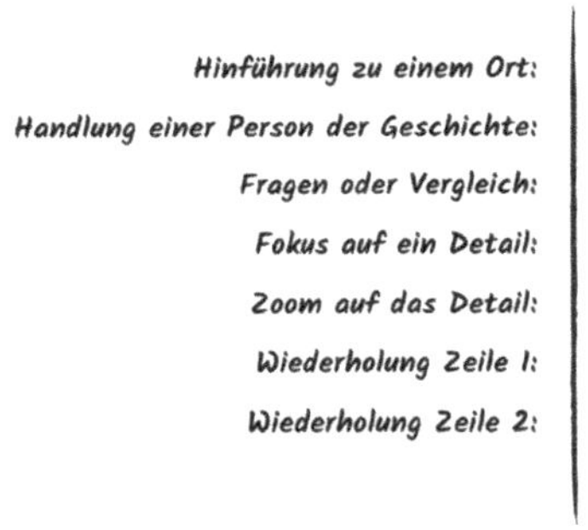

Hinführung zu einem Ort:
Handlung einer Person der Geschichte:
Fragen oder Vergleich:
Fokus auf ein Detail:
Zoom auf das Detail:
Wiederholung Zeile 1:
Wiederholung Zeile 2:

Abb. 12: Aufbau eines Zevenaars (eigene Darstellung nach Pyka 2019: 38)

Diese Methode eignet sich insbesondere für biblische Geschichten, kann aber auch für andere Gattungen biblischer Texte ein spannender Zugang sein. So lädt sie dazu ein, Brieftexte z. B. in ihrer (wahrscheinlichen) historischen Situation wahrzunehmen und den Schreiber des Briefes zu fokussieren. Gleiches gilt für Psalmen oder prophetische Texte. Hier können die Erkenntnisse aus der Exegese in eine lyrische Form gebracht werden.

Zu Matthäus 28,1–3 könnte ein Zevenaar z. B. so klingen:

Hinführung zu einem Ort:	Das Grab lag noch im Dunkeln.
Handlung einer Person der Geschichte:	Ich zittere beim Gedanken, dass er wirklich tot ist.
Fragen oder Vergleich:	Wie soll ich denn jetzt weitermachen?
Fokus auf ein Detail:	Da wackelt die Erde, das Grab ist offen.
Zoom auf das Detail:	Einer sitzt da und leuchtet wie ein Blitz.
Wiederholung Zeile 1:	Das Grab lag noch im Dunkeln.
Wiederholung Zeile 2:	Ich zittere beim Gedanken, dass er noch tot ist.

Abb. 13: Zevenaar zu Matthäus 28,1–3 (eigene Darstellung)

In den wenigsten Fällen wird es das Zevenaar an sich sein, das Einzug in die Predigt hält. Vielmehr handelt es sich um eine Übung, die nach dem exegetischen Arbeiten hilft, den Blick auf Elemente des Storytellings und die Schärfung der Resonanzräume zu richten.

Tipp

Darüber hinaus gibt es eine Vielzahl von Möglichkeiten, um Schreibübungen aus der Praxis des Kreativen Schreibens für das Schreiben von Predigten zu verwenden. Eine hilfreiche Zusammenstellung unterschiedlichster Methoden findet sich in: Holger Pyka (2019): „Spiel mit dem Wort. Kreatives Schreiben für Predigt und Preacher-Slam". Göttingen: Vandenhoeck und Ruprecht.

Hörendenbezug

Ob eine Predigt mit Jugendlichen zum Real Talk wird, entscheidet sich maßgeblich daran, ob die Relevanz und der Bezug zu ihnen und ihren Lebenswelten gegeben ist (vgl. Kapitel 2). Insofern ist die Frage danach, wie wir möglichst gelingend an das Erleben, die Fragen und die Themen der konkreten Jugendlichen anknüpfen können, auch für die Predigtinvention unerlässlich.

Verkündigende müssen in diesem Schritt der Predigtentwicklung in der Regel zuspitzen, kürzen und konkretisieren. Dafür ist der Hörendenbezug ein entscheidender Maßstab. Hier bewegen sich die Predigenden unter anderem in einem Spannungsfeld, das sich zwischen den Polen „Übergriffigkeit und Manipulation" und „Gar nichts in die Situationen der Jugendlichen hineinsprechen" aufspannt. Sich hier weder auf der einen noch auf der anderen Seite wiederzufinden, erfordert eine permanente Reflexion, Mut und (geistliche und generelle) Sensibilität. Wenn in diesem Schritt konkrete Inhalte formuliert werden, ist es hilfreich, sich dieses Spannungsfeld immer wieder vor Augen zu führen und selbstkritisch zu fragen:

- Wo formuliere ich auf eine übergriffige Art und Weise?
- Wo mache ich zu wenig deutlich, dass Real Talk immer auch bedeutet, dass sich die Jugendlichen mit meinen Inhalten kritisch auseinandersetzen sollen?

  Ebenso ist es entscheidend, sich zu fragen:
- Wo wage ich zu wenig Konkretion, bleibe im Allgemeinen und Beliebigen?
- Wo kann ich es wagen, von den biblischen Texten her deutlicher in das Leben der Hörenden zu sprechen bzw. die biblischen Erzählungen so zu inszenieren, dass sich die Lebensrealität der Jugendlichen und die der biblischen Texte auch auf herausfordernde, zusprechende und zugespitzte Art und Weise ergeben?

Real Talk wird in diesem Aspekt dadurch vorbereitet, dass Predigende deutlich machen, dass sie nicht das direkte, unfehlbare „Sprachrohr Gottes" sind. Jugendliche sollen in der Predigt oder dem Predigtsetting die Möglichkeit haben, zu lernen, wie sie sich auch kritisch mit den Inhalten der Verkündigung auseinandersetzen können, wie sie überprüfen können, was gesagt wird, und dass sie das direkte Gespräch z. B. im Nachhinein zur Predigt suchen dürfen. Das beginnt beim Selbstverständnis und der „Selbstinszenierung" der verkündigenden Person, spiegelt sich in Formulierungen wider und drückt sich in niedrigschwelligen Möglichkeiten aus, tatsächlich ins Gespräch zu kommen. Kennzeichen für Manipulation und Übergriffigkeit sind z. B. Formulierungen wie „Gott hat mir gesagt, dass …“ oder „Gottes Wille ist …“.

! Do it!

Erinnere dich immer wieder an die Personas, die du entwickelt hast (vgl. Kapitel 4) und frage dich:

- Welche deiner Ideen sind für die Jugendlichen eine unmittelbare „gute Nachricht“?
- Welche Beispiele greifen ihre Lebens- und Erfahrungswelt auf?
- Ist das, was du verdeutlichen möchtest, für sie wirklich relevant?
- Welche Herzensmessages und Challenges möchtest du den Hörenden mitgeben?

Die biblische Grundlage

Damit die Jugendlichen mündig werden, die Gedanken in der Predigt auch kritisch aufgrund der biblischen Grundlage zu prüfen, ist es unablässig, dass die Predigt in biblischen Inhalten verwurzelt ist. Real Talk als Predigt bedeutet nicht, dass Verkündigende den Jugendlichen sagen, was sie für richtig halten. Real Talk als Predigt bedeutet, dass die Jugendlichen in Kontakt mit Gott kommen, eingebettet in die Tradition der christlichen Erzählgemeinschaft.

Für Jugendliche muss klar werden, dass die Bibel eine Form des Wortes Gottes ist, die Menschen hilft, die eigenen Erfahrungen mit Gott in einen größeren Kontext zu stellen, subjektive Ansichten mit der Grundlage christlichen Glaubens zu prüfen und darauf zu vertrauen, dass diese Geschichten auch unsere Geschichten sind und uns etwas zu sagen haben mitten in unser Erleben hinein.

Dafür ist es entscheidend, dass Predigende transparent darstellen, wie sie zu ihren Ansichten über Gott und die Welt kommen. Natürlich ist dies ein komplexes Unterfangen und umfasst die eigene theologische Prägung ebenso wie die erlernte Wirklichkeitskonstruktion und

-deutung. Zum einen können Menschen dies selbst wohl nur bis zu einem gewissen Grad reflektieren und zum anderen kann dies nicht umfänglich in jeder Predigt dargestellt werden. Aber in der Verkündigung muss für die Jugendlichen mindestens ersichtlich sein, welche biblischen Texte der Meinung der predigenden Person zugrunde liegen, um es für sie nachprüfbar zu machen. Dafür kann es helfen, die Bibel in einer angemessenen Übersetzung als Buch in die Hand zu nehmen und aus ihr vorzulesen. So wird deutlicher: Das ist nachlesbar. Je nach Setting ist es ratsam, kurz zu erklären, wie man in der Bibel etwas findet oder dass Mitarbeitende dabei helfen können, sich in der Bibel zurechtzufinden. Wenn der Text digital vom Smartphone oder iPad vorgelesen wird, kann hinzugefügt werden, dass es userfreundliche Online-Bibeln gibt, in denen die Jugendlichen dies nachlesen können.[5] Lesen Verkündigende den Bibeltext nicht im Wortlaut vor, sondern gestalten ihn narrativ, ist es in jedem Fall essenziell, dass für die Jugendlichen deutlich wird, dass es sich nicht um eine „willkürlich" ausgedachte Geschichte handelt, sondern um jahrtausendealte Erzählungen und theologische Gedanken, die für Christ:innen eine besondere Bedeutung haben.
Predigt als Real Talk bringt die Jugendlichen mit Perspektiven auf Gott und das Leben in Kontakt, die über die Meinung der verkündigenden Person hinausgehen. Deshalb ist alles, was sie sagt, auch hinterfragbar. Predigt als Real Talk befähigt die Jugendlichen, ihre eigene Meinung im Horizont von Gottesbildern und biblischen Erzählungen, einzubringen, zu hinterfragen, zu verändern oder beizubehalten. Gleiches gilt für die verkündigende Person. Wenn die Predigt tatsächlich zum Real Talk werden soll, müssen Predigenden die Haltung haben, dass auch ihre Meinung und ihr Gottesbild niemals abgeschlossen oder vollständig ist. Haben sie diese Grundüberzeugung und Neugier auf andere Sichtweisen nicht oder wollen sie sich nicht ehrlich mit Fragen auseinandersetzen, wird Real Talk in dem Sinne, wie es hier verstanden wird, nicht möglich sein.

---

5 2024 können hier insbesondere www.die-bibel.de und www.bibelserver.de empfohlen werden. Als Übersetzung für Jugendliche eignet sich z. B. die Basisbibel.

Diversitätssensibilität

Verkündigende übernehmen Verantwortung für die Atmosphäre und den Rahmen, in welchem sich Jugendliche für den entsprechenden Zeitraum bewegen. Positiv gesprochen geben die meisten Predigtsettings der predigenden Person die Möglichkeit, Jugendliche in ihren Fähigkeiten und in ihrer Identität und Hoffnung zu stärken, ihnen die Schönheit Gottes und Liebe Jesu vor Augen zu malen und ihr Leben positiv zu beeinflussen. Es wird Jugendliche geben, die glauben werden, was gepredigt wird; deren Bild von Gott und sich selbst durch das Gesagte, Gefühlte und Erlebte gestaltet wird; die (Lebens-) Entscheidungen aufgrund von oder mitgeprägt durch Verkündigung treffen werden. Im besten Falle erinnern Jugendliche sich an (einzelne) Predigten, weil ihr Leben durch sie reicher geworden ist. Negativ gesprochen muss aber auch gesagt werden: In vielen Predigtsettings sind Jugendliche den Verkündigenden für eine bestimmte Zeit ausgeliefert und nicht alle Jugendlichen (sowie Erwachsenen) verfügen über ein inneres Sensorium und die entsprechende Stärke, Settings zu verlassen, die ihnen nicht guttun und sie negativ beeinflussen. Predigten können auch gewaltvoll sein, in negativem Sinne verunsichern und Jugendliche kleinmachen. Dies geschieht bisweilen auch durch Worte, die gut gemeint und (vermeintlich) biblisch und durch (die eigene Interpretation von) Gottes Wort begründet sind. Hinzu kommt, dass Predigende je nach Frömmigkeit, Setting und „Inszenierung" eine besondere Form des Vorbilds darstellen und ihnen Autorität zugeschrieben wird. Das kann auch geschehen, ohne dass dies beabsichtigt wird. Predigten mit Jugendlichen, die einen Real Talk ermöglichen, schaffen eine „sichere Umgebung" für die Jugendlichen und sind von einer diversitätssensiblen Theologie geprägt.

„Sichere Umgebung" bedeutet in diesem Zusammenhang, dass die Jugendlichen in der Verkündigung keine Abwertung ihrer Person, keine Diskriminierung durch Rassismus, Klassismus, Sexismus, Antisemitismus oder Ableismus erleben. Da auch verkündigende Personen in rassistischen und sexistischen Strukturen sozialisiert worden sind (vgl. Ogette 2021: 90; Vecera 2022: 110; Stokowski 2018: 12), gilt es hier, eine besondere Sensibilität zu entwickeln und einen starken Kompass zur Selbstprüfung einzuüben.

In den wenigsten Fällen werden Predigten für Jugendliche unsicher, weil die predigende Person es so beabsichtigt hat und sich in der Abwertung oder Stigmatisierung tatsächlich auch deren Meinung widerspiegelt. Natürlich mag es auch das geben und je nach theologischer Überzeugung auch reflektiert durch die eigene Theologie gedeckt sein. Doch kann Diskriminierung auch dort geschehen, wo die Normalitäten, von denen Predigende ausgehen, sich unreflektiert in der Verkündigung widerspiegeln – beispielsweise wenn von bestimmten Bildungsgraden, finanziellen Möglichkeiten der Elternhäuser, einseitigen Rollenbildern, bestimmten Familienkonstellationen oder starren Geschlechtervorstellungen ausgegangen wird. Deshalb gehört es zur Verantwortung der Verkündigenden, die eigenen Ideen und Inhalte mit dieser Brille in den Blick zu nehmen, auch und gerade dann, wenn einer verkündigenden Person das Thema Diversität wichtig ist. Hier sind Predigende auf Bildung und das kritische Feedback von Menschen mit mehr Wissen und gegebenenfalls auch mit Erfahrungswissen angewiesen. Eine *weiße* Verkündigerin kann den eigenen Rassismus unter Umständen nicht identifizieren. Ein heterosexueller Verkündiger nimmt verletzende Aussagen gegenüber homosexuellen Jugendlichen vermutlich nur bedingt wahr. Wie entlastend es ist, wenn in Beispielen nicht nur vermeintlich „heile Elternhäuser" auftauchen, können womöglich nur diejenigen, die ihre Lebenssituation als „kaputt" erleben, empfinden. Wie heilsam es ist, wenn Gott nicht nur in männlichen Kategorien gedacht und verkündigt wird, fällt zunächst vor allem denjenigen auf, für die die Weiblichkeit Gottes Befreiung und Erlösung bedeutet.

Ein weiterer Kompass für das Wählen von Inhalten und Beispielen ist deshalb, diverse Perspektiven in den Predigterfindungsprozess bewusst einzubeziehen und Feedback mit dem Fokus der Diversitätssensibilität zu erbitten. Zu vermeiden ist das Verwenden von (gut gemeinten) Kontrastpaaren, bei denen man häufig Stereotype bedient und verschärft (z. B. wir und die anderen; Gesunde und Kranke). Das wird weder der Realität der Jugendlichen gerecht noch den biblischen Texten. Dabei kann und muss nicht in jeder Predigt jede Lebensrealität explizit genannt werden. Doch Fragen, die das zu vermutende Erleben Jugendlicher unterschiedlicher Erfahrungswelten während der Predigt in den Blick nehmen, verringern die Gefahr, dass die Predigt für Jugendliche „unsicher" und lebenshinderlich wird. Diversität kann sich auch in der Auswahl der Predigttexte zeigen (z. B. Noa und ihre Schwestern als feministische Kämpferinnen, Jakob, Lea und Rahel als Patchworkfamilie, Jesus als Mensch mit Fluchterfahrung und Person of Colour).

! Do it!

Frage dich:

- Was könnte eine jugendliche Person, die mit ihrer geschlechtlichen Identität ringt, während deiner Predigt empfinden?
- Wie fühlen sich Jugendliche in der Predigt, die aus finanziell herausfordernden Situationen kommen?
- Welche Lebenssituationen kommen in der Predigt (implizit) als normal rüber?
- Wer/was könnte dir helfen, deine blinden Flecken in der Diversitätssensibilität wahrzunehmen?
- Wie kannst du in deiner Predigt zum Ausdruck bringen, dass du deine Sicht der Dinge darlegst und von deinem Stand der Gotteserkenntnis ausgehst, dies aber Grundlage zur Auseinandersetzung und nicht absolut ist?
- Bietet das Bild von Gott, das du in deiner Predigt malst, Platz für Vielfalt?

Hilfreiches Bildungsmaterial

- Sarah Vecera (2022): Wie ist Jesus weiß geworden? Ostfildern: Patmos Verlag.
- Sabrina Müller/Jasmine Suhner (2023): Transformative Homiletik. Jenseits der Kanzel. (M)achtsam predigen in einer sich verändernden Welt, besonders Kapitel 12. Neukirchen-Vluyn: Neukirchener Verlagsgesellschaft.
- www.theoversity.com
- Dr. Marie Hecke macht „9 Vorschläge für ein Autokorrekturpro-

gramm für Predigt und Unterricht zu Joh 9": www.theoversity.com/literaturlisten/theologien/dis-ability-theologie/ (unten im orangenen Kasten).

„RedenIn" statt „RedenÜber" – Predigt als Ereignis und Bewegung

Martin Nicol und Alexander Deeg prägen in ihrem Ansatz der dramaturgischen Homiletik den Begriff des „RedenIn" statt „RedenÜber" (Nicol/Deeg 2013: 15). Sie plädieren dafür, Predigten stärker an den Künsten zu orientieren und sie als Inszenierung zu denken und aufzubauen. „Kunst redet nicht über die Dinge, sondern macht, dass die Dinge geschehen" (Deeg/Nicol 2013: 15).

Relevanz entfaltet sich da, wo Predigende nicht über Trost reden, sondern ihre Predigten trösten. Wo Predigten nicht Befreiung zum Thema haben, sondern befreien. Wo Verkündigende nicht zur Veränderung aufrufen, sondern ihre Worte Veränderung auslösen. Wie bei einer gut inszenierten Story in einem Film oder einem Buch, einem Computerspiel oder Theaterstück, in einem Freizeitpark oder Museum vollzieht sich ein immersives Geschehen, indem die Grenzen zwischen zuschauender Person/Gamer:in/hörender Person und den Protagonist:innen verschwimmen und man sich selbst mitten in der Story wiederfindet, weil sie zur eigenen wird (vgl. dazu auch Kemnitzer/Roser 2021). Man erlebt „den Inhalt" vielmehr, als dass man einen Sachverhalt von außen wahrnimmt, und redet im Nachhinein stärker über die Wirkung als über die Sachaussagen. Predigt ist dann sogar noch weit mehr als Real Talk – sie wird zu einem realen Geschehen dadurch, dass sich Wirkungen vollziehen. Natürlich können Wirkungen nicht garantiert werden, aber die Grundidee, sich in der Konzeption der Predigt stärker an den Künsten im weitesten Sinne zu orientieren, hilft, wirkungsvoll und wirkungsorientiert zu predigen. Verkündigende fragen dann nach dem „Impact", den die Predigt haben soll oder in anderen Worten: nach dem „Morgen danach". Was von der Predigt soll am Morgen danach noch nachklingen, Wirkung entfaltet haben, bedeutsam sein (vgl. Sellmann 2008: 178f.)?

Für Jugendliche, die mit einer Vielzahl an hochprofessionell aufgearbeiteten immersiven Storys groß werden, ist der Maßstab für Unterhaltung hoch. Gerade Jugendliche, die im Gaming zu Hause sind oder Fantasyromane lieben, für die VR-Spiele und Blockbuster Normalität sind oder zu deren Lebenswelt Escape Rooms und Laser-Tag-Arenen gehören, sind es gewohnt, dass Geschichten sie in den Bann ziehen und sie sogar selbst aktiv partizipieren können.

Nun ist eine Predigt natürlich nicht mit reiner Unterhaltung vergleichbar, aber die entsprechenden Gewohnheiten sind für eine Vielzahl der Jugendlichen dennoch Realität. Sich mit der Predigt stärker an Ereignissen und bewegten Bildern zu orientieren, ist deshalb eine hilfreichere Analogie als die des Vortrags oder Unterrichts, denen Predigten vom Stil her oft ähneln können. TED Talks zeigen zum Beispiel, dass mitreißende Rede möglich ist und es keine aufwendig produzierten Clips braucht, um immersiv zu erzählen (vgl. Gallo 2021: 19).

Die Frage, wie es gelingen kann, dass die Jugendlichen (mindestens) innerlich Teil der Verkündigung werden, in die biblischen Geschichten und Inhalte hineingezogen werden und die Predigt zum Geschehen wird, helfen auch bei Predigten, die sich nicht am Konzept der dramaturgischen Homiletik (vgl. Nicol/Deeg 2013: 16) orientieren. Nicol und Deeg regen an, das Inszenieren von Spannungen als Kernelement der Predigt zu begreifen.

> *„Wir sind der Überzeugung, dass eine spannungsreiche Predigt nur entstehen kann, wo Spannungen entdeckt werden: im Bibelwort, zwischen Bibelwort und Leben, zwischen Bibeltext und mannigfachen Kontexten.“* (Nicol/Deeg 2013: 17)

Für das Konzipieren der Predigt bedeutet dies, in der Stoffsammlung für die Predigt besonders nach Spannungen Ausschau zu halten, nicht um diese aufzulösen, sondern mit der Frage, wie sie inszeniert werden können. Spannungen sind nicht negativ, sondern zeigen an: Hier ist eine spannende Spur. Hier ist Energie. Verkündigende können sie innerbiblisch, durch die Unterschiedlichkeit der Lebenswelt der Jugendlichen und der biblischen Erzählwelt, durch Fragen, gegensätzliches Erleben, durch In-Bezug-Setzen der biblischen Texte mit Erzählungen der Popkultur usw. entdecken. Diese Spannungen zu gestalten, bedeutet, „die Hörenden in die Welt der ‚Geschichten, Worte und Bilder der Bibel' hinein zu verstricken" (Schwietering-Evers/Trenn 2015: 107). Das Schema „Ausführung eines Gedankens/Auslegung – Brücke in die Alltagswelt (z. B. mit Formeln wie ‚Das kenne ich von mir auch...') – Übertrag in die Lebenswelt der Jugendlichen (z. B. eingeleitet durch ‚für uns bedeutet das, dass wir ...')" wird ersetzt durch ein Verweben der Erfahrungswelten von z. B. biblischen Personen und den Themen/Fragen der Jugendlichen (vgl. Nicol/Deeg 2005: 32).

! Do it?

Frage dich:
- Welche Wirkung möchtest du mit der Predigt erzielen?
- Auf welche Resonanz trifft dein Zielgedanke (Sellmann 2008: 179)?
- Welche Teile deiner Stoffsammlung eignen sich dafür, für die Jugendlichen zum immersiven Geschehen zu werden?
- Welche Spannungen möchtest du inszenieren?

Rhetorisches/Sprachliches

Immersives Storytelling als Inspiration

„Zeigen, nicht sagen" (vgl. Lampert/Wespe 2021: 20) ist ein Markenzeichen des Storytellings, das sich generell auf anschauliche „Rede" übertragen lässt und deshalb auch eine generell hilfreiche Devise fürs Predigen ist.

Dafür ist es in der Vorbereitung hilfreich, sich die Predigt bzw. die biblische Geschichte als Vorgang vorzustellen und in Szenen zu

denken. Hirsch-Hüffel regt dazu an, es sich wie einen inneren Film vorzustellen (vgl. Hirsch-Hüffel 2010). Eine andere Analogie wäre ein Comic-Strip. Wer zeichnerisch begabt ist, kann dies in der Vorbereitung auch künstlerisch umsetzen.
In diesem narrativen Predigtbeispiel aus der Perspektive von Simon Petrus wird deutlich, wie dieser innere Film Teil der Predigt werden kann:

Wir lagen am Strand. Der Sand war noch kalt. Es wurde gerade hell. Sieben Männer. Bestes Alter. Gestählte Oberkörper. Dicke Oberarme. Wir schwiegen. Die ersten Sonnenstrahlen streiften unsere Gesichter. Keiner konnte sie genießen. Wir waren frustriert. Eine Nacht gearbeitet. Nichts erreicht. Kein einziger Fisch im Netz. Hunger machte sich bemerkbar. Ein Typ kam vorbei. Blieb stehen. Wünschte uns einen guten Morgen. Ob wir was zu essen hätten. Irgendeiner presste ein knappes Nein zwischen den Lippen hervor. Langes Gespräch war jetzt nicht. Er ging nicht weiter. Sagte, wir sollten noch mal rausfahren. Diesmal auf der rechten Seite das Netz auswerfen. Ich schaltete auf Durchzug. Klugscheißer konnte ich jetzt nicht noch vertragen. Die letzten Tage waren zu abgefahren. Mir konnte keiner mehr was erzählen. Nach drei Jahren, die wir mit Jesus unterwegs waren, haben sie ihn hingerichtet. Ich war am Ende. Zerstört. Dachte, er ist der Held. Dachte, er ist der neue König. Dachte, er räumt auf. Dachte, wir räumen zusammen das Land auf. (Auszug aus einer Predigt von Kai zu Johannes 21)

Do it!

- Lass die Geschichte als Film vor deinem inneren Auge ablaufen oder zeichne sie als Comic. Welche Details fängt die Kamera ein? Was ist zu sehen? Was geht vor?

- Erzähle die Geschichte, die du erzählen willst, laut einer anderen Person. Bitte sie, dir Feedback dazu zu geben, welche Stellen sie berührt und beteiligt haben, wo sie gelangweilt war und was ihre Gedanken zur Geschichte sind. Arbeite das Feedback in deine Erzählung ein.

Konkrete Sprache und Beispiele

Konkrete und abstrakte Sprache zu unterscheiden und diese konkrete Sprache bewusst einzuüben, trägt dazu bei, dass Predigten anschaulich und spannend werden (vgl. Pyka 2019: 24). Während man sich in den exegetischen und analytischen Vorarbeiten für die Predigtinvention eher mit abstrakter Sprache beschäftigt, ist es für die Dynamik von Predigten unerlässlich, konkrete Sprache zu verwenden. Abstrakte Sprache hat ihren Ort überall da, wo (wissenschaftliche) Distanz und Fachbegriffe notwendig sind. In Predigten ist das Gegenteil wünschenswert: Nähe und alles, was Bilder vor dem inneren Auge entstehen lässt. Abstrakte Sprache lässt sich an unterschiedlichen Merkmalen erkennen:

- „Adjektive, die ein Bild oder einen Vorgang in einem einzigen Wort zusammenfassen (laut, leise, schnell, groß, wichtig usw.)
- indirekte Rede [...]
- deutende Passagen, die dem Publikum eine bestimmte Interpretation des Geschilderten vorschreiben, statt sie selbst nachempfinden und die Resonanzen wirken zu lassen;
- Substantive, die keine sinnlich wahrnehmbaren Phänomene beschreiben (solche auf -schaft, -ung und -tion).“ (Pyka 2019: 25)

Abstrakte Sprache und Wörter können ins Konkrete heruntergebrochen werden. Von der Metaebene in das Alltagsbeispiel. Von Zusammenfassungen in einzelnes Erleben. Von den großen Bildern und Gesamtzusammenhängen in die eine Situation.

Natürlich schließen Verkündigende, indem sie sich dafür entscheiden, auf der konkreten Ebene zu erzählen, immer auch andere konkrete Beispiele und Veranschaulichungen aus. Menschen können aber leichter von einem konkreten Beispiel auf weitere konkrete Beispiele schließen als von der abstrakten Ebene in die konkrete. Es ist einfacher, sich in ein konkretes Beispiel hineinzuversetzen und emotional beteiligt zu sein, das einem selbst fremd ist, als eine Abstraktion selbstständig in das eigene Leben zu konkretisieren. Eine Möglichkeit, in Predigten den gleichen Punkt zu illustrieren, stellt auch das Nutzen von mehreren konkreten Beispielen dar:

Real Talk

Manchmal kann ich einfach nicht glauben, dass Gott mich wirklich sieht. Vielleicht kennst du das: Stundenlang für 'ne Arbeit gelernt und am Ende hat's trotzdem nicht gereicht. Gott, siehst du, wie viel ich da reingesteckt hab und wie scheiße sich das anfühlt?
Oder: Ich hatte mir so vorgenommen, nicht auszurasten, aber meine Mutter treibt mich zurzeit einfach in den Wahnsinn. Rumgeschrien. Türen geknallt. Am Ende bin ich wieder schuld. Gott, siehst du, wie sehr ich mich bemüht hab und trotzdem hab ich's nicht geschafft.
Oder: Alles, was ich mir gewünscht hätte, war, auch zur Party zu können. Aber ich musste wieder auf meine kleine Schwester aufpassen und war den Abend allein. Gott, siehst du, wie einsam ich mich fühle? – Vielleicht kennst du so Situationen auch, wo du denkst: Gott sieht mich nicht. Dabei würde ich mir so wünschen, dass Gott, dass irgendjemand mich sieht. Und versteht. (Auszug aus einer Predigt von Katharina zu 1. Mose 16,13)

Drei konkrete Beispiele stehen hier exemplarisch für andere Situationen, die mit ähnlichen Gefühlen verknüpft sein können. Sie bieten den Jugendlichen die Möglichkeit, selbst zu überlegen, wann sie sich von Gott nicht gesehen fühlen, es sich aber wünschen. Sachlich hätten auch die letzten drei Sätze gereicht. Doch die konkreten Beispiele stellen die Verknüpfung ins „eigene" Leben dar.

Ein hilfreiches Tool, um konkrete Sprache zu erlernen, ist die „Leiter der Abstraktion“, die von dem US-amerikanisch-japanischen Psychologen Samuel Ichiye Hayakawa stammt (vgl. Pyka 2019: 25). Sie verdeutlicht, dass Sprache sich in einem Spektrum von „konkret“ und „abstrakt“ bewegt, und kann als Seh- und Übungshilfe dienen.

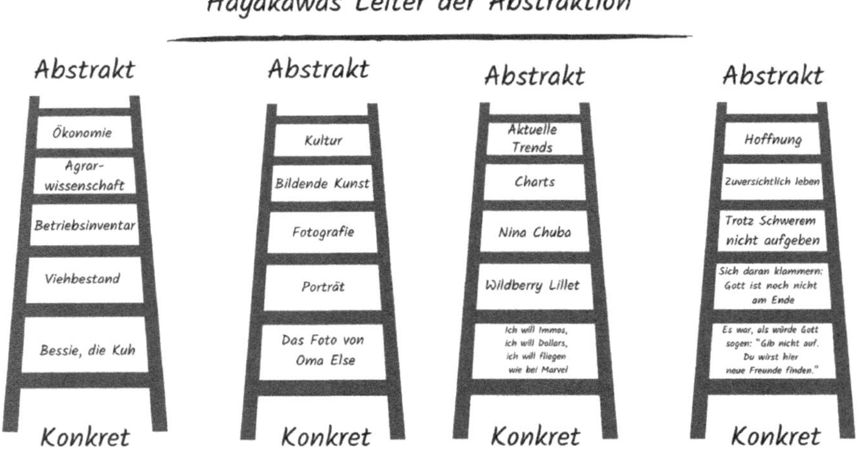

Abb. 14: Hayakawas Leiter der Abstraktion (eigene Darstellung nach Pyka 2019: 25 und Lampert/Wespe 2021: 22)

Auf der untersten Sprosse finden sich z. B. konkrete Personen, die am besten Namen haben und knapp charakterisiert werden. Es finden sich Situationen, Liedzeilen, die den Jugendlichen bekannt sind, Beschreibungen von Orten, eigenes Erleben der Predigenden und Hörenden, direkte Rede, Gegenstände mit ihren Farben und Charakteristika.

Wenn den Hörenden die untersten „Sprossen“ vorenthalten wird, werden sie zu einem „Klimmzug ins Abstrakte“ gezwungen (Lampert/Wespe 2021: 19). Doch die wenigsten Menschen „schaffen“ diesen Klimmzug. Mit der Leiter der Abstraktion haben Predigende die Möglichkeit, ihre Sprache so zu erweitern, dass Abstraktes lebendig wird und Bilder im Kopf der Jugendlichen entstehen. Menschen lernen durch Beispiele (Lampert/Wespe 2021: 20). Sie erhöhen die emotionale Beteiligung und insgesamt das Verständnis. Die Leiter der

Abstraktion hilft, in der Vorbereitung die Begriffe zu ordnen und ein Bewusstsein für die unterste Stufe zu entwickeln. Wenn Verkündigende von „Zeugnis voller schlechter Noten", „schon wieder soll ich mein Zimmer aufräumen" oder „der Wecker klingelt und ich will einfach nur liegen bleiben" sprechen, sehen Jugendliche konkretere Bilder und spüren mehr Emotionen, als wenn von „Sorge", „Streit mit den Eltern" oder „Unpünktlichkeit" gesprochen wird.

Gleichzeitig kann auf dem Weg nach oben das „Big Picture" entstehen: durch die Abstraktion dessen, was die Jugendlichen im Konkreten erleben, wird ein weiter Blick möglich.

Hörende, die vor allem die konkreten Beispiele kennen, können durch ein abstrakteres Level die übergeordnete Bedeutung und Zusammenhänge verstehen. Diejenigen, die eher die „großen Wörter" gewohnt sind, erleben in der Konkretion, was diese für ihr Leben bedeuten und wie sie sich beispielhaft und alltagstauglich konkretisieren.

Die Gefahr der Abstraktion besteht darin, dass man den Jugendlichen eine theoretische Abhandlung über ihre Köpfe hinweg bietet. Die Gefahr im Konkreten zeigt sich, wenn niemals ein Verständnis für die großen Zusammenhänge entsteht. Die Kunst besteht also darin, sich reflektiert auf der Leiter der Abstraktion bewegen zu können, damit die Jugendlichen folgen können. Ein Vorgehen vom Konkreten ins Abstrakte ist dabei leichter nachzuvollziehen als umgekehrt. Denn grundsätzlich kann festgehalten werden: Je konkreter wir uns ausdrücken, desto eher versteht uns das Gegenüber.

! Do it!

Frage dich:

- Welche „großen theologischen Wörter und Konzepte" sind für deine Predigtintention relevant?
- Wie kannst du sie mithilfe von Hayakawas Leiter der Abstraktion konkretisieren? (Theologische „große Wörter" sind z. B.: Hoffnung, Schuld, Gnade, Vergebung, Gerechtigkeit, Frieden, Liebe, Vertrauen.)

Persönliche Beispiele

Eine besondere Form der konkreten Sprache stellen persönliche Beispiele dar. Sie helfen den Jugendlichen, nachzuvollziehen, wie sich das Thema der Predigt und der Bibeltext im Alltagsleben widerspiegeln können. Als besondere Form des Storytellings erregen sie im besten Fall Aufmerksamkeit, stellen eine Nähe zu der verkündigenden Person her und malen das erlebte Handeln Gottes im eigenen Leben konkret vor Augen. Sie laden ein, das eigene Leben mit der Brille des Glaubens zu betrachten und nach den Spuren Gottes im Alltag zu suchen. „Wir alle sind Experten für die Wege Gottes zu uns, wir alle sind an Suchtrupps beteiligt, die Gottes Spuren aufspüren. Darum kann jede und jeder erzählen von ihrem, von seinem Glaubensexperiment“ (Bitter 1994: 28).

Es birgt aber auch Gefahren, wenn Predigende von persönlichen Beispielen erzählen, vor allem dort, wo sie nur vom Positiven, Großartigen und Wundersamen berichten, denn dann werden sie schnell unnahbar und zu Glaubensheld:innen. Erleben die Jugendlichen selbst anderes, kann es passieren, dass sie ihren eigenen Glauben als minderwertig empfinden und sich von Gott ausgegrenzt oder abgelehnt fühlen. In der Vorbereitung sollten Predigende deshalb prüfen, ob ihr persönliches Beispiel ihre Intention tatsächlich unterstützt, ob es zu einseitig ist und ob es ein schräges Bild von ihrer Person zeichnet. Persönliche Beispiele können dabei immer nur veranschaulichen, was Verkündigende in der exegetischen und systematischen Vorarbeit zum Thema und zum Bibeltext erarbeitet haben. Eine große Gefahr besteht darin, eigene Geschichten und Erlebnisse zu verabsolutieren oder ausgehend von ihnen auf das generelle Wirken Gottes zu schließen. Das erlebte Wirken Gottes im eigenen Leben ist immer auch Deutung. Genau das hin und wieder zu markieren, fördert einen mündigen Umgang der Jugendlichen mit ihren eigenen Erfahrungen. Persönliche Beispiele können helfen, abstrakte Glaubensaussagen zu konkretisieren und als subjektive Erlebnisse eine Erfahrungsebene für die Hörenden öffnen, wie z. B. in diesem Auszug:

„Und wo ist Gott in alldem?" Roseann stellte mir diese Frage, als ich selbst gar nicht auf die Idee gekommen bin, dass Gott auch in diesen, den bisher schwierigsten Momenten meines Lebens zu finden sein könnte. Dass sie mich das so fragte, machte mich völlig perplex. Als wäre es total klar, dass Gott auch in diesen Momenten ist. Zuerst schrie alles in mir: „Nirgendwo! Nirgendwo ist Gott in alldem." Aber je länger die Frage sackte, wurde sie zu einer Hoffnung. Und dann zu einer Aussage: Irgendwo ist Gott auch in dieser Situation zu finden. Und plötzlich war es für mich, als würde Jesus sagen: „Ich bin da. In Freundinnen wie Roseann. Aber auch in den Abgründen selbst. Denn ich hab sie selbst auch erlebt." (Auszug aus einer Predigt von Katharina zu 1. Mose 16,13)

Multidimensionalität

Sellmann weist auf die Theorie des „iconic turn" hin und stellt fest, „dass unsere Gegenwartskultur in geradezu inflationärer Intensität *Bilder* produziert und verbreitet, um von Inhalten zu überzeugen und Handlung anzuleiten. Die bisher geltende Logik des Diskurses geht über in eine Logik der Inszenierung" (Sellmann 2008: 173). Internet, Fernsehen und Werbung haben unbewusst geprägt, dass Menschen Informationen über Bilder aufnehmen (vgl. von Boehn 2009: 20). Wenn man beobachtet, worauf soziale Medien wie Instagram, TikTok oder Snapchat setzen, und daraus ableitet, wie das die Wahrnehmung von Jugendlichen prägt, wird deutlich, dass sich dieser „iconic turn" seit 2008 rasant weiter vollzogen hat. Dies prägt Sellmann zufolge eine pragmatische Grundhaltung, da visuelle Kommunikation definierter sei als textliche (vgl. Sellmann 2008: 174). Geltung werde im „iconic turn" „an die Gewissheit der körperlich-sinnlichen statt der geistig-rationalen Rezeption gebunden" (Sellmann 2008: 177). Geltungsansprüche – und um solche geht es im Real Talk – erschlössen sich deshalb „produkthaft, bildhaft, körperlich, sinnlich, multidimensional. [...] Der Sinn muss sich den Sinnen stellen“ (Sellmann 2008: 177). Vogt resümiert:

> *„Für viele in der Erlebnisgesellschaft geprägte Menschen ist der klassische Gottesdienst in seiner Geprägtheit kein Geschehen mehr, das sie für persönliche Erfahrungen mit dem Transzendenten öffnen würde. Die Vertrautheit und damit Geborgenheit des Rituals kennen sie nicht, die Formen wirken fremd und unzeitgemäß, und die Inhalte kommen meist nicht induktiv, sondern deduktiv daher.“ (Vogt 2009: 85)*

Vogt hat hier zwar keine dezidierten Jugendveranstaltungen im Blick, dennoch lässt sich seine Wahrnehmung übertragen. Auch bei Jugendgottesdiensten und -veranstaltungen muss gefragt werden, inwiefern sie Jugendlichen tatsächlich „persönliche Erfahrungen mit dem Transzendenten“ eröffnen.

Multidimensionalität und Erfahrbarkeit kann sich in Predigten (und Gottesdiensten) unterschiedlich niederschlagen, denn *Bilder* meint unterschiedlichste Formen der Veranschaulichung (vgl. von Boehn 2009: 19). Ob es Elemente aus Film, Kunst, Musik, Poetry etc. sind, die in die Predigt aufgenommen werden, ob Erfahrungsräume, Zeichenhandlungen, Symbole, Storys, Erlebnisse oder Aktionen eingebunden werden – entscheidend ist, dass in der Vorbereitung mit überlegt wird, wie die Predigt multidimensional(er) inszeniert werden kann. Auch hier gilt es, zu betonen, dass das Kernkriterium das der Stimmigkeit ist: Es geht also nicht um das Einbinden solcher Elemente um ihrer selbst willen. Doch wer ernst nimmt, wie sich Jugendlichen Sinn erschließt, wird in der Vorbereitung automatisch mit überlegen, wie die Verkündigung über den „vorgetragenen Text“ hinausgehen kann und wo dies einen Mehrwert darstellt.

Orientierung an Predigtkonzepten

Wenn im Folgenden Predigtkonzepte vorgestellt werden, ist dies kein Plädoyer für einheitliche und an Schemata orientierten Predigten. So unterschiedlich wie Jugendliche sind, so unterschiedlich sollen und dürfen auch die Real Talks mit ihnen sein. Gleichzeitig stellen Konzepte aber eine Hilfe dar, die „Angst und Hilflosigkeit vor dem leeren Blatt" zu überwinden, Inhalte zu strukturieren, für einen nachvollziehbaren Aufbau zu sorgen und dabei zu helfen, wichtige Aspekte bei der Konzeption der Predigt im Blick zu behalten. Je geübter und kreativer Verkündigende vorgehen, desto natürlicher ist es, sich von Konzepten zu lösen oder sie zu variieren. Entscheidend ist, dass Form und Inhalt zusammenpassen und weder die Form der Predigt dem Inhalt im Weg steht, noch der Inhalt losgelöst von der Form gedacht wird. Mit „the medium ist he message" (das Mittel ist die Botschaft) fasste McLuhan diesen Sachverhalt zusammen und meint damit, dass Form und Inhalt nicht voneinander zu trennen sind und sich gegenseitig bedingen, weil die Form/das Mittel eine eigene Botschaft in sich trägt (McLuhan 2001: 7).

Für den Real Talk mit Jugendlichen bedeutet das, gut abzuwägen, welche Form der Verkündigung bestmöglich zum Inhalt und zur Haltung (vgl. Kapitel 3) passt. Das umfasst auch sichtbare Aspekte, wie das Auftreten der verkündigenden Person, die Position während der Verkündigung, die Körperhaltungen usw. Aber es bezieht sich auch auf die Art und Weise, wie Inhalte angeordnet werden, ob es Möglichkeiten der aktiven Beteiligung gibt oder wie stark die predigende Person z. B. biblische Geschichten direkt auf die Situation der Hörenden hin deutet.

Real Talk kann auf unterschiedliche Weisen entstehen. Essenziell ist dabei, dass die Jugendlichen in Inhalt und Form mit ihren (antizipierten) Erfahrungen und Meinungen wahr- und ernst genommen werden und dies auch deutlich wird. Real Talk bedeutet Beteiligung. Real Talk bedeutet die Möglichkeit der Auseinandersetzung und des Widerspruchs. Real Talk bedeutet, dass Verkündigende sich und ihre Überzeugung zur Disposition stellen, Reibungsfläche bieten und sich stärker als Anwält:innen der Jugendlichen gegenüber Gott und den biblischen Geschichten verstehen als als „Anwält:innen Gottes und der Bibel". Dies kann auf unterschiedliche Art und Weise deutlich werden.

Do it!

Frage dich:
- Welche Form verstärkt deinen Inhalt?
- Was predigt die Form und das Setting deiner Verkündigung?

Statement – Real Talk – Herzensmessage (Real-Talk-Modell)

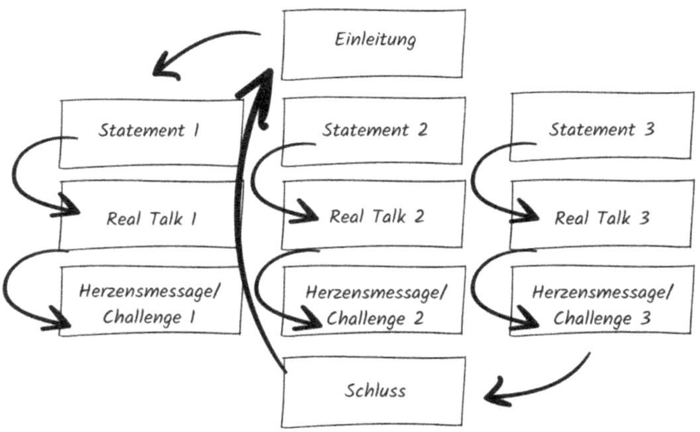

Abb. 15: Aufbau Real Talk Modell (eigene Darstellung nach Brünjes 2010: 120)

Dieses Modell bietet Predigenden eine klare Struktur, an der sie sich orientieren können, und eine schematische Hilfestellung, um mit Jugendlichen in den Real Talk zu kommen. Deshalb wird es im Folgenden als Real-Talk-Modell bezeichnet, auch wenn es natürlich auch mithilfe anderer Predigtansätze möglich ist, die Predigt als Real Talk zu gestalten. Die Grundlagen für dieses Modell finden sich bei Helmut Ockert (vgl. Ockert 1977: 68ff.) und Hermann Brünjes (vgl. Brünjes 2017: 110ff). Weder Ockert noch Brünjes haben es mit dem besonderen Fokus auf Predigten mit Jugendlichen (weiter)entwickelt, doch lassen sich ihre Arbeiten entsprechend weiterführen.

Ihre klare Struktur geht konsequent von der Gesamtintention der Predigt aus. Auf Basis der Gesamtintention werden unterschiedliche Punkte konzipiert, die Teilaspekte dieser aufgreifen und sich in jeweils drei Teile gliedern (vgl. Brünjes 2017: 103).

Diese drei Teile sollen hier mit „Statement“, „Real Talk“ und „Herzensmessage“ überschrieben sein. Ockert bezeichnet diese drei Teile als „Redeschichten“ (Ockert 1977: 68), Brünjes als Redeweisen (vgl. Brünjes 2017: 110). Sie kennzeichnen damit, dass Verkündigende die Gesamtintention in steigender Durchdringungstiefe bzw. auf unterschiedliche Art und Weise erschließen. Zunächst indem sachlich dargestellt wird, worum es geht (Statement). Hier erzählen sie also eine biblisch begründete Aussage, legen sie dar, präsentieren. Dann kommt der Real Talk: Hier kommt zur Sprache, was die Jugendlichen aus ihrer Perspektive zu dem Statement als Reaktion auf die Aussage bewegt bzw. bewegen könnte. Auch wenn die Predigt von der äußeren Form her (in den meisten Fällen) „monologisch“ bleibt, wird sie spätestens hier inhaltlich dialogisch, indem Fragen, andere Meinungen, Widerstände und Ablehnung der Jugendlichen ihren Raum bekommen. Dass die Predigt zum Real Talk wird, entscheidet sich nach diesem Aufbau also maßgeblich daran, ob die verkündigende Person den jeweils zweiten Aspekt intensiv, tiefgehend und herausfordernd für sie selbst gestaltet. Hier wird es also persönlich und das, was die predigende Person sachlich dargestellt hat, bringt sie nun engagiert in eine Diskussion mit möglichen Widersprüchen ein. Der Abschluss von jedem der drei Punkte besteht darin, dass der Inhalt zugespitzt wird.Diese Herzensmessage kann ein Zuspruch, aber auch eine Challenge sein.

Gerahmt werden die Teile von einer Einleitung und einem Schluss (vgl. Abb. 13).

Je nach Intention der Predigt und Hörendenreflexion kann eine Predigt unterschiedlich viele dieser Teile umfassen. Häufig wählen Predigende drei Punkte, weil ihnen das zum einen genügend Raum bietet, die Gesamtintention in der Tiefe zu entfalten, zum anderen aber die Hörenden nicht überfordert (vgl. Ockert 1977: 68). Das Schema bietet aber auch eine klare Struktur für ein oder zwei zu entfaltende Aspekte. Für Predigten mit Jugendlichen ist die zu erwartende Konzentrationsspanne eine wichtige Frage, ebenso wie die Dynamik der einzelnen Punkte und ob und wie Verkündigende sie gegebenenfalls multidimensional inszenieren und veranschaulichen oder interaktiv gestalten können.

Im folgenden Teil stammen die Predigtbeispiele aus einer Predigt von Simon, die er am Ende eines Konfi-Castles gehalten hat. Die Hörenden waren Konfirmand:innen und ihre Mitarbeitenden, die mehrere Tage unterschiedliche Aspekte am Glauben miteinander entdeckt haben. Das Thema der Predigt war „Der Heilige Geist ist im Alltag da“, die biblische Grundlage findet sich in Johannes 14. Der grobe Aufbau der Predigt sieht so aus:

Einleitung: Jetzt ist das Konfi-Castle leider vorbei - Aber die Sache mit Jesus nicht. Der Heilige Geist sorgt dafür.

Punkt 1 **Der Heilige Geist ist wie ein Fön: Dynamische und bewegende Kraft.**	S	Wie ein Ball auf einem Fön balanciert werden kann (vormachen), so ist Gottes Geist eine Kraft in uns. (Johannes 14, 16, 23, 28 - Verse auf Beamer visualisiert.)	**Teilintention:** Der Heilige Geist ist Gottes dynamische und bewegende Kraft in dir.
	RT	Aber was, wenn ich das nicht spüre? Wie soll Gottes Geist in mir wohnen. Das kann ich mir nicht vorstellen.	
	H/C	Der Fön erinnert dich daran: Du bist nicht alleine. Wie der Wind, der Hauch, der Atem, der Sturm. So ist Gott da.	
Punkt 2 **Der Heilige Geist ist wie Taschentücher: Er tröstet.**	S	Johannes nennt den Heiligen Geist auch den Tröster. Wir Menschen brauchen Trost. Verknüpfung zu konkreten Beispielen, die vorher erzählt wurden.	**Teilintention:** Der Heilige Geist ist der Tröster.
	RT	Was, wenn ich gar keinen Trost brauche? Was soll ich dann mit dem Heiligen Geist? Ist der Glaube nur was für die, denen es nicht gut geht?	
	H/C	Das Taschentuch bedeutet: Der Heilig Geist ist kein neuer Glücksbringer und Krisenvermeider. Wenn es dir gut geht, hilft er dir, andere zu trösten.	
Punkt 3 **Der Heilige Geist ist wie ein Wecker: Er erinnert uns an Gottes Ideen.**	S	Jesus sagt im Johannesevangelium auch: Der Heilige Geist erinnert euch das, was ich gesagt habe (Joh 14,26). Er weckt uns auf. Er erinnert uns.	**Teilintention:** Der Heilige Geist ist der Erinnerer.
	RT	Wieso ist das nötig? Warum ist es so schwer. die Ideen von Jesus zu behalten? Und nervt das nicht auch?"	
	H/C	Der Wecker steht für: Was hast du auf dem Konfi-Castle gehört, das du nicht vergessen willst? Woran soll der Heilige Geist dich erinnern?	

Schluss: Wiederholung, wofür die drei Gegenstände stehen.

Gesamtintention: Der Heilige Geist ist Gottes dynamische und bewegende Kraft in deinem Leben. Er tröstet dich. Er erinnert dich an die Ideen von Jesus.

Abb. 16: Aufbau Real Talk „Heiliger Geist“ von Simon (eigene Darstellung)

Zielgedanke/Intention

Eine große Stärke des Real-Talk-Modells ist es, dass es der verkündigenden Person immer wieder den Zielgedanken ihrer Predigt vor Augen führt, sie diesen im besten Falle in der Tiefe durchdringt und ihn mit unterschiedlichen Facetten und wie „im Gespräch“ mit den Jugendlichen entfaltet.

Wer mit dem Real-Talk-Modell arbeiten möchte, führt sich also zunächst den in den Vorbereitungen formulierten Zielgedanken vor Augen. Dazu kann es helfen, diesen groß auf ein Blatt Papier zu schreiben, in die Mitte einer Mind-Map oder als Überschrift eines Textdokuments. Ist der Zielgedanke noch nicht so prägnant und griffig, dass er sich in einem gut verständlichen Satz sagen lässt, muss dieser noch einmal nachgeschärft werden. Je klarer die predigende Person ihre Intention formuliert, je einprägsamer sie ist, umso höher ist die Chance, dass sie bei den Hörenden ankommt und Resonanzen auslöst.

In der bereits entstandenen Stoffsammlung sichtet die verkündigende Person nun, welche Unterpunkte sich zu der Intention gruppieren lassen, um diese aufzufächern und zu vertiefen. So findet sie die Teilintentionen, die den Zielgedanken „aufbohren" und unterschiedliche Facetten des Zielgedankens konkretisieren. „Alles Kommende wird ihm unter- und zugeordnet. Ich habe jetzt den ‚roten Faden' gefunden. Nun kann ich viel besser sortieren und gestalten" (Brünjes 2013: 106). Das bedeutet vor allem: Fokussieren und Aussortieren! Es kann und muss nicht alles gesagt werden. Im Gegenteil: Für viele Verkündigende gilt, dass sie zu viel in zu wenig Zeit sagen wollen und ihre Predigten dadurch überfrachten. Gerade wenn die Predigt zum Real Talk mit Jugendlichen werden soll, hilft ein klarer Fokus auf wenige Punkte, die zur Sprache gebracht und mit Lebens- und Alltagsbezügen dargestellt, hinterfragt und zugespitzt werden. Die Real-Talk-Struktur hilft der predigenden Person dabei, diese Intention klar in den Blick zu nehmen und zu behalten, sie aber nicht eindimensional zu thematisieren, sondern unterschiedliche Sichtweisen oder eben Dimensionen dieser Intention zu beleuchten. So bricht sie die Intention in Unterpunkte mit jeweiligen Teilintentionen herunter. Für den kreativen Prozess kann es je nach Arbeitsweise beflügelnd sein, die Intention auf einen großen Zettel und die unterschiedlichen möglichen Teilintentionen auf kleine Zettel zu schreiben, um sie zu visualisieren und im Prozess auch mal „hin und herschieben" zu können. So finden sich zunächst vielleicht mehr Teilintentionen als für die Jugendlichen aufnehmbar sind. Im Prozess kann die verkündigende Person nun „ausprobieren", welche Anordnung logisch und am sinnvollsten erscheint und sich für den Real Talk mit den Jugendlichen als stimmig erweist.

Einleitung

Einleitung: Interesse wecken, Relevanz verdeutlichen, Kontakt aufbauen
Die Jugendlichen sind vom ersten Moment an ins Thema hineingezogen.

Abb. 17: Einleitung (eigene Darstellung)

Jede Predigt hat einen Anfang. Und dieser ist entscheidend. Wenn die Jugendlichen nicht ab Sekunde eins erleben, dass das, was jetzt folgt, Relevanz für sie hat, werden sie abschalten, und es wird schwieriger, ihre Aufmerksamkeit zurückzugewinnen. Es ist von vielen Jugendlichen zunehmend weniger Vorschussvertrauen und generelles Interesse an Predigtformaten zu erwarten. Das Recht, gehört zu werden, ist nicht einfach bei den ersten Worten der Predigt da. Dieses Recht und das nötige Vertrauen bildet sich im Kontakt mit den Jugendlichen. Es entsteht beispielsweise am Kicker, in den Gesprächen vor der Veranstaltung und wenn die verkündigende Person in der Veranstaltung vorgestellt wird. Und es entsteht vor allem dadurch, dass sie den Jugendlichen zuhört und sich ehrlich für sie interessiert. Sobald die Predigt beginnt, muss deutlich werden: Jetzt lohnt es sich, innerlich dabei zu sein. Die Einleitung hat die Funktion, die Aufmerksamkeit und das Interesse zu gewinnen. Hier leitet die predigende Person ins Thema ein und weckt die Neugier. Die Jugendlichen merken: Hier geht es um mich. Das kann auf unterschiedliche Art und Weise erreicht werden. Im Blick auf Multidimensionalität von Predigten können Verkündigende mit einer Story, einem Filmclip, einem Witz oder einer Aktion beginnen. Entscheidend ist, dass die Einleitung wirklich in das Thema bzw. die biblische Grundlage der Predigt führt. Eine Einleitung allein um der „witzigen Idee willen", „weil es cool ist" oder „weil es überraschend" ist, ist unbedingt zu vermeiden. Natürlich ist es großartig, wenn die Einleitung witzig, cool und/oder überraschend ist. Doch sie sollte vor allem zielführend sein und nicht zu einem Spannungsabfall führen, wenn das erste Statement der Predigt folgt. Darüber hinaus sind Einleitungen besonders dann stark, wenn sie auch nach dem Beginn der Predigt wieder aufgegriffen werden.

Manchmal bietet sich dafür der Schluss an, bei anderen Einleitungen gelingt es auch während der anderen Teile der Predigt, immer wieder Bezug zu ihr aufzubauen.

Es ist auch möglich, auf eine klassische Einleitung zu verzichten und „direkt" einzusteigen. Der Vorteil dabei ist, dass gar nicht erst der Eindruck entsteht, dass Irrelevantes zur Sprache kommen könnte. Der Nachteil ist, dass manche Jugendliche einen Moment brauchen, um ihre Konzentration zu sammeln oder Gespräche einzustellen. Die Einleitung kann außerdem dazu dienen, dass die verkündigende Person sich selbst etwas „greifbarer macht", indem sie etwas von sich selbst erzählt, das hilfreich für die Hinführung zum Thema der Predigt ist.

Viele Predigten beginnen leider ähnlich, nämlich mit „Ähm", „Ja", oder „Also". Das stellt gleich zu Beginn einen Spannungsverlust dar. Eine gute Vorbereitung des ersten (und letzten) Satzes der Predigt ist Gold wert.

Negativ-Einstiege sind in der Regel nicht hilfreich. Negatives bleibt meist sehr intensiv hängen und in vielen Fällen kann man es danach nicht auffangen.[6]

Wenn es sich anbietet, kann der Einstieg auch die konkrete Situation der Jugendlichen einbeziehen, wie im folgenden Beispiel aus der Predigt von Simon:

---

6 „Erkenntnisse aus der Neurolinguistik und Psychologie über die Auswirkungen positiver und negativer Wörter werden zum Beispiel schon lange in der Werbung oder für die Ehe- und Paartherapie genutzt. Eine Studie aus Kalifornien konnte nachweisen, dass negative Wörter eine sehr viel stärkere und länger anhaltende Wirkung in unserem Gehirn hervorrufen als positive Wörter. Dieser Effekt konnte nicht nur im MRT sichtbar gemacht, sondern auch biochemisch nachgewiesen werden, da sowohl das Lesen als auch das Hören negativer Wörter die Produktion des Stresshormons Cortisol bei den Probanden ansteigen ließ. Positive Wörter hingegen, so fanden die Forscher heraus, animierten den Körper, Dopamin und Oxytocin auszuschütten" (katholisch.de/artikel/51681-verkuendigungs-forscherin-uebliches-predigt-muster-funktioniert-nicht?fbclid=IwAR2tQDPuE6Jbk5KlEXG1BENn4fmfs6tdP1nPogB9oF-q6i8s_v1CBI-8IHn4_aem_AUwxs2ZoAoVce2nZMgiHhk9JLkakNMMnotO8PyLOlFWDH-gt4WGbEK-6dYh4N5UOxK20, Abruf 06. 04. 2024).

Real Talk

Gleich geht's zurück in den Alltag. Mit all dem, was da auf dich wartet. – Das KonfiCastle ist vorbei. Aber die Sache mit Jesus ist zum Glück nicht vorbei. Im Gegenteil. Das Leben mit Jesus ist im Alltag erst so richtig spannend. Jesus verspricht uns sogar, dass er auch heute, in diesem Jahr, an diesem Tag am Start ist, auch wenn wir ihn nicht sehen. Gerade im Johannesevangelium verspricht er das ganz oft und redet an der Stelle vom Heiligen Geist. Jesus macht da deutlich, wie der Heilige Geist im Alltag wirkt. Ich habe euch drei Gegenstände mitgebracht und finde, jeder passt zu einer Sache, die mir am Heiligen Geist wichtig ist. Sie zeigen, wie der Heilige Geist wirkt.

Do it!

Frage dich:

- Ist dein Predigtbeginn spannend und relevant ab Sekunde eins?
- Ist deine Einleitung anschaulich und baut sie einen Spannungsbogen auf, der nicht abfällt, sondern im ersten Statement weitergeführt wird?
- Wofür braucht es diese Einleitung?
- Wo kannst du kürzen?
- Taucht deine Einleitung im späteren Verlauf der Predigt wieder auf? Lässt sich ein Bogen vom Schluss zurück zur Einleitung schlagen?

Statement

Statement: darstellen, klar machen, informieren, argumentieren
Die Jugendlichen verstehen und können nachvollziehen, worum es geht.

Abb. 18: Statement (eigene Darstellung)

Im Statement bringt die verkündigende Person eine Sache auf den Punkt. Ockert (vgl. Ockert 1977: 80) und Brünjes (vgl. Brünjes 2010: 112) nennen diesen Teil Darlegung. Es geht darum, eine „Sache“ zu verdeutlichen und zu erklären. Entscheidend ist, dass klar und abgegrenzt ist, welcher Aspekt der Gesamtintention nun thematisiert wird. Dies können Erkenntnisse aus der Exegese sein, die im Spannungsfeld der Gesamtintention, den Jugendlichen und der biblischen Grundlage eine Bedeutung entfalten. Ausgehend von der Einleitung nimmt das (erste) Statement die Hörenden nun einen Schritt tiefer mit ins Thema hinein und entfaltet die Teilintention. Ein Gedanke wird möglichst plastisch dargestellt. Auch hier wird die Herausforderung in der Regel darin bestehen, sich zu begrenzen und zu kürzen. Dabei können Verkündigende das Statement gestalterisch unterschiedlich aufbereiten. Sie können es narrativ oder argumentativ einbringen oder Veranschaulichungen und lebensweltliche Beispiele verwenden.

Dabei geht es nicht um die Privatmeinung der predigenden Person, sondern um eine theologisch erarbeitete Erkenntnis, die sie so erklärt, dass sie für die Jugendlichen verständlich ist. Gleichzeitig gilt: Auch durch das theologische Erarbeiten wird hier nicht unmittelbar Gottes absolute Meinung verkündigt. Verkündigende tun gut daran, sich immer wieder vor Augen zu halten, dass auch ihre (intensiv erarbeiteten) Positionen Stückwerk sind und sie sich irren können.

Real Talk

Der Heilige Geist – keine Ahnung, was du mit dem Wort verbindest, aber ich finde, ein Fön ist ein ganz gutes erstes Symbol für den Heiligen Geist. [Fön ist bereits am Strom angeschlossen, Tischtennisball liegt bereit]. Es ist ein bisschen so, wie wenn man den Ball mit dem Fön hochhält. Hat jemand Lust, das mal eben vorzumachen? [Simon holt eine Person nach vorne; sie macht den Fön an und „balanciert" den Tischtennisball auf dem Luftstrom. Simon dankt der Person und sie setzt sich wieder]. Der Ball bewegt sich und man kann ihn sogar vorsichtig mit der Luft vom Fön bewegen. Da ist eine Kraft. Wir sehen die Kraft nicht, aber sie hält den Ball in Bewegung. Heiliger Geist – das Wort für Heiliger Geist in der Bibel bedeutet so viel wie „Hauch, Atem, Wind oder Sturm". Alles Sachen, die man zwar nicht zwingend mit den Augen sieht, und trotzdem haben sie Kraft und können richtig viel in Bewegung bringen.

Do it!

Frage dich mit den Hörenden und den erarbeiteten Personas vor Augen:

- Was ist für die Jugendlichen unverständlich und musst du deshalb erklären?
- Welches Vorwissen, auch und gerade zum biblischen Text, kannst du voraussetzen und was nicht?
- Kann auch eine jugendliche Person, die neu dazukommt, verstehen, was du sagen möchtest?
- Welche abstrakten Worte kommen in deinem Statement vor und wie kannst du sie konkretisieren?
- Wie kannst du dein Statement veranschaulichen?

Real Talk

Real Talk: einbeziehen, diskutieren, überzeugen, fragen
Die Jugendlichen sollen sich wahr- und ernstgenommen fühlen. Hier kommen die „Hä?"s zur Sprache, werden Einwände aufgegriffen. Hier macht es sich die predigende Person selbst schwer und stellt sich den (möglichen) Widerständen der Jugendlichen und ringt mit dem Statement.

Abb. 19: Real Talk (eigene Darstellung)

Im Real Talk nimmt die verkündigende Person die (vermuteten) Reaktionen der Hörenden auf. Sie müsste das nicht tun. Eine Predigt könnte auch nur aus einem (langen) Statement bestehen, in welchem sie den Hörenden sagt, was wichtig und richtig ist. So wird eine Predigt aber weder dialogisch noch tiefgehend und sie nimmt die Hörenden auch nicht ernst. Real Talk bedeutet: Jetzt kommt zur Sprache, was die Jugendlichen Kritisches über das Statement denken (könnten) und was die verkündigende Person herausfordert. Als inneres Bild kann es helfen, sich in der Vorbereitung vorzustellen, man säße mit den Jugendlichen auf dem Sofa im Jugendraum und hätte ihnen gerade das Statement erzählt. Was würden die Jugendlichen dann zur Sprache bringen? Welche Rückfragen würden sie stellen, wo würden sie sagen: „Das erlebe ich aber ganz anders!" oder „Hast du auch daran gedacht, dass ...?" Was am Statement würde ihnen schwerfallen, zu glauben, oder wo würden sie auch entschieden widersprechen und deutlich machen: „Das finde ich blöd, falsch oder halte es für Quatsch?" Je intensiver die möglichen Rückfragen, um so entscheidender ist es, sich ihnen zu stellen.

Ockert bezeichnet diesen Teil als Gespräch mit den Hörenden (vgl. Ockert 1977: 86). Es geht darum, so zu reden, als säße man mit den Jugendlichen am Tisch und wäre mit ihnen im Gespräch. Die Haltung ist dabei eine empathische und verständnisvolle, eine, die die Jugendlichen und ihre Erfahrungen ernst nimmt, in ihrer Meinung schätzt und bereit ist, sich verletzlich zu machen. Als verkündigende Person wird man hier zum Anwalt/zur Anwältin der Jugendlichen und verbalisiert, was sie in den meisten Predigtsettings nicht verbalisieren können. Es soll eine echte Auseinandersetzung mit dem Statement stattfinden, indem die predigende Person ein oder zwei der erwarteten Reaktionen adressiert und bespricht – nicht alle.

Sprachlich kann sie den Real Talk z. B. so einleiten, dass sie die Rolle wechselt, vielleicht sogar einen Schritt zur Seite tritt, dort hinblickt, wo sie zuvor stand und in etwa sagt:

> Dein Ernst? Das ergibt doch gar keinen Sinn, wenn man daran denkt, dass ...

Auch die vermeintlichen Gedanken der Jugendlichen können von der verkündigenden Person aufgegriffen werden, indem sie diese stellvertretend formuliert:

> Vielleicht denkt ihr jetzt: Wenn man hier vorne steht, hat man leicht reden. Und dass es mir nie so geht, dass ich ...

Eine dritte Möglichkeit ist, ein konkretes Beispiel anzuführen, das dem Statement widerspricht, oder Gefühle zu benennen, die das Statement auslösen kann:

> - Wenn ich an ... denke, frage ich mich: Stimmt das wirklich?
> - Vielleicht fühlst du dich jetzt nicht ernst genommen, weil du sagst: Bei mir ist das nicht so.

Es ist auch möglich, dass sich die verkündigende Person als Identifikationsfläche anbietet:

- Wenn ich mich selbst so reden höre, wird mir ganz mulmig. Das würde ja bedeuten, dass ...
- Oft kann ich das selbst gar nicht glauben ...

Unabhängig davon, wie man den Real Talk einleitet, ist es wichtig, weder zu verallgemeinern noch zu vereinnahmen (das gilt für die ganze Predigt, aber in diesem Teil im Besonderen). Der Real Talk wird nicht alle Fragen, die die Jugendlichen zum Statement bewegen, klären und nicht alle Widerstände aufnehmen können. Deshalb müssen die Jugendlichen auch die Möglichkeit haben, sich innerlich zu distanzieren oder denken zu können: „Nee, das betrifft mich nicht." Wenn man die Fragen und Themen, die man herausgreift, im Real Talk aber ehrlich und intensiv bespricht, ist es meistens auch für diejenigen spannend, deren Fragen andere sind. Ein zusätzlicher Gewinn besteht darin, dass sie erleben, dass es in Ordnung ist, anderer Meinung zu sein.

Die predigende Person spricht die (vermuteten) Reaktionen der Jugendlichen im Real Talk nicht nur an, sondern vertieft und erörtert sie auch. Dafür ist es in der Vorbereitung wichtig, dass die predigende Person diese Reaktionen wirklich an sich heranlässt, sich ernsthaft mit ihnen auseinandersetzt, versucht, sie zu verstehen, wenn es nicht die eigenen sind, und überlegt, wie sie empathisch mit ihnen umgehen kann. Als Übung kann z. B. ein Selbstgespräch dienen, in dem man in unterschiedliche Rollen schlüpft und überlegt, was die jeweiligen Personas in einem Gespräch zum Statement sagen würden. Aber auch indem die verkündigende Person andere Menschen in der Vorbereitung zu diesen Anfragen einbezieht oder in theologischen Artikeln oder Biografien nachliest, kann sie Möglichkeiten finden, sich in der Predigt damit auseinanderzusetzen. Auch ein Blick in dogmatische Auseinandersetzungen kann hier hilfreich sein. Dabei ist das Ziel, einen Umgang mit dem „Problem" zu skizzieren, ohne es kleinzureden oder abzutun.

In gewisser Weise ist dieses Modell an das aristotelische „These – Antithese (– Synthese)“ angelehnt. Durch die Auseinandersetzung mit der Antithese gewinnt die These im besten Falle an Tiefe, weil sie auf ihre Alltags- und Lebenswelttauglichkeit hin geprüft wird. Dieser Teil ist sowohl in der Vorbereitung als auch in der Umsetzung der herausforderndste. Die verkündigende Person unterzieht hier nämlich die theologischen Überzeugungen und Glaubensaussagen dem Realitätscheck, ohne dass sie vorschnell nur im Hinblick auf ihre geglaubte Wahrheit oder Autorität argumentiert. Sätze wie „Das ist eben so?“, „Das ist schwer zu glauben, aber Gott will es von uns!“ oder „Da muss man einfach nur vertrauen!“ verbieten sich hier (und auch sonst) von selbst. Es kann natürlich auch am Ende dieses Teils Glaubensaussagen geben, die schwer zu glauben sind. Entscheidend ist, dass Verkündigende bereit sind, mit diesen zu ringen und sie nicht lediglich postulieren.

Im Real Talk wird deutlich, dass die verkündigende Person auf der Seite der Jugendlichen steht und gemeinsam mit ihnen darum ringt, zu verstehen, was Gottes Gegenwart in ihrem und für ihr Leben bedeuten kann – gerade da, wo es schwerfällt, an Gott zu glauben, wo sie sich Gottes Gegenwart und Wirken stärker und deutlicher wünschen würden und wo ihnen Gott absurd und sinnlos erscheint.

Ich finde das superschwer, mir vorzustellen, dass *in mir* der Heilige Geist leben soll. Wie soll das gehen? Wo soll das sein? Will ich das überhaupt? Ja, Jesus verspricht das hier, aber das macht es ja nicht leichter, zu glauben. Vor allem dann nicht, wenn ich das nicht spüre. Manchmal, ja, da scheint es für mich ganz klar zu sein. Ich fühl mich irgendwie safe und glücklich und hab das Gefühl, dass Gott wirklich bei mir ist. Aber oft genug spüre ich das auch gar nicht. Wenn ich mich gezofft hab und die Welt in Stücke reißen will. Oder neulich, als ich einfach down war und keinen Bock auf gar nichts hatte. Oft denk ich auch einfach gar nicht dran. Und mal ganz ehrlich: Was will ich mit dem Heiligen Geist beim Zocken? Manchmal hilft es mir tatsächlich, mich daran zu erinnern. Dass ich atme, merke ich oft ja auch nicht. Aber wenn ich mich drauf konzentriere, dann spüre ich meinen Atem ganz deutlich. Und ich atme tief ein und wieder aus und spüre: Das macht was in mir. Und so stelle ich mir das mit dem Heiligen Geist auch vor. Er ist immer da und das bewegt mich, auch wenn ich gar nicht dran denke. Aber manchmal ist es auch anders als beim Atem und ich versuch mich darauf zu konzentrieren, dass Gott da ist und spüre es trotzdem nicht. Da hilft es mir, mit anderen unterwegs zu sein, denen Gott wichtig ist. Manchmal fällt es mir leichter, an Gottes Gegenwart in anderen zu glauben als in mir selbst. Und das geht vielen so. Deshalb können Freunde mir manchmal sagen, was ich selbst nicht glauben kann: Gott ist auch jetzt bei dir. Und manchmal sag ich mir auch: Es ist okay, wenn du Gottes Dasein nicht immer spürst oder daran glaubst. Wenn es ihn gibt, dann hängt das nicht daran, dass du es spürst. Dann trägt er dich auch, wenn es hart ist. Dann bewegt er dich auch, wenn du es dir sehnlichst wünschst. Und das reicht.

! *Do it!*

Frage dich mit den Hörenden und den erarbeiteten Personas vor Augen:

- Was sind mögliche Reaktionen der Jugendlichen auf das Statement?
- Wie kannst du das Statement ausgehend davon hinterfragen, vertiefen, kritisch beleuchten?
- Wie kannst du dich den Anfragen an das Statement ernsthaft und ehrlich stellen? Was ist dein Umgang/ein möglicher Umgang mit ihnen?
- Wie verdeutlichst du den Jugendlichen, dass es gewollt und erlaubt ist, das Statement anzuzweifeln und gegenteilige Erfahrungen ernst zu nehmen?
- Wie kannst du „dialogisch“ mit deinem Statement ringen?

Herzensmessage

Herzensmessage/Challenge: proklamieren, ansprechen, zusagen, herausfordern
Die Jugendlichen hören das Gute/Befreiende/Herausfordernde der „guten Nachricht" für sich persönlich.

Abb. 20: Herzensmessage (eigene Darstellung)

Den Abschluss eines Unterpunktes bildet die Herzensmessage bzw. Challenge – je nachdem, was im Statement und dem Real Talk Thema war. Hier wird es persönlich und konkret (vgl. Brünjes 2010: 116). Was ist das, was zu Herzen gehen soll – als Zuspruch oder als Herausforderung? Was bedeutet das bisher Gesagte für den Alltag der Jugendlichen? Das kommt hier zur Sprache. Dabei kann die verkündigende Person es wagen, die Jugendlichen direkt anzusprechen. Es wird gewagt, den Zuspruch bzw. Anspruch Gottes an uns Menschen direkt zu formulieren. Das kann auch die Anrede mit einem Du beinhalten. Wichtig ist, dass sich die Herzensmessage/Challenge nachvollziehbar aus dem Real Talk ergibt. Dieser Teil steht nicht im Kontrast zu den Widersprüchen und Fragen, sondern ergibt sich durch die Auseinandersetzung mit ihnen. „Er enthält Zusagen, Versprechen, Anweisungen, Trost" (Brünjes 2010: 118). Formulierungen wie „Ich wünsche dir", „Wir dürfen" oder „Wir sollen" schaffen Distanz und relativieren.

In der Predigt wagt die verkündigende Person deshalb den Indikativ, auch wenn er bisweilen zu steil klingen mag. Den Indikativ auszuprobieren, ist auch eine gute Übung in der Vorbereitung. Wenn man „Gott tröstet dich" lieber durch „Gott will dich trösten" ersetzt, beinhaltet das die Frage, was das „will" an dieser Stelle leistet. Vermutlich klingt es nicht so vollmundig und eine verkündigende Person, die so spricht, will weder falsche Versprechungen machen noch übergriffig sein. Wer kann schon sagen, ob Gott den einzelnen Jugendlichen wirklich tröstet? Andererseits: Wenn Gott es nicht tut, was hört der Jugendliche dann in dem „will"? Dass Gott zwar will, aber nicht kann? Dass er will, aber der Jugendliche es nicht zulässt? Absichtsbekundungen Gottes mögen sich sicherer anfühlen, verlagern die Unsicherheit aber meist auf die Seite der Hörenden. Eine verkündigende Person steht hier in der Spannung, dass sie das Handeln Gottes nicht versprechen kann und es dennoch verheißen ist. Diese Verheißungen zuzusprechen, macht angreifbar. Gleichzeitig entfalten Worte Kraft und wirken. Hier stehen Verkündigende in der Verantwortung, Wege zu finden, die für sie selbst authentisch sind und den biblischen Erzähltraditionen sowie den Lebenswelten der Jugendlichen gerecht werden. Indikatoren für dieses Dilemma sind in Modalverben zu finden: dürfen, können, müssen, wollen, sollen, mögen.

Brünjes (vgl. Brünjes 2010: 118) sieht diesen Teil zweifach gefährdet: „Einmal durch fehlende Konkretion, zum anderen durch leere Floskeln und allgemeine ‚Jesus liebt dich'-Parolen!" Die Herzensmessage gelingt dann, wenn ausgehend von der Intention klar wird, was zu Herzen gehen soll bzw. wo die Gute Nachricht die Jugendlichen (und Verkündigenden) herausfordert. Es birgt Risiken, so direkt zu den Jugendlichen zu sprechen. Deshalb bleibt weiterhin gültig, dass Verkündigende hinterfragbar und kritisierbar bleiben, auch wenn sie an dieser Stelle so zugespitzt wie möglich das verbalisieren, was sie als Botschaft von Gott weitergeben möchten.

Real Talk

Vielleicht kannst du so zurückgehen in deinen Alltag.
Wenn du in die Schule gehst. Denk an den Fön: Du bist nicht allein.
Wenn es mit der Familie nicht so leicht ist. Denk an den Fön: nicht allein.
Wenn du nicht weißt, wie du etwas schaffen sollst. Sprich ein Gebet und erinnere dich an Jesus bewegende und dynamische Kraft in dir. Christ:innen leben nicht allein.
Verlass dich auf Gottes Kraft, auch wenn du ihn nicht immer siehst und nicht immer spürst.

Do it!

Frage dich:

- Welche Herzensmessage oder Challenge wagst du den Jugendlichen im Namen Gottes zuzusprechen?
- Welcher Zuspruch, welche Herausforderung steckt in Statement und Real Talk?

Schluss

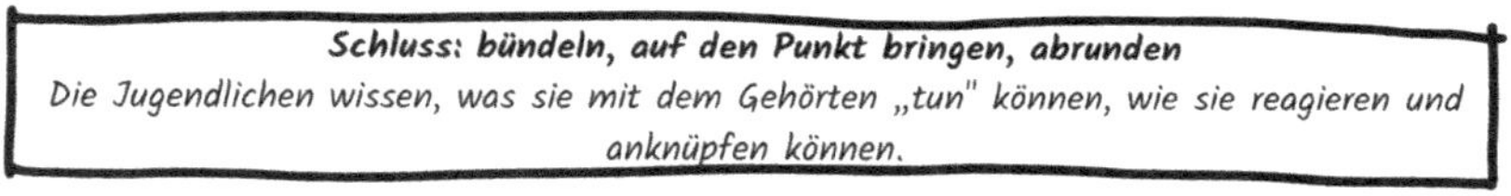

Schluss: bündeln, auf den Punkt bringen, abrunden
Die Jugendlichen wissen, was sie mit dem Gehörten „tun" können, wie sie reagieren und anknüpfen können.

Abb. 21: Schluss (eigene Darstellung)

Gerade wenn die Predigt aus mehreren Punkten besteht, ist eine Bündelung der Inhalte am Ende hilfreich. Wenn es bisher noch nicht geschehen ist, kann die predigende Person hier z. B. in einem Satz zusammenfassen, was die Jugendlichen aus der Predigt „mitnehmen" können. Entscheidend ist, dass sie hier keine neuen Gedanken präsentiert und sich nicht unnötig wiederholt. Ein Bogen zur Einleitung sorgt dafür, dass die Predigt „rund wird". Wenn es sich anbietet, beinhaltet der Schluss eine Reaktionsmöglichkeit für die Jugendlichen. Das kann man z. B. als „leise, innere" Reaktion gestalten, es kann aber auch eine Aktion sein (z. B. Kerze anzünden, Brief schreiben, Smiley per digitalem Tool senden, Gebet sprechen, gesegnet werden) oder eine offene Frage, die die Jugendlichen (leise für sich) beantworten. Auch hier ist es wichtig, die Hörenden gut im Blick zu behalten und die Reaktionsmöglichkeit auf sie abzustimmen. Öffentliche Reaktionen können eine Option sein, aber nur, wenn sie die Jugendlichen nicht „vorführen". Der letzte Satz sollte in jedem Fall gut vorbereitet und prägnant sein. „Eine gute Predigt mit einem langweiligen

Schluss hinterlässt bei vielen Hörern leider einen langweiligen Eindruck“ (Schnepper 2011: 109).

Wenn's jetzt zurück in den Alltag geht, ist Jesus mit uns unterwegs. Denn der Heilige Geist ist in uns.
[Fön in die Hand nehmen und zeigen]: Auch wenn du ihn nicht siehst und nicht immer spürst. Du kannst dich auf Gottes Kraft verlassen.
[Taschentuch in die Hand nehmen und zeigen]: Der Heilige Geist ist kein Magier, der alles schön zaubert im Leben, aber sein Skill ist es, zu trösten.
[Wecker in die Hand nehmen und zeigen]: Er erinnert uns an das, was Jesus gesagt hat. ER lässt uns ins Herz rutschen, was wichtig ist.
Amen

! Do it!

Frage dich:

- Was steht am Ende und soll möglichst bei den Jugendlichen hängen bleiben?
- Welche Möglichkeiten gibt es für die Jugendlichen, auf das Gesagte der Predigt zu reagieren?

Zur Vorbereitung und Gliederung der Predigt mit dem Real-Talk-Modell kann diese Vorlage dienen:

Einleitung:		
Punkt 1	*S*	*Teilintention:*
	RT	
	H/C	
Punkt 2	*S*	*Teilintention:*
	RT	
	H/C	
Punkt 3	*S*	*Teilintention:*
	RT	
	H/C	
Schluss:		
Gesamtintention:		

Abb. 22: Vorlage Real-Talk-Modell (eigene Darstellung)

Do it!

Nutze diese Fragen zur Qualitätssicherung für Predigten nach dem Real-Talk-Modell:

- Sind die Intention und Teilintentionen exegetisch stimmig, für die Jugendlichen relevant und für dich als verkündigende Person authentisch?
- Gelingt es dir, alle drei „Spitzen“ der homiletischen Pyramide (vgl. Kapitel 1, Abb. 2) zu berücksichtigen und kreativ miteinander in Spannung zu setzen?
- Ist dies nicht der Fall, kannst du entweder überlegen, ob du die einzelnen Teilintentionen anders füllen kannst oder ob du sie neu wählen musst.

Narrative Predigt

Eine spannende Geschichte zieht Jugendliche (sowie Erwachsene) in ihren Bann und bietet ihnen Möglichkeiten, den eigenen Platz in der

Geschichte zu finden. Eine reine Erzähl-Predigt ist dabei eine Form der Wirklichkeitsvermittlung, die offener für Interpretationen ist als eine auslegende Predigt, die stärker einen Vermittlungscharakter hat. Das bedeutet nicht, dass Erzählungen intentionslos sind. Als Storyteller:in gibt es einen Grund, genau diese Geschichte genau so zu erzählen. Jedoch ist der Deutungs- und Wirkungsraum von einer gut erzählten Geschichte größer und offener als bei auslegenden Predigten. Mit welchen Charakteren sich Hörende identifizieren, was sich ihnen aus der Geschichte erschließt und welche Wirkung bleibt, ist bei Geschichten offensichtlicher unverfügbar. Auch misst sich eine Story weniger an historischer Korrektheit, sondern vielmehr an existenzieller Bedeutung (vgl. Vogt 2009: 248). Die Form der narrativen Predigt ist vielleicht auch deshalb in den letzten Jahren zunehmend populär geworden, weil sie es leichter ermöglicht, Spannungen zu inszenieren und stärker auf Wirkungen setzt als auf Deutungen durch Verkündigende. Predigten sind „in Form und Inhalt narrativer geworden. Man entfernte sich von einer Vorstellung von Verkündigung, die davon ausgeht, dass der Prediger eine Gedankensammlung vorträgt, die vielleicht von ihm selbst stammt, aber in der Haltung eines ‚göttlichen Herolds' vorgetragen wird" (Seely 2015: 340). Geschichten treten nicht mit dem Anspruch nach einer objektiven Wahrheit auf, sondern erweisen sich durch ihre Wahrhaftigkeit und Resonanz als relevant. „Das heißt: Die Narratio muss nicht ‚wahr' im Sinne empirischer und logischer Überprüfbarkeit sein – der Horizont, den sie eröffnet, muss so wahrhaftig sein, dass er den Menschen einen Weg zur göttlichen Wahrheit ermöglicht" (Vogt 2009: 239).

Man kann mit Narrationen in Predigten unterschiedlich umgehen. Viele Predigten enthalten narrative Elemente neben Teilen mit anderem Charakter. In anderen Predigten steigen die Verkündigenden mit einer Erzählung ein und fügen dann eine Deutung bzw. Übertragung in die eigene Lebenswelt und die der Hörenden an.

Eine Story für sich stehen zu lassen, fühlt sich für Predigende bisweilen unbefriedigend an, weil die Deutung bzw. Übertragung ganz und gar auf der Seite der Hörenden zu liegen scheint. Gleichzeitig bergen deutende Passagen auch die Gefahr, Resonanzen bei den Hörenden zu übergehen und die für sie empfundene Relevanz mit einer vermeintlich „richtigeren" zu übertünchen. Die Chance liegt allerdings darin, auf die Wirkung der Geschichte zu setzen und sie nicht „totzuerklären". Zudem ist das Ureigene der narrativen Verkündigung, dass sie das Gefälle zwischen den „Wissenden" und den „Unwissenden" auflöst und dazu einlädt, am selbst erfahrenen Erleben von Gottes Wirklichkeit teilzuhaben (vgl. Vogt 2009: 292).

Mit dem Erzählen von Geschichten reihen sich Verkündigende in eine jahrtausendealte Tradition des Teilens von Inhalten, Überzeugungen und Lebenswahrheiten ein, die auch in der Bibel eine entscheidende Rolle spielt. Durch das Erzählen von Geschichten werden diese zu einem neuen Geschehen, wenn sie sich mit den Resonanzen der Hörenden verknüpfen und wirken.

> *„Predigendes Erzählen handelt nie von einer alten, sondern immer von einer neuen Geschichte. In dem die Gemeinde es mit der ‚alten' Geschichte weiter erzählt, wird neue Geschichte." (Bohren 1971: 181)*

Um eine narrative Predigt oder eine Erzählung innerhalb der Predigt vorzubereiten, kann das „Immersive Storytelling-Rad" von Kerrison (2022) helfen:

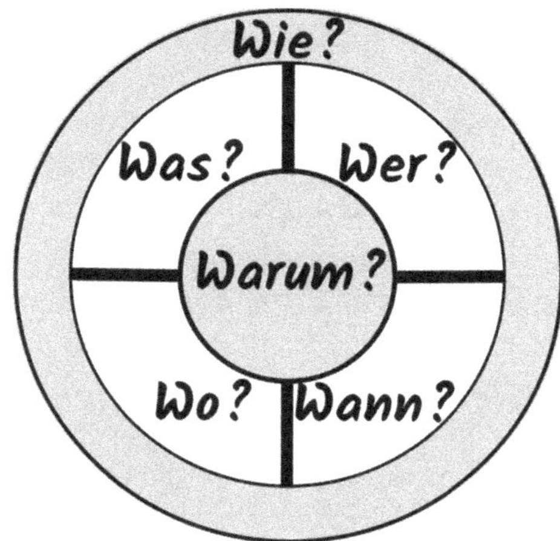

Abb. 23: Immersives Storytelling-Rad (eigene Darstellung nach Kerrison 2022: 38)

Kerrison lenkt den Fokus auf die entscheidenden Fragen, die helfen, fokussiert, nachvollziehbar und wirksam zu erzählen (vgl. Kerrison 2022: 39f.):

- *Warum?* – Warum ist es wichtig, diese Geschichte zu erzählen? Was ist die Intention? Mit welchen Inhalten der Geschichte fühlt sich die verkündigende Person existenziell verbunden (vgl. Vogt 2008: 312)?
- *Wer?* – Wer sind die Jugendlichen (vgl. Hörendenreflexion/Personas)? Wer sind die Charaktere in der Geschichte? Was zeichnet sie aus? Warum sind sie spannend? Wie können sie vor Augen gemalt werden?
- *Was?* – Was passiert in der Geschichte? Was ist das Thema? Welche Veränderung soll durch die Geschichte bewirkt werden? Welche Stimmung herrscht in der Geschichte? Welche Rolle haben die Jugendlichen in dieser narrativen Predigt? Was sind die emotionalen Anker der Geschichte?
- *Wie?* – Wie werden sich die Jugendlichen fühlen? Wie werden sie die Geschichte erleben? Welche Informationen brauchen die Jugendlichen, um die Geschichte verstehen zu können?
- *Wo?* – An welchem Ort findet die narrative Verkündigung statt, wo passiert die Geschichte? Welche Geschichte erzählt der Ort? Was braucht der Ort, damit die Geschichte (besser) wirken kann?

Immersives Storytelling denkt mehr Dimensionen als lediglich Reden und Hören mit. Es geht um Erfahrungen, die gemacht werden und welche die Hörenden zu Protagonist:innen werden lassen. Da eine Predigt kein Freizeitpark und auch kein Computerspiel ist, werden manche Dimensionen nicht so stark berücksichtigt werden können wie in diesen Settings. Dennoch wirft z. B. die Frage nach dem Ort der Geschichte hilfreiche weitere Fragen auf: Gibt es einen besseren Ort als z. B. die Kirche oder das Gemeindehaus für diese Geschichte? Verkündigungsformate wie z. B. Secret Places (Google-Abfrage: „Secret Places EJW") nehmen die Kraft von Orten neu ernst und fragen, welche Orte dazu einladen, Geschichten möglichst immersiv zu erzählen.

Wenn es wenig Korrelation zwischen dem Ort der Verkündigung und der zu erzählenden Geschichte gibt, könnte man überlegen, ob es andere stimmige Möglichkeiten gibt, das Erzählerlebnis zu unterstützen. Von im Hintergrund eingeblendeten Bildern, über das Einbetten von Aktionen bis hin zum Verteilen von Rollen: Der Fantasie sind hier kaum Grenzen gesetzt. Wichtig (neben der Umsetzbarkeit) ist die Stimmigkeit den Jugendlichen und der Story gegenüber. „Eine gute Geschichte macht die Hörenden zu Teilhabenden und eröffnet ihnen, indem sie an ihrem Leben anknüpft, Perspektiven für die Zukunft" (Vogt 2009: 269). Was kann in diesem Sinne dazu beitragen, dass die Predigt für die Jugendlichen zum Erlebnis wird?

Die Geschichten der Bibel sind narrativ-relational angelegt. Es geht um die Beziehung zwischen Mensch(en) und Gott, Mensch(en) und der Schöpfung und Menschen untereinander. Pennig schlägt vor, narrative Predigten deshalb auch unter diesem Fokus zu gestalten: narrativ-relational.

> *„Es ist nicht schwer zu entdecken, denn die ganze Bibel ist so verfasst: Es werden Geschichten erzählt, die eine Beziehung ermöglichen, weil sie eine theologische Haltung deutlich machen: zwischen dem Gesagten und den Gottesdienstbesuchern, zwischen Menschen in der Liebe Gottes und natürlich von Mensch und Mensch zu Gott." (Pennig 2018: 23)*

Für die Invention narrativer Predigten können Verkündigende deshalb aus dem Storytelling anderer Bereiche mit dem Fokus auf narrativ-relationales Geschehen lernen. Real Talk mit Jugendlichen bedeutet dann: Die Narration bewegt existenzielle Themen und zieht die Jugendlichen mit ihrem Erleben in die Geschichte Gottes mit den Menschen hinein.

> *„Die Kunst der Predigt besteht genau darin, dass sie in die Geschichten, in die Menschen gerade verwickelt sind, andere Geschichten hineinerzählt, und zwar so, dass die jetzige Lebensgeschichte befreit wird und vertrauensvoll weitergehen kann. Menschen, die in lähmende, bedrückende, beängstigende und beherrschende Geschichten verstrickt sind, werden in andere Geschichten verwickelt, die befreites und getröstetes Leben ermöglichen. Das Evangelium zu predigen heißt, durch eine hier und jetzt wirksame Erzählung Menschen aus bösen Geschichten zu lösen und in gute Geschichten hineinzuführen." (Gutmann 2008: 126)*

Und: Das Gute in den eigenen Geschichten zu entdecken und zu stärken.

Aufbau narrativer Predigten

Nachdem man die Fragen aus dem Immersiven Storytelling-Rad geklärt hat, stellt sich die Frage nach dem Aufbau. Beim Aufbau einer narrativen Predigt muss zunächst die Entscheidung getroffen werden, ob die Narration für sich stehen soll und wird oder ob es deutende Teil der Geschichte geben wird. Grob können diese zwei Möglichkeiten unterschieden werden in:

1. Die Narration steht für sich
2. Narration + deutende(n) Teil(e) (in unterschiedlicher Anordnung)

So sehr deutende Teile Verkündigenden das Gefühl vermitteln, dass sie damit die Kontrolle über das intendierte Verständnis der Geschichte haben, so sehr können sie die Wirkung der Geschichte hemmen. In der Vorbereitung sollte man die Frage, warum und ob es deutende Teile braucht, deswegen intensiv bewegen und darüber (vor sich selbst) Rechenschaft abgelegen. Was hindert eine:n, die Narration so zu gestalten, dass sie zu einem Real Talk wird, der für sich stehen kann und alles beinhaltet, was es für die Predigt braucht? Was braucht es, damit eine:r der Wirkung der Geschichte vertrauen und sie freigeben kann?

Narration bedeutet auch nicht, dass man lediglich die biblische Grundlage erzählt. Hier können genauso gut unterschiedliche Storys verwoben werden. Auch hier bleibt das entscheidende Kriterium die Stimmigkeit, für welche die homiletische Pyramide auch bei narrativen Predigten ein hilfreicher Maßstab ist. Pennig fasst es für sich so zusammen:

> *„Nein, ich predige nicht NUR narrativ, aber da, wo es passt, und manchmal auch nur in einzelnen Teilen. Aber auch in allen anderen Predigten schaue ich hin, wie ich Sprache und Bilder verwende." (Pennig 2018: 26)*

Deutende Teile können sehr unterschiedlich aussehen und gestaltet werden. Sie können auch aus lediglich einer abschließenden Frage oder einer sehr kurzen Aussage bestehen wie z. B. hier:

Real Talk

Ich war das alles. Ich bin das alles. Und ich bin trotzdem und gerade damit angenommen. Er hatte mich nach meiner Liebe gefragt und mir seine Liebe gezeigt. Er hatte mir gezeigt: Ich bin schwach und unsicher. Fühl mich unbrauchbar. Das alles bin ich. Das alles gehört zu mir. Und so wie ich bin, bin ich geliebt. Wer bin ich? Versager?
Ja. Gebrauchter? Ja. Geliebter? Ja. Das bin ich. Simon Petrus. Ich bin beides. Beides von Jesus geliebt.
Von Jesus geliebt.
Auch du. Mit allem. Von Jesus gebraucht und geliebt. Das bist du.
(Auszug aus einer Predigt von Kai zu Johannes 21)

Angelehnt an die Überlegungen der dramaturgischen Homiletik können Verkündigende das Erleben der Jugendlichen auch mit biblischen Geschichten verweben.

Ausgangspunkt: Intention

Auch narrative Predigten entstehen aus der Intention der Predigt heraus. Die Intention weist den Weg zur Geschichte (vgl. Lampert/Wespe 2021: 68). Sie steht über allem und wird in der Vorbereitung mit den einzelnen Teilen der Geschichte in Spannung gesetzt.

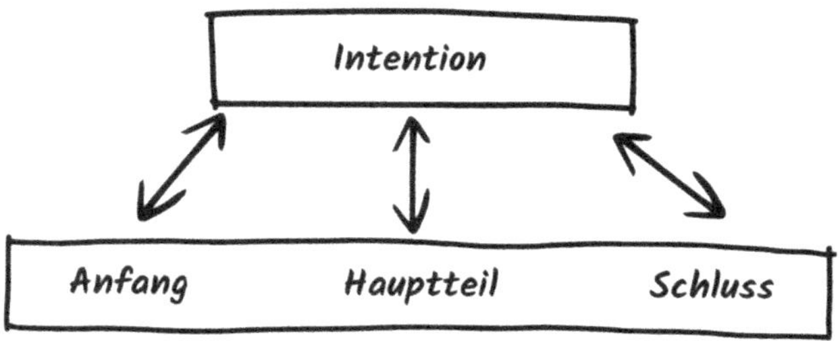

Abb. 24: Intention – Einleitung – Hauptteil – Schluss (eigene Darstellung nach Lampert/Wespe 2021: 68)

Storykurve der Geschichte

Entscheidend dafür, dass es für die Jugendlichen spannend wird, ist der sogenannte Spannungsbogen oder die Storykurve.

Abb. 25: Storykurve (eigene Darstellung nach Lampert/Wespe 2021: 28)

Eine Geschichte kann grob in die drei Teile unterteilt werden: Einleitung, Hauptteil und Schluss. Jeder Teil hat dabei eine eigene Funktion.
Die Einleitung dient dazu, die Jugendlichen in die Story hineinzunehmen.

Mit sogenannten Weck-Worten oder Weck-Sätzen (vgl. Lampert/Wespe 2021: 28) verdeutlicht man auch bei einer narrativen Predigt zu Beginn: Es wird spannend und relevant. So weckt die verkündigende Person vom ersten Satz an die Aufmerksamkeit der Jugendlichen. Erst dann webt sie die notwendigen Informationen zum Verständnis des Settings der Geschichte ein. Diese braucht es und auch sie müssen zu Beginn deutlich werden, damit die Handlung nicht wirr und unübersichtlich wird. Es gilt: Weniger ist an dieser Stelle mehr. Nicht sofort zu viel preiszugeben und überraschende Einstiege zu finden, kann in Settings, wo biblische Geschichten für viele Jugendlichen bekannt sind, auch den Vorteil haben, dass sie zunächst im Ungewissen bleiben, ob sie die Geschichte kennen.

Folgendes Beispiel verdeutlicht einen Einstieg, der die Jugendlichen vom ersten Wort an in die Szene mit hineinnimmt, diese bildhaft vor Augen malt, Emotionen weckt und die Spannung durch das Zurückhalten von Informationen (z. B. dem Namen) aufrecht erhält.

Schritte hallten vom nasskalten Steinboden wider. Sie kamen draußen vom Gang. Einer lief da. Immer auf und ab den ganzen Tag. Dreimal gab es Schichtwechsel. Diese Schritte waren das einzige sichere Zeichen für ihn, dass die Welt sich noch drehte. Denn hier in der Zelle, die diesen Namen nicht verdiente, hier in diesem Loch, hier im Dunkel am Ende des Ganges spürte er die Welt nicht. (Auszug aus einer Predigt von Kai zu Matthäus 27,16–26 aus der Perspektive von Barabbas)

Im Hauptteil entfaltet die predigende Person die Handlung. Hier kann sie in der Spannung variieren. Diese kann also für einen Moment auch geringer sein. Zu klären ist nun: Was passiert warum? Was sind die entscheidenden Momente? Dann nimmt die Geschichte wieder an Dynamik zu und die Spannung steigert sich, bis die Geschichte an ihrem Höhepunkt, dem Ziel angekommen ist. Hier passiert das Entscheidende, danach löst sich die Spannung wieder.
Der Schluss ist vor allem eins: kurz. Es braucht ihn und es gibt ihn immer. Irgendwie endet die Narration. Aber in jedem Fall sollte er prägnant sein, keine neuen Gedanken oder Handlungsstränge eröffnen und den Höhepunkt der Geschichte im Hinblick auf die Intention nachwirken lassen.

Die Kunst besteht darin, die Spannung leicht zu variieren, aber kontinuierlich zu steigern, den Höhepunkt der Geschichte deutlich zu inszenieren und dann zügig zum Ende zu kommen. Die Storykurve hilft dabei, zu reflektieren, ob es gelingt, die Aufmerksamkeit der Jugendlichen aufrechtzuerhalten. „Die vertikale Achse bildet die

Stärke des emotionalen Appells einer Geschichte ab. Sie misst, wie stark die Amygdala oder der Mandelkern, das emotionale Zentrum des Gehirns, angesprochen wird“ (Lampert/Wespe 2021: 28).

Um also eine spannende Story zu erzählen, ist es entscheidend, dass es Höhepunkte gibt, an denen die Emotionen, die durch die Handlung entstanden sind, gelöst werden. Dafür braucht es ein Verständnis dafür, was in der Geschichte den Resonanzraum für die Jugendlichen darstellt. „Um eine Geschichte unvergesslich zu machen, musst du dieses eine Bild finden, das eine Verbindung mit dem Publikum erzeugt, diesen ‚Aha!‘-Moment“ (Buster 2018: 39).

! Do it!

Frage dich:

- Was ist der Aha-Moment der (biblischen) Geschichte, die du erzählen willst?
- Wie kannst du deine Geschichte entlang der Storykurve entfalten?

Die Chronologie der Handlung

Eine Geschichte muss nicht chronologisch erzählt werden. Auch wenn es in der Vorbereitung hilft, sich die Chronologie klar vor Augen zu führen, können Verkündigende die Narration anders aufbauen und dadurch spannender machen. Hier bietet es sich an, in der Vorbereitung auszuprobieren, wie sich sowohl die Geschichte als auch ihre Storykurve verändert, wenn man nicht chronologisch erzählt, sondern die Handlung anders anordnet.

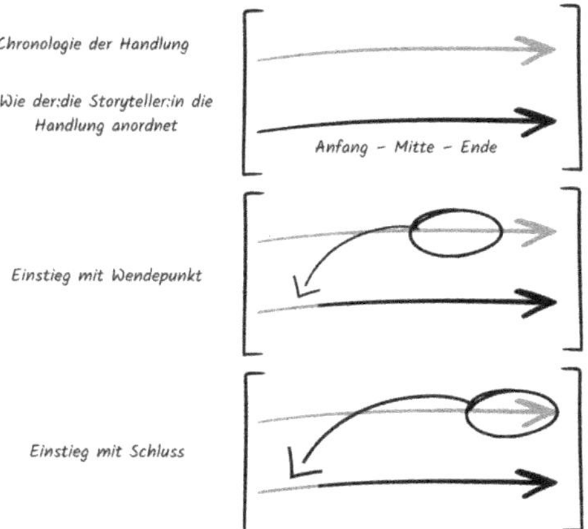

Abb. 26: Chronologie der Handlung (eigene Darstellung nach Lampert/Wespe 2021: 181)

Entscheidend ist, bei der Anordnung der Ereignisse in der Story den Zielgedanken klar im Blick zu behalten und zu fragen, wie man ihn am deutlichsten veranschaulichen kann.

! Do it!

- Probiere, die Geschichte vom Höhepunkt aus zu erzählen.
- Probiere, die Geschichte von der stärksten Emotion aus, die die Protagonist:innen erleben, zu erzählen.
- Probiere, die Geschichte als Rückblende zu erzählen.

Erzählperspektive

Auch die Erzählperspektive ermöglicht, auf unterschiedliche Art und Weise, Spannungen aufzubauen und Perspektiven in und auf die Story einzubringen. Etwas vereinfacht kann von der auktorialen, der personalen, der neutralen und der Ich-Erzählperspektive gesprochen werden.

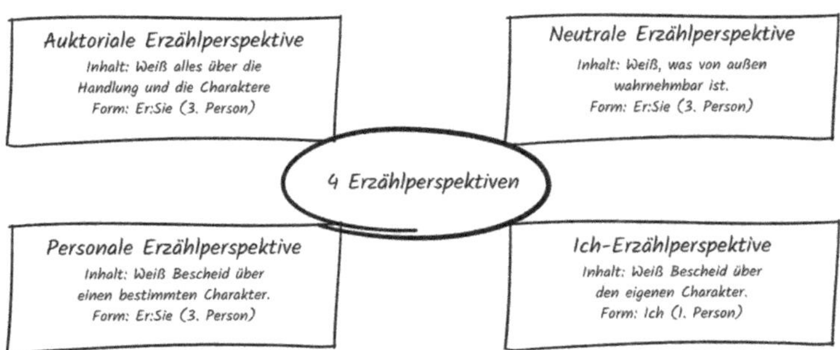

Abb. 27: Erzählperspektiven (eigene Darstellung nach studyflix.de/deutsch/erzahlperspektiven-2976)

Eine Geschichte kann auch aus unterschiedlichen Erzählperspektiven oder aus verschiedenen Ich-Perspektiven erzählt werden. Dabei muss darauf geachtet werden, dass für die Hörenden nachvollziehbar bleibt, aus welcher Perspektive gerade erzählt wird.

Je nach Perspektive ergeben sich beim Erzählen biblischer Geschichten unterschiedliche Möglichkeiten, Erkenntnisse aus der Exegese in die Erzählung einfließen zu lassen. Entscheidend ist dabei die Interpretation dessen, was man als predigende Person nicht genau weiß. Das eine sind die geschriebenen Worte, die einem als Bibeltexte vorliegen. Manches von dem, was die Protagonist:innen der biblischen Geschichten vermutlich oder vielleicht gedacht, gefühlt und gedeutet haben, kann durch die Exegese und das Erforschen des historischen Kontextes erschlossen werden, auch wenn es natürlich Interpretation und Rekonstruktion bleibt. Anderes ist der Fantasie der verkündigenden Person überlassen. Hier bleibt zu fragen, was verantwortbar vor dem historischen Kontext und der Dogmatik interpretiert werden kann. Aber: Biblische Geschichten werden dort spannend, wo Jugendliche in das Erleben der handelnden Personen eintauchen und sich in ihnen wiederfinden können. Je nach Wahl der Erzählperspektive können so unterschiedliche Deutungen und Erlebenswelten in die Erzählung eingewoben werden. Hier bieten sich viele Möglichkeiten, die Story als Real Talk mit den Jugendlichen zu gestalten.

! Do it!

Überlege, wie deine Erzählung zum Real Talk werden kann:

- Du kannst die Themen der Jugendlichen in die Erzählung integrieren, indem du so erzählst, dass sie sich z. B. in der emotionalen Welt der Protagonist:innen widerspiegeln.
- Du kannst die Fragen und Ansichten der Jugendlichen in Dialogen oder Gedanken aufgreifen und einweben.
- Du kannst zwei Storys parallel erzählen – die biblische Story und eine aus deiner Erfahrungswelt bzw. aus der der Jugendlichen.

Eine Gefahr besteht darin, die Geschichte zu überfrachten und „zu viel von ihr zu wollen". Hier gilt es, wie auch bei anderen Predigtmodellen, den Fokus auf die Intention zu behalten. Was ist wirklich wichtig? Was kann gekürzt und zugespitzt werden? Storys entfalten ihre Kraft vor allem dadurch, dass Storyteller:innen die entscheidenden Punkte stärken, und nicht dadurch, dass sie alles, was möglich wäre, erzählen.

! Do it!

Frage dich:

- Welche Erzählperspektive ist passend? Probiere in der Vorbereitung unterschiedliche Erzählperspektiven aus.
- Wie kannst du das (vermutete) Erleben der Jugendlichen einbinden, ohne dass Brüche entstehen?
- Wie verändert sich deine narrative Predigt, je nachdem wie du den Schluss gestaltest?

Dialogische und interaktive Predigtformen

Es gibt mittlerweile eine Vielzahl an Ideen und Modellen, die die Hörenden aktiv in das Predigtgeschehen einbeziehen. An dieser Stelle sollen einige wenige kurz vorgestellt werden, zusätzlich wird auf weiteres Material verwiesen.

Die Chance, dass eine Predigt zum Real Talk für Jugendliche wird, steigern Verkündigende dadurch, dass sie die Partizipationsmöglichkeiten der Jugendlichen erhöhen. In den letzten Jahren sind zunehmend Predigtformate entstanden, die die Fragen und Statements der Jugendlichen aktiv in die Predigt einbeziehen.
In kleinen Settings vor Ort sowie bei größeren Jugendevents und in hybriden Veranstaltungen wurden „Dialogmodelle" erprobt. Die Kernidee bei diesen Dialogmodellen besteht darin, dass die predigende Person ihre Predigt aus einem angeleiteten Bibellesen in Gruppen sowie konkreten, spontan gestellten Fragen der Jugendlichen gestaltet. Dieses Vorgehen unterstützt Jugendliche zum einen dabei, mit der Bibel umzugehen, zum anderen thematisiert die verkündigende Person auf diese Weise in der Predigt Fragen, die die Jugendlichen tatsächlich beschäftigen.

Allerdings kann bei solchen Dialogmodellen ein deutliches Machgefälle spürbar werden, denn die Rollen sind klar durch „Fragen stellen" (Jugendliche) und Antworten geben (Verkündigende) verteilt. Hier sollte man, je nach konkreter Gruppe, gut abwägen, ob man die Jugendlichen deutlich dazu ermutigt, ebenfalls ihre Statements zu dem Bibeltext weiterzugeben. Genauso sollte man sich fragen, inwiefern die Verkündigenden immer wieder verdeutlichen, dass sie selbst auch nicht alle Antworten auf die Fragen „haben". Es ist auch möglich, dass unterschiedliche Verkündigende antworten, sodass erkennbar wird, dass es verschiedene Antworten geben kann.

Tobias von Boehn entwickelte eine Predigtmethode, in der er die Hörenden faktisch zu Mitgestaltenden der Predigt machte und sie aktiv ins Geschehen einband. Beim sogenannten „Erzählen mit lebendigen Bildern" entsteht auf diese Weise ein co-kreativer Prozess, in dem die verkündigende Person eine biblische Geschichte anschaulich erzählt. Jede:r Protagonist:in der Geschichte wird dabei von einer hörenden Person dargestellt. Sie bekommt ein Schild mit dem entsprechenden Namen und spielt dann spontan das, was die predigende Person erzählt. Durch die Art und Weise wie das Erzählte nun spontan geschauspielert wird, entstehen neue Deutungs- und Erfahrensmöglichkeiten des Erzählten. Die predigende Person nimmt dies wiederum in die weitere Erzählung auf. Diese Methode ermöglicht eine hohe Beteiligung derjenigen, die interagieren möchten. Wer nicht eingebunden werden möchte, hat die Möglichkeit, dies zu signalisieren und zuschauende Person zu bleiben. Teil der Erzählung kann auch sein, dass die biblischen Personen am Ende zu Wort kommen: Die Jugendlichen beschreiben dann aus ihrem Erleben heraus, was sie als die jeweilige biblische Person gedacht, gefühlt und erlebt haben. Die Spannung ist durch die Spontaneität hoch und nicht selten kommt es zur Situationskomik. Allerdings erfordert diese Art zu predigen auch ein hohes Maß an Spontaneität von Seiten der Verkündigenden. Zudem muss man die Dynamiken, die in Gruppen von Jugendlichen bei einem solchen „Experiment" entstehen können, mitbedenken. Auch hier braucht es in der Situation viel Sensibilität, um adäquat mit diesen Dynamiken umzugehen.

Auch Elemente des „Bibliologs" (vgl. Pohl-Patalong 2017: 162) eignen sich für die Interaktion mit Jugendlichen in der Predigt. Im Bibliolog werden die Jugendlichen so an der Erzählung eines Bibeltextes beteiligt, dass sie in bestimmte Akteur:innen der biblischen Texte gedanklich hineinschlüpfen und in „Ich-Form" die möglichen Gedanken dieser Personen in der jeweiligen biblischen Situation verbalisieren. Dafür gibt es eine erprobte Hinführung und einen Ablauf, an dem Verkündigende sich orientieren können.

Ein Beispiel aus dem Format „Bibel.Lifestream"[7] vom CVJM Baden veranschaulicht, welche Fragen in dialogischen Formaten zu einem Real Talk führen können. In diesem hybriden Format nach dem wie oben skizziert, fragt eine Person per digitalem Tool zum Predigtthema „Abigajil" (1. Samuel 25,18–35) zu Vers 29: „Gott wird das Le-

---

7 Bibel.Lifestream #wonder women – Abigaijl vom 28.06.2022 (www.cvjmbaden.de/website/de/cb/media/bibellifestream?filter=288#mediathek-list) (Minute 39:55–41:35) (Abruf 06.04.2024).

ben seiner Feinde wegschleudern wie einen Stein mit der Schleuder? Wendet sich Gott auch heute noch gegen Leute, die gegen ihn sind?" Die Verkündigerin antwortet:

Ganz ehrlich: Ich wage es nicht, zu beantworten. Weil ich a) nicht Gott bin. Und weil ich b) solche Dinge einfach nicht weiß. Ich muss passen. Was ich sagen kann, und da habe ich auch drüber nachgedacht: Es steht klar im Alten Testament und wird im Römerbrief dann auch noch mal wiederholt: „Die Rache ist mein, sagt der Gott. Ich bin der Herr. Ich werde quasi mich kümmern. Ich werde etwas tun. Aber wie genau das aussieht und was genau das bedeutet und vor allem, ob ich dann immer zu den Guten zähle [...] I don't know. Ehrlich gesagt ... Es tut mir leid, wenn du jetzt sagst: „Da hat sie sich jetzt aber nicht getraut." Aber ich finde es wirklich richtig, richtig krass ... Ich kann an der Stelle nicht für Gott sprechen und das macht mich auch wahnsinnig, wie oft wir scheinbar schnell wissen, was Gott jetzt tut und wie er jetzt handeln wird und ich finde es auch krass, wie Abigajil das hier so sagt und weiß. Sie ist da, glaube ich, in einer ganz besonderen Situation berufen, Prophetie vielleicht auch auszusprechen, aber ich würde das jetzt nicht in jedem Statement einfach sagen: „Übrigens, Gott wird sich rächen an dir." Ja, ich weiß es nicht, aber sorry, da bin ich echt hin- und hergerissen. (Auszug aus einer Predigt von Dina zu 1. Samuel 25,18–35)

Empfehlung zur Vertiefung

- Dieter Braun (2019): Das Dialog-Prinzip. Wenn das Gespräch mit Jugendlichen zur Predigt wird. Stuttgart: buch+musik.
- Hybrides Dialog Modell: Bibel Lifestream vom CVJM Baden (www.cvjmbaden.de/website/de/cb/media/bibellifestream)
- Tobias v. Boehn (2009): Mit Bildern erzählen und predigen. An-

regungen, Ideen und Materialien. Glashütten im Taunus: C & P Verlagsgesellschaft mbH.

- Uta Pohl-Patalong (2017): Methoden zum Bibliolog. In: Karcher, Florian / Freudenberger-Lötz, Petra / Zimmermann, Germo (Hrsg.): Selbst glauben. 50 religionspädagogische Methoden und Konzepte für Gemeinde, Jugendarbeit und Schule. Neukirchen-Vluyn: Neukirchener Verlagsgesellschaft, S. 162–171.
- Bibliolog: www.bibliolog.org

Real Talk mit Jugendlichen im digitalen Raum

Digitalität und vor allem der Einzug von Social Media in den Alltag von Jugendlichen eröffnen neue Situationen für die Kommunikation des Evangeliums und hinterfragen ausgehend von der digitalen Transformation auch Predigten in anderen Settings. Heidi A. Campbell (Campbell 2020: 49ff.) unterscheidet in Bezug auf hybride Formen von Kirche drei grundlegende Herangehensweisen von digitalen Formaten, die auch auf Formen der Kommunikation des Evangeliums bezogen werden können:

- *Transferring (Übernehmen):* Ein Format, das analogen Prinzipien folgt, wird (mehr oder weniger) eins zu eins in den digitalen Raum übernommen. Ein Beispiel dafür sind Predigten, die in einem präsentischen Setting vor Ort gehalten werden und gleichzeitig oder nachträglich über eine digitale Plattform gestreamt werden. Man könnte hier auch von Zweitverwertung ohne großen Aufwand sprechen. Alles, was passieren muss, ist, dass die Predigt mitgefilmt und dann online bereitgestellt wird. Bisweilen finden sich auch hochgeladene Predigtmanuskripte. So wird die Reichweite der jeweiligen Predigt erhöht – sowohl weil man die Predigt zeitlich fast unbegrenzt wahrnehmen kann als auch weil sie einem breiteren Publikum (zum Sehen, Hören oder Lesen) zugänglich gemacht wird.

- *Translating (Übersetzen):* Hier werden Format und Inhalt ausgehend vom Analogen an die Voraussetzungen der Digitalität und des digitalen Raumes angepasst. Das kann beispielsweise die Länge betreffen, indem die Kommunikation des Evangeliums bewusst kurz gehalten wird, wie z. B. beim Format „99seconds" des Evangelischen Jugendwerks Württemberg.[8] Andere wählen bestimmte Ausschnitte aus einer Predigt aus und präsentieren diese der jeweiligen Plattform angemessen, z. B. mit schnellen Schnitten in einem Video- oder Reelformat oder indem einzelne „Goldene Sätze" mit Bildern zu einem Beitrag umgeformt werden. Starke Inhalte sind da. „Die Herausforderung ist, diese Inhalte in eine gute Form zu bringen, so dass sie auch online gut performen. [...] Weil Formate auf Social Media kürzer sind als eine Predigt, ist es eine der größten Aufgaben, die großen und komplexen Gedanken auf einen Kerngedanken zu kürzen. Diese Reduzierung erfordert Disziplin und Mut" (Social Media Guide 2021: 82).
- *Transforming (Verwandeln):* Ausgehend von den von Stalder (2021: 95) formulierten Formen der Digitalität (Referentialität, Algorithmizität und Gemeinschaftlichkeit, vgl. Kapitel 1, Predigt und digitale Kommunikation) wird die Kommunikation des Evangeliums stimmig für die jeweilige Plattform aufbereitet und designt. Dabei wird Verkündigung nicht „neu erfunden", sondern „geremixt": „Die Digitalisierung, die alle Inhalte bearbeitbar werden lässt, und die Vernetzung, die eine schier endlose Masse an Inhalten als ‚Rohmaterial' schafft, haben dazu geführt, dass Appropriation und Rekombination zu allgemeinen Methoden der kulturellen Produktion geworden sind" (Stalder 2021: 67). Das geschieht beim Predigen mit Jugendlichen, indem Verkündigende aktuelle Trends der jeweiligen digitalen Plattform aufgreifen, von der jeweiligen Logik der Plattform ausgehen und Reaktionen ernst nehmen. Für einen Real Talk mit Jugendlichen liegen in der Kultur des Digitalen viele Möglichkeiten, die einbezogen werden können und müssen. Vor allem die Normalität, interagieren, kommentieren und selbst wieder remixen zu können, bietet hier viele Chancen (und Grenzen).

8 www.ejwue.de/ejw_angebot/99-seconds/ (Abruf 18. 04. 24).

Bei der Frage wie eine „Predigt im Digitalen" entsteht, bilden auch hier Text- und Hörendenreflexion die Ausgangslage. Auch wenn es auf digitalen Plattformen sehr viel schwerer ist, die Gruppe der Hörenden einzugrenzen und sich Formate ihre Gruppe bisweilen auch „suchen", ist es entscheidend, konsequent von den Personas auszugehen und mit ihnen im Blick die Kommunikation des Evangeliums zu gestalten. Im Grunde genommen, ist es nichts Ungewohntes, nun die „Predigtsituation" in den Blick zu nehmen, die in diesem Fall ein bestimmtes digitales oder hybrides Setting darstellt. Allerdings sind Predigtsettings in „vor Ort Veranstaltungen" für viele Verkündigende bekannter und sie können sie sich deswegen auch konkreter vorstellen. Das neue Terrain hingegen, auf das sich Verkündigende begeben, ist zunächst ungewohnt und wandelt sich zudem schnell. Hier bedarf es einer gründlichen Recherche und Weiterbildung, bevor zu schnell von „analogen Vorgehensweisen" auf Digitales geschlossen wird. Zudem wird sich nicht alles im Vorhinein klären lassen, sondern braucht ab einem gewissen Punkt ein Learning by Doing, das das Feedback von Jugendlichen ernst nimmt und einbezieht.

Weil die Social-Media-Landschaft ebenso wie die digitale Welt generell schnellen Veränderungen unterliegt, eignet sich ein Buch wie dieses kaum dazu, Vorschläge zu konkretem Vorgehen zu machen. Zudem sind die Plattformen schon jetzt so zahlreich, dass hier eine entsprechende Ausdifferenzierung nötig wäre. Einen sehr guten Überblick und konkrete Tipps finden sich im Social Media Guide (Stand 2021).

Dennoch gibt es Grundsätzliches, das sich vermutlich auch auf neu auftauchende Plattformen übertragen lässt und über längere Zeit hilfreich bleiben kann.

Welche Plattform passt?

Wenn Zielsatz und Hörende auch den Ausgangspunkt für die Verkündigung des Evangeliums im digitalen Raum bilden, ist ein entscheidender Punkt der Hörendenreflexion die Frage, mit welchen digitalen Plattformen die Jugendlichen interagieren und wie sie dieses Interagieren wann und aus welchem Grund gestalten. In diesen

Fragen liegen wertvolle Informationen über die Gestaltung und Umsetzung des Inhalts.

Gleichzeitig ist die Frage nach der Plattform auch eine, die die verkündigende Person betrifft. Kann und möchte sie die entsprechende Plattform bespielen? Ist dies auf eine authentische Art und Weise möglich?
Auch das In-Beziehung-Setzen von Plattform und Inhalt spielt eine entscheidende Rolle, wenn davon ausgegangen werden muss, dass Medium und Inhalt in einer nicht aufzulösenden Korrelation bestehen. Passt das Medium mit seinen Logiken zum Inhalt?

Wie tickt die Plattform?

Jede digitale Plattform bringt eine eigene Logik mit sich, auch wenn die Grundsätze der Kultur der Digitalität übergreifend fungieren. Ist die Plattform bild-, audio- oder videobasiert? Welche Formen der Interaktion sind möglich und werden genutzt? Wie lang können Beiträge sein und welche Länge ist üblich und ratsam? Welches Format ist angemessen? Was kann man über den Algorithmus wissen? Diese Fragen sollten zunächst geklärt werden.

Social Media ist z. B. dafür designt, Menschen miteinander zu verbinden. Deshalb ist es entscheidend, danach zu fragen, was der Mehrwehrt für die Jugendlichen ist, den sie auf Social Media suchen (vgl. Social Media Guide 2021: 78).

Die eigene Rolle klären

Dazu braucht es auch eine Rollenklärung: Möchte die verkündigende Person über einen personalisierten „privaten" Account interagieren oder über den einer Organisation oder eines Teams oder Netzwerks? Gerade auf Social Media spielen Identifikationspersonen eine entscheidende Rolle. Auch wenn es möglich ist, Beiträge und Themenvideos und -reels losgelöst von Personen zu gestalten, hängt die Reichweite und Rezeption maßgeblich an authentischen Menschen. Diese Rolle im digitalen Raum einzunehmen, hat Auswirkungen auf die eigene Person. Während Predigtsettings vor Ort terminlich begrenzt sind und damit die Verfügbarkeit der verkündigenden Person terminiert ist, stellt sich der digitale Raum zeitlich unbegrenzt dar. Selbst wenn zu erwarten ist, dass die Interaktion zum Zeitpunkt der Veröffentlichung größer ist, kann sie auch noch zu späteren Zeitpunkten passieren. Das birgt die Chance, dass Beiträge „langlebiger" und evtl. auch wirkungsvoller sind, ebenso wie das Risiko, sich mit Shitstorms und Hate Speech auseinandersetzen zu müssen. Hier muss gut abgewogen werden, was für Einzelpersonen, Organisationen und Teams stimmig, zielführend und möglich ist.

Ressourcen bedenken

Je nachdem, was für die Produktion und Moderation nötig ist, braucht es unterschiedliche emotionale, zeitliche und finanzielle Ressourcen, im digitalen Raum präsent zu sein. Es ist zu kurz gedacht, Kommunikation des Evangeliums hier lediglich als „Zweitverwertung" von Inhalten aus anderen Settings zu sehen. Selbst ein Transferring von Inhalten zieht, wenn es wirksam ist, weitere Auseinandersetzung und benötigtes Investieren nach sich. Besteht kein Interesse an Community-Bildung (siehe Gemeinschaftlichkeit), sondern verfolgt man eher eine „Einbahnstraßenkommunikation", sollte man gründlich abwägen, ob man die Kommunikation des Evangeliums im digitalen Raum anstreben sollte. Zudem sind gewisse Kompetenzen erforderlich, um Inhalte zu erstellen, Content zu planen, Beiträge im digitalen Raum zu veröffentlichen und zu moderieren, und diese Kompetenzen müssen, wenn nötig, erlernt werden. Wer es gewohnt ist, in Live-Settings vor Menschen zu sprechen, kann dies nicht unbedingt automatisch auch vor der Kamera. Je nachdem, was für die jeweilige Plattform benötigt wird, müssen hier weitere Ressourcen eingeplant und/oder Mitarbeitende geschult oder neu gewonnen werden.

Ästhetik ernst nehmen

Die Auswirkungen des „iconic turn" sind bereits beschrieben worden. Sie sind nicht nur für Formate im digitalen Raum relevant, hier aber besonders, da Jugendliche mit einem nicht zu bewältigenden

Überangebot an Inhalten konfrontiert sind. Auf den meisten Plattformen wird innerhalb von Sekunden entschieden, ob einem Beitrag Aufmerksamkeit geschenkt wird oder nicht. Dies erfolgt zu einem Großteil aufgrund des „ersten Eindrucks", der maßgeblich an der Ästhetik hängt. „Stop the scroll" ist die Devise (vgl. Social Media Guide 2021: 81). Entscheidend dafür, ob Jugendliche weiterwischen bzw. -klicken oder nicht, ist, ob sie in den ersten Sekunden das Gefühl haben, dass es für sie relevant ist oder eben nicht. Auch hier müssen Verkündigende abwägen, was zu ihnen selbst, zu den Jugendlichen, zum Inhalt und zur jeweiligen Plattform passt.

Digitaler Real Talk

Für das Gestalten von Real Talk im digitalen Raum bietet sowohl das Real-Talk-Modell als auch der Ansatz des Storytellings hilfreiche Grundlagen, die mit den Prinzipien der jeweiligen Plattform geremixt werden können. Die Absicht, Widerstände und Fragen von Jugendlichen ernst zu nehmen sowie spannende Storys zu inszenieren, kann einer predigenden Person auch im digitalen Raum als Leitfaden dienen. In der Umsetzung wird es allerdings Unterschiede geben. Auf vielen Plattformen wird es z. B. schnelle Schnitte, Untertitelung und einen sehr prägnanten Aufbau des Beitrags brauchen. Was gut funktioniert, können Verkündigende auch von Beiträgen anderer Content-Creator:innen lernen.

Real Talk im digitalen Raum bezieht in jedem Fall die Möglichkeit für Jugendliche ein, mit den Inhalten und dahinterstehenden Personen zu interagieren. Die Möglichkeit zu haben, bedeutet nicht, dass alle Jugendlichen es wollen oder tun werden. Eine reine Logik von sendender und empfangender Person konterkariert aber die Idee von Real Talk. Interaktion über Kommentare oder z. B. Instagram-Sticker sind dafür eine gängige Möglichkeit. Entscheidend ist, dass man diesen dann auch seine Aufmerksamkeit widmet und sich mit ihnen auseinandersetzt. Eine weitere Option besteht in Live-Formaten, in denen Themen besprochen und Rückfragen im Live-Setting einbezogen werden können.

Weiterführendes

- Social Media Guide: www.mrjugendarbeit.com/
- content/files/2024/01/mrj-Social-Media-Guide-Digital.pdf
- Tutorial Digitale Jugendevangelisation: zukunft-jugendarbeit.de/material/tutorial/
- www.agje.de/website/de/was-wir-tun/social-media
- ruach.jetzt/netzwerk/
- yeet.evangelisch.de

Das Manuskript

Den Abschluss der Predigtinvention bildet das Gestalten des Manuskripts für die Predigtsituation. Wenn die Vorbereitungen so weit abgeschlossen sind, stellt sich letztlich „nur" noch die Frage, welche Hilfsmittel Predigende benötigen, um das Vorbereitete auch entsprechend zu „performen".

Auch hier gibt es kein „One-Size-fits-all"-Modell. Entscheidend ist, dass die predigende Person das Manuskript so aufbereitet, dass es zu ihrer Persönlichkeit und ihren Bedürfnissen in der jeweiligen Verkündigungssituation passt. Das Manuskript soll der verkündigenden Person ermöglichen, ihre Predigt möglichst ansprechend zu präsentieren. Deshalb fragen sich Verkündigende:

- Was brauche ich, um flüssig, frei, anschaulich zu sprechen, ohne anzufangen „zu labern"?
- Welches Medium eignet sich dafür – z. B. Zettel, Karteikarten, Tablets, Smartphone?
- Welche Möglichkeiten zur Ablage habe ich für das Medium – z. B. einen Notenständer, einen Tisch, ein Pult.
- Halte ich das Medium in den Händen oder liegt es?
- Habe ich zusätzlich zum Medium für das Skript auch eine Bibel in Buchform dabei? Wo liegt diese dann?

- Wie kann ich zwischen Skript und Bibel hin- und herwechseln, ohne dass es umständlich ist?

Manchen Verkündigenden hilft ein wortwörtliches Skript, sodass ihnen jedes einzelne Wort klar ist. Hier besteht die Gefahr, dass sie während der Predigt zu sehr auf ihr Skript fokussiert sind und eine Distanz zu den Hörenden entsteht. In dem Fall müssen sie den Fließtext so aufbereiten und markieren, dass sie die entsprechende Zeile sofort wiederfinden können, auch wenn sie zwischenzeitlich immer wieder Augenkontakt zu den Hörenden aufbauen. Große Schriftart, kein Blocksatz, Absätze und Markierungen können dabei unterstützen. Es setzt außerdem voraus, dass sie wirklich so formulieren können, wie sie sprechen möchten. Schließlich soll die Predigt den Charakter eines Real *Talks* haben, nicht den eines Vortrags.
Andere Predigende formulieren nur manche Passagen wortwörtlich und andere in Stichworten. Überall dort, wo es auf jedes einzelne Wort in der überlegten Formulierung ankommt, sind die Teile ausformuliert. Überall da, wo es stärker auf freie Rede und Dynamik ankommt, nutzen sie Stichpunkte, die eine Gedankenstütze darstellen, um die Passagen frei zu erzählen.

Wieder andere arbeiten mit Mindmaps. Auf einem Blatt entfalten sie die gesamte Predigt ausgehend vom Zielgedanken in der Mitte. Die Predigt als Mindmap darzustellen, zwingt Verkündigende dazu, sich den Aufbau ihrer Predigt vor Augen zu führen. Gerade dort, wo nicht mit einem klar strukturierten Aufbau gearbeitet wurde, können Mindmaps nach dem Predigtschreiben helfen, den eigenen Aufbau nachzuvollziehen (und gegebenenfalls klarer zu gestalten) und dann eine hilfreiche Art und Weise der Unterstützung bei der Predigt-Performance sein.

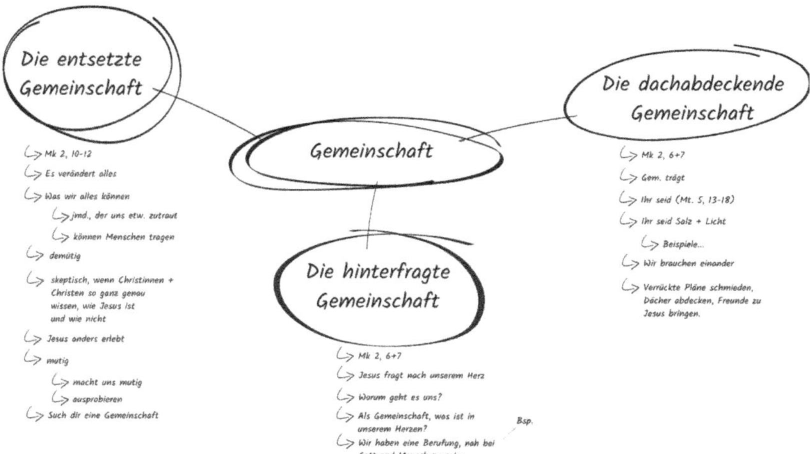

Abb. 28: Beispiel Manuskript als Mindmap von Kai (eigene Darstellung)

Auch visuellere Formen von Predigtmanuskripten sind möglich. So können Verkündigende ein Manuskript auch als Comic-Strip, Zeichnung oder Sketchnote anfertigen. So verinnerlichen sie ihre Worte stärker als Szenen und Geschehen.

Abb. 29: Beispiel Manuskript in visueller Form von Felix (eigene Darstellung)

Manche predigen auch gänzlich ohne Manuskript und memorieren ihre Inhalte so, dass sie während der Predigt keine schriftliche Unterstützung bei sich haben. Frei predigen bedeutet nicht, die Predigt nicht intensiv vorbereitet zu haben. Sie wird von der Struktur und gegebenenfalls auch im Wortlaut genauso vorbereitet, in der Predigtsituation wird die Predigt aber memoriert performt. Für das Memorieren gibt es unterschiedliche Herangehensweisen, die auch für das Predigen mit Manuskript hilfreich sein können. Schnepper schlägt unterschiedliche Wege vor (vgl. Schnepper 2011: 90ff.):

1. Die schriftliche Predigt im Vorfeld laut lesen und hören und die Inhalte stichpunktartig wiederholen.
2. Sich die Inhalte als Gebäude vorstellen. In jedem Zimmer finden sich einzelne Predigtabschnitte, die man mit diesen Zimmern verknüpft.
3. Bilder vor dem inneren Auge zu jedem Predigtteil vorstellen.
4. Vorgänge erspüren. Die Predigt wird entlang von Emotionen memoriert.
5. Durchspielen. In der Vorbereitung wird die Predigt mit stimmiger Gestik, Mimik und Bewegungen durchgespielt.

Entscheidend ist, dass das Memorieren wirklich gelingt und es während der Predigtperformance nicht zu langen Überlegenspausen kommt. Für den Fall, dass es während der Predigt doch zu „Hängern" kommt, können im Vorfeld unterschiedliche Strategien eingeübt werden (z. B. eine gezielte Pause machen, eine Wiederholung einbauen; vgl. Schnepper 2011: 106).

Je offener das Manuskript gestaltet ist und je freier Verkündigende sprechen, desto mehr Raum bietet sich für Spontanes. Manche sprechen hier auch von der Sensibilität für den Heiligen Geist während der Predigt (vgl. Schnepper 2011: 22). Es stellt sich also auch die Frage, wie viel Raum zur Improvisation Verkündigende sich während der Predigt ermöglichen wollen. Eine Sensibilität für den konkreten Moment und die konkreten Menschen einzuüben, ist für die Predigtsituation mit Jugendlichen in jedem Fall ratsam. Es kann immer sein, dass in den Vorbereitungen von falschen Annahmen ausgegangen wurde, andere Jugendliche kamen, als gedacht, etwas Spontanes passiert, was dann Auswirkungen auf das Predigtgeschehen hat – ob Verkündigende es wollen und aktiv einbeziehen oder nicht. Aber: Nicht jeder spontane Einfall in der Predigt ist ein Hinweis der Heiligen Geistkraft. Mit spontanen, grundlegenden Veränderungen und Einfällen ist eher sparsam umzugehen. In der Situation selbst kann man nicht nachhaltig abwägen, ob die Veränderung tatsächlich positive Auswirkungen haben wird. Manchmal mag es aber auch dran sein, einem inneren Impuls zu folgen. Konkretes aus der Situation einzubeziehen kann gut dosiert auch dazu beitragen, einen Bezug zum Geschehen herzustellen.

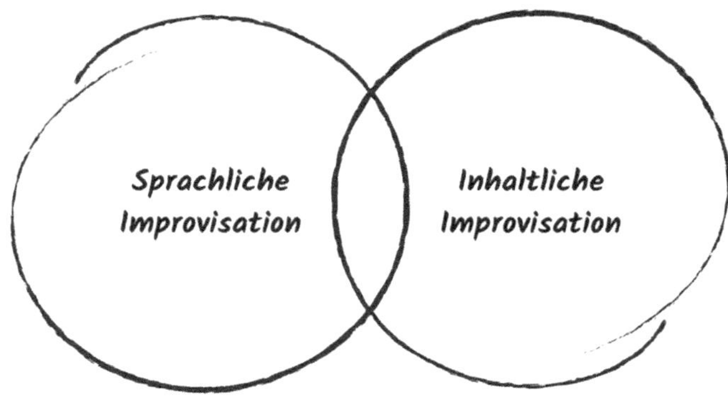

Abb. 30: Zwei Felder der Improvisation (eigene Darstellung nach Schnepper 2021: 101)

Checkliste Predigtmanuskript

- Hilft dir das Manuskript, deine Inhalte und Gedanken flüssig zu erzählen?
- Ist die Schrift so groß, dass du alles gut lesen kannst?
- Hast du Markierungen gesetzt, die dir helfen, dich im Manuskript zurechtzufinden, auch wenn du immer wieder die Jugendlichen anschaust?
- Gibt dir dein Manuskript genug Orientierung, aber auch genug Freiheit, sodass du „nicht am Text klebst“ und frei sprechen kannst?

Handlungsempfehlung/Fragen

- Hast du die Hörenden konsequent im Blick?
- Nimmst du ihre Lebenswelt, ihre Fragen und möglichen-Widersprüche/Widerstände auf?
- Ist deine Predigt gut in der biblischen Grundlage verwurzelt?
- Hast du die Teile deiner Predigt deinem Zielsatz untergeordnet?
- Wird deutlich, dass du nicht das direkte Sprachrohr Gottes bist, sondern sich die Jugendlichen kritisch mit deinen Ansichten und den Inhalten auseinandersetzen sollen?
- Gibt es konkrete Möglichkeiten für die Jugendlichen, das auch zu tun?

6. Predigt-Performance?

Was dich erwartet

Für eine gelingende Predigt ist es nicht nur entscheidend, welche Inhalte eine verkündigende Person erarbeitet hat und dass sie passende Worte findet, sondern auch die Art, wie sie die Worte „performt“. Mit Performance sind das Auftreten, Gestik und Mimik sowie der Einsatz von Stimme und die Raumgestaltung gemeint. In diesem Kapitel werden entscheidende Aspekte im FAQ-Stil beantwortet.

Wirkung unterstützen

Auch für die Predigtsituation gilt: Es lässt sich nicht alles planen und schon gar nicht lässt sich Wirkung garantieren. Dennoch ist es auch hier hilfreich, sich gut und intensiv vorzubereiten. Manches lässt sich üben und manches ungünstige Vorgehen lässt sich auch vermeiden. In der Predigtsituation sind Verkündigende als ganze Menschen gefragt. Auftreten, Stimme, Gestik, Mimik – all das wirkt und Studien zufolge sogar intensiver als der Inhalt allein.

In diesem Verhältnis wirken Auftreten, Stimme und Inhalt:

Abb. 31: Was wirkt? (eigene Darstellung nach Brünjes 2017: 142)

Auch wenn die wenigsten dazu dezidiertes Feedback geben können, haben Stimme und Körpersignale eine starke, oft unbewusste Wirkung. Diese Erkenntnis ebenso wie das gegenseitige Bedingen von Form und Inhalt sowie die Faktoren des „iconic turn" (vgl. Kapitel 5) fordern Predigende dazu heraus, nicht nur den Inhalt, sondern das Predigtgeschehen als Ganzes gut vorzubereiten. Sellmann malt den Zusammenhang so vor Augen:

> *„Starke Gegenwart also, vermittelt durch attraktive körperliche Präsenz. Konkret heißt das: Wenn der Prediger nuschelt, ist das Christentum eine Religion, die nuschelt. Wer mit ungepflegten Haaren predigt, repräsentiert ein Christentum, das seine Vertreter offensichtlich nicht mit Respekt vor sich selbst versorgt. Wer bei der Predigt seine Zuhörer nicht anschaut, der intensiviert den Zweifel, dass das Christentum über mich hinweg sieht usw. Umgekehrt: Wer als Prediger laut spricht und klar, der bezeugt ein Christentum, das etwas zu sagen hat." (Sellmann 2008: 182)*

Das Kommunikationsgeschehen während einer Predigt bezieht die verkündigende Person in ihrem Auftreten mit Körperhaltung, Kleidung, Stimme, Mimik und Gestik, den Raum und seine Gegebenheiten sowie Ton, Licht und Partizipationsmöglichkeiten gleichermaßen mit ein. Im Digitalen lässt sich dies auf das Agieren vor der Kamera und Schnitte oder Bildmaterial und Gestaltung übertragen. Das Ziel besteht darin, all diese Faktoren bestmöglich im Sinne der Gesamtintention und der eigenen Haltung zu gestalten. Da wir als Menschen Körper, Geist und Seele sind und Wirkung und Resonanz von unserer ganzen Geschöpflichkeit abhängt und sie betrifft, ist es sinnvoll, dies bewusst zu reflektieren.

„Wir können nicht nicht körperlich sein. Körperlichkeit und Geschöpflichkeit gehören zusammen" (Müller/Suhner 2023: 198). Zudem haben Jugendliche meist ein feines Gespür für Anzeichen und Unglaubwürdigkeit. Ein Faktor dabei ist, dass Körpersprache und Sprechduktus zusammenpassen müssen (vgl. Ritter 2015: 252).

Für die Performance ist die entscheidende Frage, wie zum einen das Auftreten der predigenden Person und zum anderen das Zusammenspiel von Person, Raum und Inhalt den Jugendlichen am besten hilft, damit sie inhaltlich folgen sich auf das Gesagte einlassen und als performativen Akt erleben können. Oder anders gefragt: Was ist der Mehrwert daran, diese Predigt als „Vortrag"/Performance zu erleben und nicht einfach zu lesen oder als Audiodatei zu hören (vgl. Anderson 2019: 2016)? Welches Erlebnis, welche Wirkung rechtfertigt das?

Verkündigende können als Person nicht nicht wirken. Oft ist ihnen diese Wirkung aber nicht präsent und sie reflektieren sie auch im Nachhinein nicht. Der Umgang mit Stimme, Mimik und Gestik sowie das Auftreten, der Blickkontakt und das Interagieren mit den Hörenden kann und muss geübt werden. Je mehr sich Predigende ihrer Wirkung bewusst sind, umso besser. Und je natürlicher und authentischer sie auftreten, umso wirkungsvoller.

FAQ „Performance"

Im Folgenden finden sich die immer wieder auftauchenden Fragen (FAQ – Frequently Asked Questions) zur Predigt-Performance. Zu den wenigsten Fragen gibt es allgemeingültige Antworten. Vielmehr sind die Predigtsituation, die Hörenden und die eigene Authentizität der Maßstab. Da diese von Predigtsetting zu Predigtsetting variieren können, muss man die Fragen unter Umständen auch immer wieder neu bewegen, um Antworten für die konkrete Situation zu erhalten. Ehrliches Feedback ist auch hier in jedem Fall ein Schlüssel. Deshalb ist es sinnvoll, mit Jugendlichen eine Kultur des wertschätzenden und konstruktiven Feedbacks einzuüben, die auch das Ansprechen von Verbesserungspotenzial beinhaltet.

Predigen – eine Frage der Haltung!?

Wie eine predigende Person auftritt und wirkt, wird maßgeblich von ihrer Haltung bestimmt (Brünjes 2007: 142). Die Art, wie sie spricht, mit welcher Gestik sie ihre Worte unterstreicht, ob sie Augenkontakt sucht oder welche Körperhaltung sie einnimmt, spiegelt immer auch ihre innere Haltung wider. Umso wichtiger ist es, dass sie diese Haltung bewusst reflektiert und sich in einer Haltung übt, die dem Predigen *mit* Jugendlichen gerecht wird. Das heißt, die predigende Person sollte auf Augenhöhe reden wollen, die Lebenswelt der Jugendlichen wahr- und ernst nehmen, und zwar liebevoll und mit der Bereitschaft zum Real Talk, der sie auch immer selbst hinterfragt.

Auch Fragen zur geistlichen Haltung und dem eigenen Verständnis gegenüber Gott spielen hier eine wichtige Rolle.
So kann ein Gebet vor der Predigt bzw. der Predigtsituation die predigende Person erden und stärken. Sich als von Gott gestärkt, aber auch auf Gott angewiesen zu begreifen, hilft ihr, sich weder zu überhöhen noch unnötig klein zu machen. Betend Gott die Wirkung der Predigt zu überlassen – wenn es zur Frömmigkeit und zum Setting passt, auch in Gemeinschaft – kann ihr helfen, entspannt und unverkrampft aufzutreten und ihr eigenes Selbstbild zu Gott in Bezug zu setzen. Das erinnert auch daran, dass Verkündigende eine Verantwortung haben mit der Macht, die Predigtsituationen mit sich bringen, verantwortungsvoll umzugehen. Hier kann es ihnen auch helfen, diese konkreten Fragen zu bedenken:

- Welche Machtstrukturen werden durch die Raumgestaltung ausgedrückt?
- Steht eine Person vorne, während alle anderen frontal ausgerichtet sind, gibt es einen Kreis, wird das Setting während der Predigt z. B. durch Beteiligung oder Positionswechsel der predigenden Person verändert?
- Braucht es eine Bühne? Wenn ja, wofür?
- Finden sich alle auf Augenhöhe wieder? Denn: „Der Raum strukturiert die Kommunikation mit“ (Vogt 2009: 305).

Natürlich kann es sehr pragmatische Gründe für ein frontal ausgerichtetes Setting mit einer beleuchteten Bühne und einer erhöht stehenden verkündigenden Person geben. Bei größeren Gruppen ist dies unter Umständen die einzige sinnvolle Möglichkeit, dass alle alles sehen und hören können. Dann bleibt dennoch die Frage, wie Jugendliche auch am räumlichen Setting merken können, dass sie mehr sind als nur Konsumierende und Zuschauende. Manchmal ergeben sich durch diese Fragen vielleicht aber auch neue Ideen zur äußeren Gestaltung der Predigt.

Was ziehe ich an? Wie style ich mich?

Das äußere Erscheinungsbild der verkündigenden Person ist wie jeder erste Eindruck entscheidend. Durch die Art und Weise der Kleidung werden unbewusst Signale gesendet, die zu unterschiedlicher Wahrnehmung führen. Wichtig ist, dass die Kleidung und das Styling zur Situation, der predigenden Person selbst und zu den Hörenden passen und nicht ablenkend wirken (weder für die verkündigende Person selbst noch für die Hörenden). Kleidung, die ablenkt, kann solche sein, die deplatziert wirkt: Ein Anzug kann für eine Konfirmation die passende Outfitwahl sein, sich aber im Jugendgottesdienst als unstimmig erweisen. Auch Aufdrucke oder das offensichtliche Tragen von Marken sind zu reflektieren. Wofür steht die jeweilige Marke und der Style? Was kommuniziert das? Wer kann sich mit diesem Style identifizieren und wer fühlt sich unter Umständen ausgeschlossen? Kleidung und Style sind immer auch Ausdruck von Milieuzugehörigkeit und Status. Den Jugendlichen sollten auf keinen Fall Wörter wie albern, altmodisch, peinlich, langweilig, einschüchternd, „auf jugendlich machen" oder dreckig in den Sinn kommen, wenn du ans Mikro trittst (vgl. Anderson 2019: 198).

Generell ist es wichtig, dass das Äußere angemessen gepflegt ist (gewaschene Haare, keine Essensreste zwischen den Zähnen, kein offener Hosenstall etc.).

Mimik und Gestik

Mimik und Gestik spielen eine entscheidende Rolle dabei, wie die Inhalte einer Predigt von den Hörenden wahrgenommen werden und verleihen einem Vortrag Lebendigkeit. Diese Wahrnehmung erfolgt meist unbewusst. Wenn jemand während der Predigt fröhlich und enthusiastisch über die Liebe Gottes spricht, dabei aber finster dreinschaut, werden die meisten Hörenden vermutlich nicht darüber erstaunt sein, dass die Person finster geguckt hat, sondern eher das Gefühl haben, dass es nicht „authentisch“ oder „stimmig“ war. Gleichzeitig könnte eine predigende Person, die während der Predigt wild mit den Armen fuchtelt, das Feedback erhalten, dass die Predigt unruhig wirkte. Es ist daher entscheidend, dass Mimik und Gestik nicht nur mit dem Gesagten übereinstimmen, sondern auch mit der Person, die spricht. Wenn eine Person im Alltag ruhig und zurückhaltend ist, würden sich die Hörenden vermutlich wundern, wenn diese Person in der Predigt plötzlich extrovertiert gestikuliert.

Ein äußerst nützliches und wichtiges Hilfsmittel, um die eigene Mimik und Gestik zu verbessern, ist das Feedback von außen. Es lohnt sich, die Predigt vor einer vertrauten Person zu halten und gezielt Feedback zu diesem Aspekt einzuholen. Auch das Filmen der eigenen Predigt kann helfen, die Mimik und Gestik zu reflektieren. Hier einige Tipps, worauf Verkündigende bei Mimik und Gestik achten können (vgl. Schott 2019: 15ff.):

- *Gesichtsausdruck:* Ein strahlendes Lächeln und regelmäßiger Blickkontakt signalisieren Selbstsicherheit und tragen wesentlich zur positiven Atmosphäre bei. Dennoch ist es ratsam, den Blick nicht zu lange auf einzelne Hörende zu richten, um Unbehagen zu vermeiden. Die Mimik sollte natürlich und fließend sein, um eine angenehme und authentische Atmosphäre zu schaffen. Steife oder unnatürliche Gesichtsausdrücke, die gezwungen wirken könnten, sollten vermieden werden.
- *Handbewegungen:* Bewusst eingesetzte Handgesten können das Gesagte unterstützen und verdeutlichen. Dabei ist es wichtig, dass die Gesten natürlich und ausgewogen sind, ohne übertrieben zu wirken. Gesten sollten immer in direktem Zusammenhang mit dem gesprochenen Inhalt stehen und diesen verdeutlichen oder unterstreichen. Predigende sollten darauf achten, dass die Gesten nicht ablenken, sondern ihren Inhalt unterstützen. Die Gestik sollte im Einklang mit der Sprechgeschwindigkeit und dem Rhythmus der Präsentation stehen. Dabei können Pausen oder Betonungen bewusst mit passenden Handbewegungen unterstrichen werden. Die Hände sollten sich nicht in den Taschen befinden. Das wirkt „uninteressiert oder langweilig, gleichgültig und manchmal nervös“ (Gallo 2021: 131).

- *Körperhaltung:* Eine aufrechte Körperhaltung strahlt Kompetenz und Souveränität aus. Die Schultern sollten leicht zurückgezogen sein, während der Blick geradeaus gerichtet ist. Eine gekrümmte Haltung oder verschränkte Arme vermitteln hingegen Unsicherheit und Zurückhaltung. Man sollte gut dosiert die gesamte Breite des „Präsentationsraums" nutzen und bei Bedarf die Position wechseln, um verschiedene Aspekte der Präsentation hervorzuheben.
- *Beinstellung:* Eine stabile Beinstellung vermittelt Sicherheit und Ausdruckskraft. Die Füße sollten etwa schulterbreit voneinander entfernt und das Gewicht gleichmäßig verteilt sein. Unruhige Beinbewegungen oder häufiges Wippen können hingegen Nervosität signalisieren und sollten vermieden werden. Genauso sollten die Hände nicht verschränkt oder versteckt werden, da dies eine verschlossene Haltung vermitteln kann. Stattdessen sollten die Hände sichtbar und entspannt gehalten werden, um Offenheit und Zugänglichkeit zu signalisieren.

Wie nutze ich meine Stimme während der Predigt?

Die Stimme ist für das Predigen ein wichtiges Werkzeug und Medium. Verkündigende sollten laut, deutlich und gut verständlich sprechen. Außerdem ist die Betonung entscheidend. Dafür spielen die Lautstärke (leise – laut), die Tonhöhe (hoch – tief), das Tempo (langsam – schnell) sowie das bewusste Setzen von Pausen eine wichtige Rolle (vgl. Gallo 2021: 104). So kann Spannung aufgebaut und wieder gelöst werden und die Hörenden können nachvollziehen, welche Teile besonderes Gewicht haben (sollen). Auch Emotionen spiegeln sich in der Stimme wider. Verkündigende, die normalerweise einen Dialekt sprechen, sollten vorab reflektieren, ob dieser für die Hörenden verständlich ist oder ob sie sich darauf konzentrieren sollten, Hochdeutsch zu sprechen. Bei Predigten ist häufig zu beobachten, dass Menschen, die im Gespräch völlig anders intonieren, in einen „pastoralen Ton" (Häringer 2015: 261) verfallen. Unter Umständen erfordert es Übung, auch während der Predigt „normal" zu sprechen, um nicht unauthentisch zu wirken. Dazu sollten Predigende im Vorfeld unbedingt Feedback erbeten. Manche reden durch die Aufregung auch viel zu schnell. Hier kann es helfen, sich eine „Ankerperson“ unter den Hörenden zu suchen, die Zeichen gibt, wenn dies geschieht.

Sich im Vorhinein zu überlegen und auszuprobieren, welche Betonung die Bedeutung unterstreicht und das Zuhören erleichtert, ist hilfreich, um in der Performance nicht ad hoc handeln zu müssen. Sprechen mit Bedeutung macht einen Unterschied (vgl. Anderson 2019: 218), wie z. B. in diesem Predigtbeispiel zu sehen ist. Geschrieben liest es sich so:

Real Talk

Leute, die sonst nichts miteinander zu tun haben. Die sind zusammengekommen, weil Jesus ihr Mittelpunkt geworden ist. Und plötzlich sind sie eine Rad-Gemeinschaft geworden, eine Familie. Hier auf dem Christival sind wir auch sehr unterschiedliche Leute, ganz unterschiedliche Hintergründe. Da gibt es Leute, die beten so, und andere, die beten so, und dann wieder Leute, die beten so, und manche beten vielleicht gar nicht. Und trotzdem sind wir eine Rad-Gemeinschaft und eine Familie, weil Jesus unser Mittelpunkt ist. (Auszug aus einer Predigt von Julia zum Philipperbrief während des Christivals am 25. 05. 22).

Wenn Julia spricht, hört man aber eher dies (zum Nachschauen: www.youtube.com/watch?v=U1p71kB6wB8, Minute 1:10:45 bis 1:11:21):

Leute, die [sonst *nichts*$^{\text{stark betont}}$ miteinander zu tun haben]$^{\text{schneller gesprochen, weite Entfernung mit geöffneten Armen zeigen. – kurze Pause –}}$ Die sind zusammengekommen$^{\text{Arme schließen, Hände treffen sich in der Mitte}}$, weil Jesus ihr Mittelpunkt geworden ist$^{\text{eine Hand zeigt auf der flachen anderen einen Punkt}}$. Und plötzlich sind sie eine Rad-Gemeinschaft geworden, eine Familie. $^{\text{– kurze Pause –}}$ Hier auf dem Christival sind wir auch sehr unterschiedliche Leute$^{\text{Verstärkung durch Blick und Kopfnicken}}$, ganz unterschiedliche Hintergründe.$^{\text{ohne Pause direkt weiter}}$ Da gibt es Leute, die beten so$^{\text{Hände gefaltet, Blick nach unten, Augen geschlossen}}$ und andere, die beten so[Arme ausgebreitet und geöffnet, Blick nach oben, schneller sprechen] und dann wieder Leute, die beten so[Arme weit nach oben ausgestreckt] und manche beten vielleicht gar nicht[energische Stimme]. Und trotzdem – Pause – sind wir eine Rad-Gemeinschaft[sanfte Stimme und Lächeln] und eine Familie, weil Jesus unser Mittelpunkt[Mittelpunkt mit der Hand zeigen] ist.

Der Unterschied zwischen Geschriebenem und Gesprochenem ist groß und trägt zum Verständnis bei. Auch wenn so am Ende kein Manuskript aussehen muss, wird deutlich, dass eine abwechslungsreiche und ausdrucksstarke Performance im Vorhinein Überlegungen braucht.
Kurz vor der Predigtsituation bietet es sich außerdem an, die Stimme auf das Sprechen vorzubereiten:

- Wer eine Zeitlang z. B. mit einem Korken/Stift zwischen den Zähnen spricht, spricht danach deutlicher
- Gurgeln
- Explosivlaute immer wieder laut sagen: P – T – K

Mikrofon, Licht und Co.

Während in kleineren Settings wie Jugendgruppen technische Aspekte keine Rolle spielen, können sie bei größeren Settings wie Jugendgottesdiensten oder Jugendevents von entscheidender Bedeutung sein. Niemand hört die Predigt, wenn das Mikrofon nicht eingeschaltet ist, und niemand achtet auf eine Predigt, wenn ständiges Rascheln und Knistern zu hören ist. Sicher, Predigende können nicht alle technischen Aspekte beeinflussen, aber einige eben durchaus, und es ist zusätzlich ratsam, mögliche Störanfälligkeiten im Vorfeld zu minimieren.

Bezüglich des Mikrofons stellt sich zunächst die Frage nach der Art des Mikrofons. Auch wenn ein Headset für viele passend erscheint und durch die freien Hände eine scheinbar praktische Lösung bietet, hat es auch seine Tücken. Mit einem Headset muss man gut umgehen können, da es Besonderheiten aufweist, die herausfordernd sein können. Dadurch, dass es alle Geräusche überträgt, werden beispielsweise Nebengeräusche für alle laut hörbar. Während man ein Handmikrofon beim Husten kurz weghalten kann, wird das Husten über das Headset gnadenlos übertragen. Zudem können Headsets an der Haut, Ohrringen oder an den Haaren rascheln, und beim Gestikulieren kann man versehentlich dagegen stoßen. Natürlich bieten sie viele Vorteile, aber Menschen, die mit ihnen noch keine Erfahrung haben, sind sie zunächst nicht zu empfehlen. Außerdem sollte unbedingt auf eine hohe Qualität geachtet werden. Viele Nachteile des Headsets umgeht ein Handmikrofon, das jedoch den Nachteil hat, dass damit mindestens eine Hand belegt ist und somit die Gestik eingeschränkt ist. Funkmikrofone sind dabei Kabelmikrofonen wenn möglich vorzuziehen, da sie eine höhere Flexibilität bieten. Möglicherweise kann ein Mikrofonständer genutzt werden, wenn beide Hände frei sein sollen, jedoch legt dies einen festen Standort fest und bietet keine Bewegungsfreiheit während der Predigt.

Alle Varianten haben Vor- und Nachteile, daher ist es hilfreich, sich im Vorfeld Gedanken darüber zu machen und verschiedene Möglichkeiten auszuprobieren, um nicht unvorbereitet in die Predigtsituation bezüglich des Mikrofons zu gehen. Vor Ort sollte unbedingt ein Testlauf und eine Absprache mit dem Technikteam stattfinden. Besonders entscheidend ist das Anschalten vor der Predigt. Hier gilt es, unbedingt abzusprechen, ob dies durch die verkündigende Person oder eine Person aus dem Technikteam geschieht und dass dies nicht vor dem ersten Wort der Predigt versäumt wird. Die Konzentration ist dahin, wenn die Predigt mit technischen Problemen beginnt.

Ähnliche Fragen stellen sich auch bezüglich des Lichts. Hier müssen mehrere Faktoren beachtet werden: Das Licht sollte so eingestellt sein, dass die predigende Person gut sichtbar ist und gleichzeitig nicht geblendet wird, damit sie aktiv Blickkontakt zu den Jugendlichen aufbauen kann. Außerdem muss ausreichend Licht vorhanden sein, um das Manuskript lesen zu können.

Wo und wie stehe ich während der Predigt?

Mit den technischen Fragen hängt manchmal auch die Frage nach dem Standpunkt zusammen, also dem Ort, wo die predigende Person während der Predigt steht. Für die Wahl des geeigneten Standorts sind drei Faktoren zu berücksichtigen. Zum einen muss sichergestellt sein, dass die Jugendlichen gut sehen können. Des Weiteren müssen die technischen Gegebenheiten am Standort gut sein, und nicht zuletzt müssen sich die Predigenden an diesem Ort auch wohlfühlen.

In vielen Settings der Jugendarbeit bieten sich Standorte an, die eine gewisse Nähe zu den Jugendlichen ausdrücken. Sollte die Predigt beispielsweise in einem Sakralbau wie einer Kirche stattfinden, empfiehlt es sich nicht unbedingt, die Kanzel zu nutzen.[9] In vielen Situationen ist es wahrscheinlich eine gute Lösung, sich möglichst zentral vor die Gruppe zu stellen. Bei großen Gruppen oder verwinkelten Räumen empfiehlt sich eine Erhöhung, wie eine Bühne. Den allermeisten Hörenden hilft es, wenn der Standort während der Predigt im Großen und Ganzen beibehalten wird. Natürlich können Verkündigende in einer dynamische Predigt ein paar Schritte auf die Jugendlichen zugehen. Um Dinge zu veranschaulichen, kann auch etwas nach links oder nach rechts gegangen werden, aber ein ständiges „Umhergetigere" ist in den meisten Fällen nicht hilfreich und hindert die Hörenden sogar daran, aufmerksam zuzuhören. Ein hilfreicher Tipp ist es, den Ausgangsstandort der Predigt zu markieren, entweder durch einen Notenständer oder ein Lesepult, falls es verwendet wird. Auch ein Klebestreifen auf dem Boden oder eine Flasche Wasser als Markierung kann helfen. So weiß man während der Predigt in dynamischen Teilen immer, wo der Ausgangspunkt ist, und kann ein gutes Blickfeld für die Hörenden und eine gewisse Verlässlichkeit im Standort herstellen. Ein sicherer Stand der verkündigenden Person verleiht auch den Jugendlichen Sicherheit. Dafür eignet sich ein offener Stand, bei dem die Beine fest geerdet sind, der Oberkörper aber leicht und beweglich ist (Ritter 2015: 254, 255) und die Arme und Hände durch bewusste Gestiken für Dynamik sorgen.

Eine Frage, die man sich im Vorfeld der Predigt unbedingt stellen sollte, ist die Frage nach dem bereits angesprochenen Notenständer oder Lesepult. Natürlich wirkt es für Jugendliche dynamisch und au-

---

9 Eine kritische Reflexion der Kanzel als Predigtstandort nehmen Müller/ Suhner 2023 vor.

thentisch, wenn möglichst frei gepredigt wird, und Predigtsituationen können auch mit Karteikarten oder Stichwortzetteln in der Hand gut gestaltet werden. Aber hier müssen auch die Bedürfnisse der Predigenden reflektiert werden. Wer eine klare Textgrundlage während der Predigt benötigt, um sich sicher zu fühlen, der sollte auf jeden Fall auf ein Pult oder einen stabilen Notenständer setzen. Im Zweifel die Predigt ablesen zu können, gibt der eigenen Psyche eine hohe Sicherheit. Außerdem kann auch eine Bibel oder Anschauungsmaterial hier abgelegt werden. Bei Predigten im Freien ist der Faktor Wind mitzubedenken. Wer hier mit einem ausgedruckten Skript arbeitet, sollte z. B. Magnete nutzen, damit es nicht wegfliegt. Eine kleine Klemmlampe kann außerdem für optimale Lichtverhältnisse sorgen.

Vielleicht kann man es auch als einen Weg sehen: Nachdem man ein paarmal mit einem stabilen Notenständer als Hilfsmittel gepredigt hat, kann man ihn bei den nächsten Predigten vielleicht etwas tiefer stellen und nur noch mit Stichpunkten arbeiten. Wenn man sich dabei dann sicher fühlt, kann man ihn nach einiger Zeit auch weglassen und eine Predigt frei halten, wenn man das denn möchte.

Was ist das erste und das letzte Wort meiner Predigt?

Dafür gibt es natürlich keine allgemeingültige Antwort, auch wenn viele Predigten mit einem „Amen“ enden. In der Praxis kann man aber immer wieder erleben, dass das erste Wort einer Predigt „Ähm“ oder „So“ oder „Ja“ ist. Damit verspielt die predigende Person die Chance, gleich zu Beginn präsent zu sein und die Spannung vom ersten Wort an aufrecht zu halten. Deshalb ist es entscheiden, dass das erste Wort, besser noch der erste Satz „steht“ und signalisiert: „Jetzt geht es los und ihr wollt keines meiner Worte verpassen.“ Ebenso läuft eine verkündigende Person, die das Ende einer Predigt nicht gut geplant hat, Gefahr, dass sie in zirkulären Bewegungen zum Schluss mehrfach den gleichen Inhalt benennt und nicht zum Punkt kommt. Ein klares, gut geplantes Ende hilft, die Spannung bis zum Ende aufrecht zu erhalten und die Jugendlichen z. B. mit einer Erkenntnis, einer weiterführenden Frage oder einem Bild in den nächsten Teil der Veranstaltung mitzunehmen.

Wie gehe ich mit Störungen um?

Auch bei noch so guten Vorbereitungen kann es während der Predigtsituation immer auch zu Störungen oder Unvorhergesehenem kommen. Für einen guten Umgang hilft es zunächst, sich potenzielle Störungen bewusst zu machen und sich für Vorhersehbares einen Notfallplan zurechtzulegen (vgl. Anderson 2019: 205). Dazu gehören z. B. Handys, die klingeln, Technik, die ausfällt, und Jugendliche, die unruhig werden. Auch die Möglichkeit, nach draußen zu blicken, kann Ablenkungsmöglichkeiten beinhalten. Um sich selbst Sicherheit zu geben, sollte man mögliche Szenarien im Kopf durchspielen und überlegen, wie man ruhig und gelassen mit ihnen umgehen könnte. Wichtig ist, dass man in der Situation Sicherheit vermittelt. Das bedeutet in manchen Situationen, sie zu ignorieren und ruhig, aber bestimmt weiterzumachen. In anderen hilft eine Unterbrechung. Prinzipiell ist es ratsam, wenn sich während der Predigt auch andere Mitarbeitende verantwortlich fühlen, bei Störungen zu helfen, z. B. indem sie verteilt im Raum sitzen.

Eine Störung kann auch die eigene Nervosität oder Aufregung sein. Auch hier kann die „Ankerperson“ (siehe „Wie nutze ich meine Stimme während der Predigt“) helfen, indem sie z. B. die predigende Person anschaut und ermutigend lächelt oder zunickt, wenn diese zu ihr blickt.

Zusätzlich hilft es, ca. eine Stunde vor der Predigtsituation etwas zu essen und kurz vorher Wasser zu trinken, da ein leerer Magen die Nervosität steigern kann (vgl. Anderson 2019: 204).

Was brauche ich als predigende Person direkt nach der Predigt?

Nach einer Predigt kann es sein, dass Predigende besonders vulnerabel und unsicher sind. Meist folgen nach der Predigt noch weitere Elemente der Veranstaltung, sodass nicht direkt die Möglichkeit besteht, Feedback zu erhalten oder die eigenen Gedanken aussprechen zu können. Für manche stellt das keine Herausforderung dar, für andere braucht es emotional Stabilisierendes. Das könnte z. B. eine vertraute Person sein, die nach der Predigt neben der predigenden Person sitzt und signalisiert: „Ich bin da. Deine Predigt genügt.“ Es kann auch eine hilfreiche Möglichkeit sein, sowohl das Wirken der Predigt als auch sich selbst und die Hörenden Gott in einem leisen Gebet anzuvertrauen.

Genauso ist typabhängig, ob es für Predigende hilfreich und möglich ist, nicht nur die Predigt, sondern auch moderierende/liturgische Elemente zu gestalten oder den Segen zu sprechen. Sich diesbezüglich selbst gut kennenzulernen und auf sich zu achten, gehört zu einem achtsamen Umgang mit der eigenen Person.

Wie reflektiere ich meine Predigt und meine Performance?

Ein konstruktives Feedback für die eigenen Predigten zu erhalten, ist das hilfreichste Mittel, um an der eigenen Predigtpraxis zu arbeiten. Oft erhalten Verkündigende aber eher ad hoc Rückmeldungen. Diese sind natürlich auch wertvoll, aber es lohnt sich, darüber hinaus Anwesende konkret um qualifiziertes Feedback zu bitten. Dafür eignen sich folgende Hilfsmittel (sie können zum Teil auch für die persönliche Reflexion verwendet werden):

Feedback anhand der Homiletischen Pyramide. Frage nach den einzelnen Aspekten der homiletischen Pyramide:

- Was haben die Hörenden vom biblischen Text mitbekommen und gehört?
- Wie haben sie die verkündigende Person wahrgenommen?
- Haben sie sich selbst beteiligt gefühlt und wie stark sind sie in ihrer Wahrnehmung vorgekommen?

Feedback anhand unmittelbarer Eindrücke:

- Erste Eindrücke: Wie fühlen sich die Hörenden nach dem Hören der Predigt?
- Was war an der Predigt besonders eindrücklich?
- Was haben die Hörenden verstanden?
- Wo wurden sie berührt?
- An welchen Stellen sind sie gedanklich abgeschweift?
- Welche Fragen wurden aufgeworfen und sind offengeblieben?
- Welche wurden geklärt?

- Wie hat die predigende Person gewirkt?
- Wie haben Gestik und Mimik zur Predigt gepasst?

Feedback anhand der einzelnen Teile der Predigt:
- *Einstieg:* Inwiefern motiviert der Einstieg die Hörenden, zuzuhören? Passte der Einstieg zu den Hörenden?
- *Struktur:* Hat der Aufbau ihnen geholfen, sich in der Predigt zu orientieren?
- *Sprache:* War die Sprache verständlich? Wurde die Vorstellungskraft der Hörenden angesprochen? Passte die Sprache zu den Hörenden? War die Sprache konkret genug? (Erinnerung: Hayakawas Abstraktionsleiter)

! Do it!

Bereite dich auf deine Predigtperformance so vor, dass dein Auftreten, deine Gestik und Mimik und dein Style authentisch sind, deine Inhalte verkörpern und zu dir und den Hörenden passen.

7. Real-Talk-Workshop: Jugendliche zum Predigen befähigen

Was dich erwartet

Real Talk mit Jugendlichen bedeutet auch: Lass die Jugendlichen den Real Talk selbst gestalten. Sie haben etwas zu sagen. Ihre Gaben an dieser Stelle zu stärken und ihnen Raum zum Predigen einzuräumen, ist die konsequenteste Form des Real Talks.

Real Talk von Jugendlichen

Real Talk mit Jugendlichen bezieht die Perspektiven, Themen, Fragen und Erfahrungen mit Gott von Jugendlichen nicht nur mit ein, sondern stellt sie ins Zentrum. So begegnet man Jugendlichen als Subjekten ihres Glaubens und eröffnet ihnen einen Raum für die Entwicklung ihrer Gaben. In der Folge erleben sie, dass ihre Stimmen Gehör finden und ihre Meinungen zählen.

> *„Wir sprechen von Subjektorientierung, wenn junge Menschen die Möglichkeit erhalten, als Subjekte und Akteure eigenständig ihr Lebenskonzept, ihre Interaktionen mit anderen Menschen, ihre Beziehung zu Gott, zur Kirche und zur Gesellschaft in religionspädagogische Bildungsprozesse einzubringen und ihren religiösen Erfahrungen und theologischen Deutungen eine zentrale Bedeutung für die Ausgestaltung dieser Dimension zugemessen werden.“ (Karcher/Freudenberger-Lötz/Zimmermann 2018: 15)*

Hierbei wird Jugendlichen eine eigene Deutungshoheit zugestanden (vgl. Kallies-Bothmann/Kitzinger 2017: 29), der auch dadurch Ausdruck verliehen wird, dass ihr in Predigten Raum gegeben wird. Voraussetzung dafür ist eine Hermeneutik der Aneignung, die die Jugendlichen selbst als Ausgangpunkt sieht, anders als eine Hermeneutik der Vermittlung, welche sachlich-thematische Inhalte im Zentrum hat (vgl. Karcher/Freudenberger-Lötz/Zimmermann 2018: 15f.).

So verschiebt sich die Rolle von Mitarbeitenden am konsequentesten in der Arbeit mit Jugendlichen von „Impulsgebenden zu Ermöglichenden, von Antwortgebenden zu Hinterfragten, von Voraus-Seienden zu Mit-auf-dem-Weg-Seienden“ (Haubold 2017: 123). Ein konsequenter Ausdruck dieser Haltung besteht darin, Jugendliche zum Predigen zu befähigen und sie im Predigtprozess zu schulen und zu begleiten. Darüber hinaus werden Machtdynamiken nicht nur hinterfragt, sondern faktisch auch verändert. Jugendliche werden so zu sichtbaren Gestaltenden des Real Talks. Dabei bringen sie natürlich ihre (Frömmigkeits-)Prägung ebenso mit wie ihre Erfahrungen mit Predigten. Selbst wenn sie bisher erlebte Predigten nicht spannend oder ansprechend fanden, bedeutet das nicht, dass diese Bilder nicht dennoch ihr Verständnis von Predigten prägen und sie von diesen Erfahrungen darin geleitet werden, ihre eigenen Predigten zu gestalten. So kann es sein, dass es zu Beginn hilfreich ist, über diese Erfahrungen ins Gespräch zu kommen und mit ihnen zunächst zu überlegen, was das Warum von Predigten ist und wie sie diesem Warum Ausdruck verleihen können.

! Do it!

Kläre diese Fragen im Vorfeld:

- Welche Jugendlichen haben Interesse?
- Soll eine jugendliche Person allein den Predigtpart übernehmen oder eine ganze Gruppe diesen Teil gestalten, z. B. ein Jugendkreis?
- Welche Erfahrungen und Voraussetzungen in Bezug auf das Predigen bringen die Jugendlichen mit?

- Wie sind die Jugendlichen in ihrer Frömmigkeit geprägt?
- Was sind ihre Bilder vom Glauben an Gott und was sind ihre Bilder vom Predigen?
- Was bedeutet das für die Art und Intensität der Vorbereitung?

Möglicher Ablauf: Real-Talk-Workshop

Eine Predigtvorbereitung mit Jugendlichen könnte diese Schritte als Workshop umfassen. Dabei müssen natürlich nicht alle Schritte beim gleichen Treffen stattfinden. Man kann sie auch an einen anderen zeitlichen Rahmen anpassen.

	Ungefährer Zeitbedarf	Benötigtes Material
Check-in und Warm-up	20 Minuten	Schreibunterlage, Papier und Stifte für jede Person
Golden Circle: Warum Real Talk?	20 Minuten	Flipchart und Marker
Text und Thema finden: Silence-Runde Digitale Abfrage	15 Minuten	Kleine Zettel und Stifte Digitales Tool (z. B. Mentimeter oder Sli.do)
Bibeltext und Faktencheck: Bibel-Teilen POZEK-Schlüssel	45 Minuten	Ausgedruckter Ablauf für Bibel-Teilen, Bibeltext zugänglich für alle (Bibeln, Ausdrucke, App), z. B. in der Übersetzung der BasisBibel Ausgedruckter POZEK-Schlüssel
Hörenden-Reflexion Persona-Methode Fragen-Methode	30 bis 40 Minuten	Vorlage Persona und Stifte Flipchart und Marker
Real-Talk-Satz	10–15 Minuten	Flipchart-Papier und Marker
Inhalte sammeln und fokussieren	20 bis 30 Minuten	Flipchart und Marker
Predigt erfinden Real-Talk-Modell	60 Minuten plus Ausformulierung	Vorlage Real-Talk-Modell
Manuskript erstellen	30 Minuten	Ggf. Moderationskarten, Stifte, Marker
Performance üben und Feedback	45 bis 60 Minuten	Predigtsetting
Überarbeitung	Je nach Aufwand	
Real Talk: Predigtperformance		
Feedback	15 bis 20 Minuten	

1. Check-in und Warm-up

Je nachdem, wie viele Teilnehmende beim Workshop mit dabei sind und wie gut sich die Einzelnen kennen: Starte mit einer stimmigen Check-in-Runde und einem Spiel oder einer Aktion, die Energie gibt, euch zum Lachen bringt und deutlich macht: Fehler sind erlaubt!

Die Check-in-Runde könnte z. B. beinhalten, dass jede teilnehmende Person jeweils ein Emoji oder einen Song wählt, das bzw. der die eigenen aktuellen Gefühle/die persönliche Situation ausdrückt. So bekommst du einen Einblick in das Befinden der Jugendlichen und es können auch Sorgen, Ängste oder Vorbehalte gegenüber dem Predigen bzw. Entwickeln der Predigt zur Sprache kommen.

Ein möglicher Energizer ist ein „blindes Porträt" (vgl. Osann/Mayer/Wiele 2018: 41). Dabei sitzen sich jeweils zwei Personen gegenüber. Jede Person hat ein Blatt Papier, einen Filzstift und eine Schreibunterlage. Die Aufgabe besteht darin, dass sich die Zweier-Teams 2 Minuten lang über eine Frage austauschen und sich gleichzeitig porträtieren, ohne dabei auf ihr Blatt zu schauen. Prinzipiell könnte es jede Frage sein, in diesem Fall kann sie aber mit dem Predigen verknüpft werden, z. B.: „An welche Predigt erinnerst du dich, die du besonders gelungen/langweilig/spannend/herausfordernd fandest." Natürlich geht es bei dieser Übung nicht darum, ein möglichst „naturgetreues" Kunstwerk zu erschaffen, sondern Spaß zu haben, etwas zu kreieren, das beide Gehirnhälften aktiviert und meist sehr natürlich zum Lachen führt.

> *„Die Fähigkeit zum ‚Loslassen' wird trainiert und die Teilnehmer sind überrascht, wie künstlerisch gerade die Bilder wirken, die ohne Blick aufs Blatt gezeichnet wurden."* (Osann/Mayer/Wiele 2018: 41)

Am Ende schreibt jede Person den Namen des Modells auf das Porträt und stellt kurz vor, was die andere Person zur Frage erzählt hat. So seid ihr im Thema und gleichzeitig haben alle schon etwas erschaffen, das Kreativität und (hoffentlich) Fröhlichkeit ausdrückt.

2. Der Goldene Kreis: Warum Real Talk?

Um mit den Jugendlichen intensiv ins Thema Predigen einzusteigen und ihnen einen möglichst weiten Vorstellungshorizont zu eröffnen, komme nun mit ihnen über das Warum der Predigt ins Gespräch. Das hilft euch zum einen, euch miteinander darüber zu verständigen, welche Wirkung ihr euch von der Predigt erwünscht. Zum anderen können so gute und schlechte Erfahrungen zur Sprache kommen und gegebenenfalls auch Formen erdacht werden, die im bisherigen Erfahrungshorizont der Jugendlichen gar nicht aufgetaucht sind. Eine Möglichkeit, das Warum miteinander zu thematisieren, stellt der „Goldene Kreis" von Simon Sinek (Sinek 2009: 37ff.) dar.

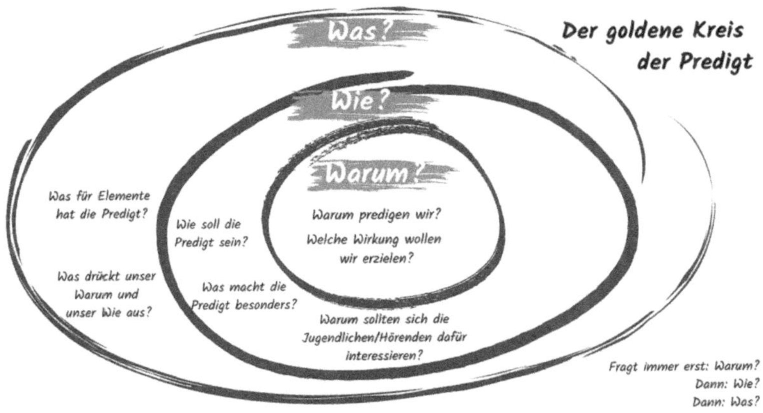

Abb. 32: Der Goldene Kreis für die Predigt (eigene Darstellung nach Sinek 2009: 37)

Sinek plädiert dafür, immer erst zu klären, warum man etwas tut, und ausgehend davon zu überlegen, wie, also mit welchen Werten, das geschehen soll. Erst dann kommt die Was-Ebene ins Spiel. In manchen Settings wird es klare Vorstellungen davon geben, was eine Predigt ist und wie diese gestaltet werden soll. Gleichzeitig eröffnet die Warum-Ebene mit den Jugendlichen vielleicht auch ganz neue Perspektiven darauf, wie Real Talk mit ihnen aussehen kann und was sie sich von ihm erhoffen.

Fragt also miteinander nach dem Warum. Dafür kann der Goldene Kreis mit Seilen auf dem Boden ausgelegt oder auf eine Flipchart gemalt werden. Sammelt dann auf Moderationskarten oder auf der Flipchart Antworten auf diese Fragen:

- Warum soll es eine Predigt geben?
- Welche Wirkung erhofft ihr euch davon?

Wichtig ist natürlich, dass hier die Überlegungen der Jugendlichen zur Sprache kommen. Vielleicht bietet es sich aber auch an, dass du das Bild von „Predigt als Real Talk" einbringst.

Überlegt dann gemeinsam weiter, was euch für das Wie wichtig ist. Hier kann es auch helfen, mit den Jugendlichen zu ergründen, wie eine solche Wirkung für sie zustande kommen kann und ob sie dies schon mal (auch in anderen Zusammenhängen) erlebt haben. Vielleicht ergeben sich daraus auch schon Ideen für die Was-Ebene. Behalte diese Übersicht in jedem Fall für den weiteren Prozess griffbereit und komme immer wieder darauf zurück. Wenn ihr euch mit den nächsten Schritten beschäftigt, kann es durchaus sein, dass es zu Ergänzungen kommt.

Gerade was die konkrete Form betrifft, ist es natürlich entscheidend, das Thema und die biblische Grundlage sowie die Hörenden im Blick zu behalten. Fragt euch in den nächsten Phasen also immer wieder gemeinsam, ob eure Überlegungen Auswirkungen auf den Goldenen Kreis haben.

Nach den Überlegungen zum Goldenen Kreis kannst du anhand der homiletischen Pyramide (vgl. Kapitel 1, Abb. 2) einen kurzen Impuls zum Predigtgeschehen anfügen. Erkläre den Jugendlichen, dass eine Predigt sich im Geschehen zwischen Gottes Wort, der predigenden Person und den Hörenden aufspannt. Im Folgenden nehmt ihr nun gemeinsam die „Beteiligten" konkreter in den Blick.

Hier kannst du auch gut erklären, inwiefern die Predigtvorbereitung ein geistliches Geschehen ist (vgl. Kapitel 1 und 5). Findet gemeinsam eine stimmige Form, Zeit in Gottes Gegenwart zu verbringen und Gott um Ideen und Inspiration durch Gottes Heiligen Geist in der Vorbereitung zu bitten.

Startet außerdem einen Ideenspeicher, in dem ihr kontinuierlich Ideen für die Predigt, die sich im Prozess ergeben, festhaltet.

3. Text und Thema finden

Je nachdem, wie sich die Ausgangslage gestaltet, gilt es, zunächst ein Thema und einen Bibeltext als Grundlage der Predigt festzulegen (vgl. Kapitel 4, Schritt 1). Hier bietet sich zuerst die Frage an, ob bei den Jugendlichen etwas „obenauf" liegt. Vielleicht beschäftigt sie in ihrem Alltag derzeit ohnehin etwas, das sie thematisch ins Zentrum stellen möchten, vielleicht gibt es auch ein explizites Glaubensthema, das sie bewegt, oder sie würden gern einen Bibeltext vertiefen. Je nach Jahreszeit bzw. Zeit im Kirchenjahr können auch Themen naheliegen.

Methodisch kannst du dies mithilfe eines offenen Brainstormings gestalten. Wenn du mit einer größeren Gruppe planst, starte dafür mit einer anonymen „Silence-Runde". Dabei können alle ihre Themenwünsche auf einen Zettel schreiben und in eine Schüssel werfen oder per App mitteilen. Der Vorteil ist, dass auch Themen, die Einzelnen unter Umständen unangenehm sind, genannt werden können. Außerdem helfen stille Phasen denjenigen, die eher introvertiert sind, sich zu beteiligen.

Wenn es sich um eine wiederkehrende Predigtsituation handelt (z. B. ein regelmäßig stattfindender Jugendgottesdienst) kann es auch eine Möglichkeit sein, einen „Themenwunschspeicher" zu etablieren, wo Jugendliche ihre Themenwünsche mitteilen können. Das könnte eine Handynummer sein, die am Ende des Gottesdienstes eingeblendet wird und an die Themen per Messenger geschickt werden können, oder eine Pinnwand, an die Themen schriftlich angeheftet werden können. Wenn möglich, hilft es auch, wenn andere Jugendliche „mitvoten" können und du und diejenigen, die die Gottesdienste mitplanen, so einen Eindruck davon bekommen, welche Themen die Mehrheit der Jugendlichen interessant findet. So erhöht ihr auch die Beteiligungsmöglichkeiten der Jugendlichen, die an den Gottesdiensten teilnehmen. Auch dafür eignen sich z. B. Apps wie Sli.do oder Mentimeter.

Wie in Kapitel 4 dargelegt, ist ein Bibeltext als Grundlage für die Predigt obligatorisch. Je nachdem, wie die Jugendlichen, die die Predigt vorbereiten, geprägt sind und ob ihnen selbst Bibeltexte einfallen, die zum Thema passen, kannst du hier Unterschiedliches tun, um sie zu unterstützen. Wichtig ist, dass du sie nach ihrem derzeitigen Wissens- und Erfahrungsstand stimmig darin begleitest, selbstständiger darin zu werden, einen passenden biblischen Text zu finden.

- Knüpfe bei vorhandenem Wissen an und erweitere dieses.
- Du kannst sie anleiten, in kleinen Gruppen oder auch allein in Konkordanzen oder auf Webseiten wie www.bibelserver.de oder www.die-bibel.de (nach Begriffen) zu suchen. In manchen Bibeln finden sich auch thematische Zusammenstellungen von Texten. Wenn ihr euch an Festen des Kirchenjahrs orientiert, bietet auch https://www.kirchenjahr-evangelisch.de eine hilfreiche Übersicht zu Texten und Inhalten. Inspiration können die Jugendlichen auch auf Youtube oder in den Sozialen Medien finden, z. B.:
  - Das Bibel-Projekt: bibleproject.visiomedia.org/entdecken/
  - @b_withus (TikTok und Instagram)
- Du kannst auch einige Texte vorschlagen. Hier ist wichtig, dass du nicht nur einen Text präsentierst, sondern die Jugendlichen mit einer angemessenen Auswahl an der Entscheidung beteiligst.
- Unter Umständen eignet sich dieser Teil auch dafür, generell über das Bibellesen mit den Jugendlichen ins Gespräch zu kommen. Möglichkeiten, wie Jugendliche eigenständig und gegebenenfalls auch regelmäßig für sich oder in Gruppen in der Bibel lesen können, findest du z. B. hier:
  - feedyourself.de; www.evermore-app.de
  - BibelProject Deutsch App
  - www.bibellesebund.de/pur.html.
- Schaue hier im Vorfeld, was in Bezug auf Frömmigkeit und Habitus der Jugendlichen und von dir stimmig ist. Wägt dann gemeinsam ab, welchen Text ihr für den Real Talk wählt.

4. Bibeltext und Faktencheck

Während ihr gemeinsam abgewogen habt, welchen Text ihr als Grundlage wählt, seid ihr vermutlich auch schon inhaltlich ins Gespräch gekommen. Im nächsten Schritt geht es darum, den Bibeltext persönlich wahrzunehmen und auf euch wirken zu lassen (vgl. Kapitel 4, Schritt 1). Um den Umgang mit der Bibel einzuüben, bietet es sich hier an, Bibeln in Buchform zu verwenden. Wenn dies nicht möglich ist, kannst du auch mit Ausdrucken oder Apps arbeiten. Entscheidend ist eine gut verständliche Übersetzung, z. B. die BasisBibel. Für das persönliche Wahrnehmen der biblischen Grundlage gibt es unterschiedliche Methoden. Eine Möglichkeit ist die des Bibel-Teilens (Rempe 2012: 16):

1. *Einladen:* Wir machen uns bewusst, dass Gott in unserer Mitte ist. Im Gebet richten wir uns auf Gottes Gegenwart aus.
2. *Lesen:* Wir lesen den ausgewählten Bibeltext.
   - Wir lesen diesen „reihum“ Vers für Vers.
   - Eine Person liest/mehrere Personen lesen den gesamten Text vor, vielleicht auch in unterschiedlichen Übersetzungen.
3. *Verweilen:* Stille, um die Bibelworte wirken zu lassen und zu meditieren. Jede Person nennt ein Wort oder einen Satz, das bzw. der sie berührt.
4. *Schweigen:* Für eine kurze Zeit lassen wir Gott in der Stille zu uns sprechen.
5. *Teilen:* Jede Person kann etwas zu den Worten sagen, bei denen sie hängen geblieben ist. Hier spricht jede Person in der Ich-Form, keine theologischen Diskussionen, keine Streitgespräche, keine vermeintlichen Korrekturen. Alle anderen hören aufmerksam zu.
6. *Handeln:* Jede Person fragt sich: Was ergibt sich für mich aus dem Bibeltext? Wo möchte ich im Alltag „dranbleiben“? Worüber möchte ich mich austauschen? Was bleibt erst mal offen? Wir kommen darüber miteinander ins Gespräch.
7. *Beten:* Wir beten miteinander. Jede Person darf etwas beitragen, keine muss.

Weitere Möglichkeiten, den Bibeltext gemeinsam persönlich zu lesen, findest du hier:

- Daniel Rempe (2016): Liest du mich – 41 Methoden zum Bibellesen mit Gruppen Neukirchen-Vluyn: Neukirchener Verlagsgesellschaft.
- Karsten Hüttmann/Bernd Pfalzer (2021): Liest du mich noch? 69 Methoden zum Bibellesen mit Gruppen. Ein Ideenbuch für Mitarbeitende. Neukirchen-Vluyn: Neukirchener Verlagsgesellschaft.
- Slant. Born Verlag 2012
- Florian Karcher/Petra Lötz-Freudenberger/Germo Zimmermann (2017): Selbst glauben: 50 religionspädagogische Methoden und Konzepte für Gemeinde, Jugendarbeit und Schule.Neukirchen-Vluyn: Neukirchener Verlagsgesellschaft.

Auch wenn dieser Schritt zur Predigtvorbereitung gehört, geht es darum, den Text mit einem persönlichen Zugang zu lesen und nicht „nur“ mit Blick auf die zu entstehende Predigt. Dennoch können im gemeinsamen Lesen bereits hilfreiche Gedanken, Fragen und Ideen für den Real Talk aufkommen.

Nach dem persönlichen Lesen folgt der Faktencheck (vgl. Kapitel 4, Schritt 3). Hier geht es darum, den Bibeltext im historischen Kontext wahrzunehmen und offene Fragen zu klären. Manches ist vermutlich schon während des persönlichen Bibellesens zur Sprache gekommen. Ein niedrigschwelliger Zugang ist es, mit den Jugendlichen anhand des POZEK-Schlüssels zu arbeiten (vgl. Kapitel 4, Schritt 3). Wenn deine Gruppe eine größere ist, könnt ihr die einzelnen POZEK-Elemente aufteilen und eine kurze Einzelrecherche im Internet und mit Erklärhilfen zur Bibel durchführen. Tragt dann eure Ergebnisse zusammen. Zur Visualisierung hilft es, die Ergebnisse auf Moderationskarten zu schreiben und sichtbar an eine Metaplanwand zu heften.

! Do it!

Vergiss nicht, gemeinsam mit der Gruppe immer wieder zu fragen, was ihr in eurem Ideenspeicher für die Predigt festhalten möchtet, und dies auch schriftlich zu tun.

5. Hörenden-Reflexion

Im nächsten Schritt geht es um die Hörenden. Je nach Predigtsetting kann es sein, dass die Jugendlichen gleichzeitig auch Teil der Hörenden der Predigt sind. Das macht sie zu Expert:innen der Zielgruppe und gleichzeitig wäre es vorschnell, wenn sie „eins zu eins" von sich auf die anderen Hörenden schließen. Gemeinsam mit ihnen einen Perspektivenwechsel (vgl. Kapitel 4, Perspektivenwechsel) durchzuführen und die Hörenden genauer in den Blick zu nehmen und ihnen zu verdeutlichen, warum das hilfreich ist, ist deshalb entscheidend.

Um den Perspektivenwechsel zu vollziehen, kannst du auch gemeinsam mit den Jugendlichen Personas erstellen (vgl. Kapitel 4, Perspektivenwechsel).

Mache deutlich, dass es nicht darum geht, die Hörenden in Schubladen zu stecken oder sich über Vorurteile auszutauschen, sondern darum, sie und ihren Alltag zu verstehen, um den Real Talk möglichst ansprechend gestalten zu können. Gerade um mit den Jugendlichen konkrete Beispiele zu finden und Hörendenfragen zu entdecken und sich ihnen zu stellen, hilft die Arbeit mit Personas. Alternativ dazu könnt ihr auch gemeinsam folgende Fragen bedenken:

Abb. 33: Hörendenreflexion (eigene Darstellung nach Haubold 2017: 126)

Achte darauf, dass ihr möglichst konkret formuliert. Vielleicht hilft es dir, dabei Hayakawas Leiter der Abstraktion im Hinterkopf zu behalten (vgl. Kapitel 5, Konkrete Sprache) und den Jugendlichen zu helfen, immer weiter konkret zu werden.

6. Real-Talk-Satz

Mit den bisherigen Überlegungen vor Augen geht es nun darum, gemeinsam mit den Jugendlichen eine Hauptaussage zu finden (vgl. Kapitel 4, Schritt 5). Die entscheidende Frage dafür lautet: „Was ist unsere Real-Talk-Hauptaussage für die Hörenden in einem Satz?“ Dieser Satz ist kurz, prägnant und bringt die Hauptaussage auf den Punkt.

7. Inhalte sammeln und fokussieren

Wahrscheinlich ist im Prozess bis hierhin schon manche Idee in den Ideenspeicher gewandert. Nun geht es darum, diese Ideen zu ergänzen, zu sortieren und zu fokussieren.

Eine der teilnehmenden Personen schreibt dafür euren Real-Talk-Satz auf ein großes Blatt und legt es in die Mitte. Die Jugendlichen gruppieren nun die Ideen aus dem Ideenspeicher um diesen Satz herum. Auch hier ist darauf zu achten, dass alle Jugendlichen sich beteiligen können, wenn sie es wollen. Für manche Jugendlichen ist dies einfacher, wenn es auch hier kurze Phasen zum stillen Überlegen gibt.

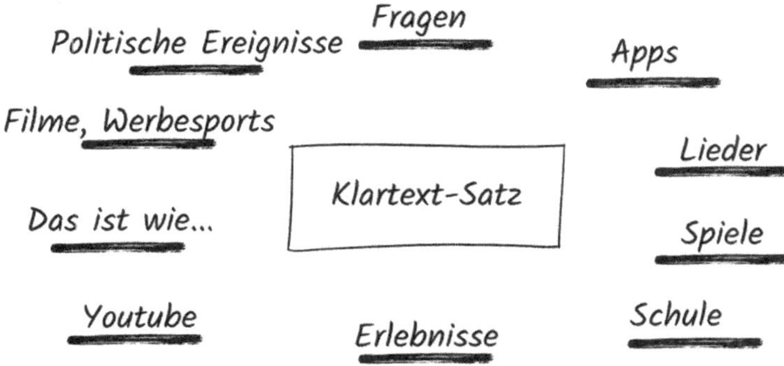

Abb. 34: Inhalte sammeln (eigene Darstellung nach Haubold 2017: 129)

Wenn den Jugendlichen keine Ideen mehr kommen, lass die Sammlung auf die Gruppe wirken. Vergegenwärtigt euch nun gemeinsam erneut, was ihr beim Goldenen Kreis als Warum gesammelt habt, und überlegt, wie dieses Warum mit eurem Real-Talk-Satz am besten in die Umsetzung kommen kann.

8. Predigt erfinden

Beim Erfinden der Predigt ist es wichtig, den Jugendlichen Freiraum zu lassen, selbst (Ausdrucks-)formen für die Inhalte zu finden und dennoch Orientierung und Hilfestellung zu geben. Als Ermöglicher:in ist es in jedem Fall wichtig, eigene Bedenken und Anfragen einzubringen. Doch die Hauptaufgabe besteht darin, die Jugendlichen möglichst gut darin zu begleiten, ihre eigenen stimmigen Formen zu finden, auch wenn diese vielleicht anders aussehen als bisher gewohnt. Folgende Fragen können dir als begleitender Person des Prozesses als „Geländer" dienen, damit du besser abwägen kannst:

- Passt das Format zur Konzentrationsspanne der Hörenden?
- Haben die Hörenden die Möglichkeit, unbeteiligt zu bleiben, wenn sie es wollen?
- Sind die Hörenden ausreichend in das Predigtgeschehen eingebunden?

- Wird klar, was das Thema ist?
- Werden die Hörenden mit ihren Fragen, Meinungen und Widerständen ernst genommen und geachtet?
- Sind Form und Inhalt relevant für die Hörenden?

Das Real-Talk-Modell (vgl. Kapitel 5, Statement – Real Talk – Herzensmessage (Real-Talk-Modell)) kann eine Möglichkeit sein, den Jugendlichen zu helfen, ihre Predigt zu strukturieren. Vielleicht ergeben sich im Prozess sogar Ideen, dieses Modell mit unterschiedlichen Rollen als dialogisches Format zu gestalten oder kreative Elemente einzubauen. Eine andere Möglichkeit wäre, dass unterschiedliche Teile der Predigt an unterschiedlichen Stellen im Raum stattfinden oder Einzelne mit ihren persönlichen Geschichten in die Predigt eingebunden werden.

- *Statement:* Die Jugendlichen können als Erstes formulieren, was ein Statement ist, das zu ihrem Real-Talk-Satz passt (vielleicht eignet sich sogar der Real-Talk-Satz als ein Statement). Was wäre wichtig, um dieses Statement zu erklären, und welche Beispiele und Veranschaulichungen helfen den Hörenden, es zu verstehen?
- *Real Talk:* Komme dann gemeinsam mit den Jugendlichen in eine Diskussion: Was an eurem Statement muss hinterfragt werden? Was daran fällt euch selbst schwer, zu glauben oder ernst zu nehmen? Welche Fragen könnten die Hörenden daran haben? Je intensiver ihr hier in den Austausch kommt, umso tiefer durchdringt ihr das Thema. Vielleicht ergibt sich auch noch mal die Notwendigkeit, etwas nachzuschauen, oder die Gelegenheit, persönliche Beispiele zu finden. Wenn ihr das Statement für euch schlüssig hinterfragt und diskutiert habt, überlegt gemeinsam, welche Gedanken davon Teil des Real Talks werden können.
- *Herzensmessage:* Zuletzt besprichst du gemeinsam mit der Gruppe, welche Herzensmessage oder Challenge ihr den Hörenden mitgeben wollt.

Je nachdem, welche inhaltlichen Aspekte die Jugendlichen in die Predigt einfließen lassen wollen und wie lang die Predigt werden soll, kannst du gemeinsam mit der Gruppe mit dem Real Talk-Modell unterschiedlich viele Punkte erarbeiten. Dabei ist es sinnvoll, die konkrete Ausformulierung denen zu überlassen, die die Predigt oder die einzelnen Teile halten werden. Grobe Inhalte können gut in Gruppen strukturiert werden, Ausformulierungen werden besser von Einzelnen oder evtl. zu zweit vorgenommen, sodass die Sprache authentisch ist. Dies könnte gut bis zu einem nächsten Treffen vorgenommen werden, an dem dann die Performance geübt wird. Wenn es den Jugendlichen schwerfällt, die Predigt selbst auszuformulieren, kann es helfen, wenn sie diese mündlich ausprobieren und du sie für sie mitschreibst. Hier könnte auch eine KI zum Einsatz kommen, deren Vorschlag ihr dann gemeinsam überarbeitet.

9. Manuskript erstellen

Stell den Jugendlichen, die die Predigt performen werden, vor, welche unterschiedlichen Möglichkeiten es gibt, ein Manuskript zu gestalten. Vielleicht haben manche auch Erfahrungen damit, vor Menschen zu sprechen – z. B. durch Referate, Theateraufführungen oder Ähnliches. Gegebenenfalls ist es sinnvoll, sie ausprobieren zu lassen, ob es z. B. mit Stichworten auf Moderationskarten oder einer Mindmap gut funktioniert.

10. Performance üben und Feedback

Um den Jugendlichen Sicherheit zu geben und sie dabei zu unterstützen, dass sie die Predigt möglichst stimmig „rüberbringen", ist das Üben im Predigtsetting auf jeden Fall ratsam. Dabei kann sowohl der Umgang mit etwaiger Technik geprobt als auch die Performance ausprobiert und Feedback gegeben werden. Falls es im eigentlichen Predigtsettig nicht so früh möglich ist, dass genügend Zeit zur Überarbeitung bleibt, übt in einem Setting, das dem Predigtsetting ähnelt.

Dieses Feedback dient dazu, die jugendliche Person wertzuschätzen und zu ermutigen und möglichst konkret Hilfestellungen dafür zu geben, die Predigt(performance) im Rahmen ihrer Möglichkeiten und der noch zur Verfügung stehenden Zeit zu verbessern. Besprecht mit den Jugendlichen im Vorfeld, welcher Rahmen für dieses Feedback für sie hilfreich sein kann. Wenn es für die Jugendlichen stimmig ist, bezieht einige andere aus dem Vorbereitungsteam oder aus der Jugendarbeit mit ein. Bevor ihr mit dem Feedback startet, fragt, ob es für die Person, die das Feedback erhalten wird, gerade ein guter Moment ist oder ob sie noch etwas Zeit braucht, damit das Feedback in einem für sie guten Rahmen stattfinden kann. Gebt konstruktiv Feedback und verabredet folgende Regeln (vgl. Mildenberg/Volkmann 2015: 279) dafür:

- Ich formuliere mein Feedback in „Ich-Form" und mache mir klar, dass es meine persönliche Wahrnehmung und meine Gefühle sind und keine allgemeingültigen Aussagen.
- Ich beschreibe so konkret wie möglich und so ausführlich wie nötig, was ich zurückmelden möchte und warum mir das wichtig ist.
- Ich bewerte nicht, sondern beschreibe, was ich wahrgenommen habe (bemerkt, gesehen, gefühlt, gehört) und wie ich das empfunden habe.
- Ich konzentriere mich auf wenige, relevante Aspekte. Ich achte darauf, dass es nicht mehr ist, als mein Gegenüber in der Situation aufnehmen und verarbeiten kann.
- Feedback muss umkehrbar sein, d.h., dass auch bei nicht „gleichberechtigten Personen" der:die andere in gleicher Weise antworten kann.
- Es geht vor allem um liebevolle und wertschätzende Horizonterweiterung. Also: positive Wahrnehmung, Anerkennung, Ermutigendes.
- Wenn ich Feedback erhalte, höre ich neugierig zu. Es geht nicht darum, zu erklären, warum ich was wie gemacht habe, sondern wahrzunehmen, wie andere das empfunden haben.
- Prinzipiell ist das Feedback aller gleich bedeutend. Dennoch kommt der Person, die die Jugendarbeit verantwortet, auch hier eine besondere Verantwortung zu. Es kann also sein, dass von ihr auch ein Veto eingelegt werden muss, z. B., wenn die Predigt diskriminierend ist (vgl. Kapitel 5, Diversitätsensibilität). Dann muss gemeinsam überlegt werden, wie dies umgearbeitet werden kann. Evtl. erfordert es auch gemeinsames theologisches Diskutieren. Du kannst hier auch Feedbackaspekte aus Kapitel 6 einfließen lassen.

11. Überarbeitung

Anhand des Feedbacks überarbeiten die Jugendlichen ihre Predigt bzw. üben ihre Performance. Frage sie, wie du sie dabei unterstützen kannst.

12. Real Talk: Predigtperformance

Ein geistliches Ritual kann den Jugendlichen (wie allen Predigenden) helfen, sich auf Gott auszurichten und etwaigen Druck, Ängste und Sorgen im Gebet zu formulieren. Für die Jugendlichen zu beten und sie zu segnen, stellt eine Möglichkeit dafür dar. Vielleicht hilft auch etwas „Nervennahrung" oder eine Symbolhandlung. Wichtig ist, dass die Jugendlichen spüren, dass sie nicht allein sind, sondern in eine Gemeinschaft eingebettet und von der Heiligen Geistkraft Gottes getragen und umgeben sind und Gott mit ihnen ist. Dafür kann sich auch das Zusprechen eines Bibelvers eignen, z. B. Josua 1,9, Jesaja 1,10 oder Apostelgeschichte 18,9.

Setze dich direkt nach der Predigt neben die Person, die gepredigt hat, sodass du sie z. B. mit einem guten Wort unterstützen kannst, wenn das hilfreich erscheint.

13. Feedback

Nehmt euch auch nach der Predigtsituation Zeit, um Wahrnehmungen auszutauschen und Feedback zu geben. Achtet neben den bereits genannten Feedbackverabredungen darauf, dass ...

- ihr genügend Zeit für den Austausch habt und er nicht „zwischen Tür und Angel" stattfindet.
- ihr wertschätzt, was gut gelungen ist, euch gut gefallen und berührt hat.
- ihr konstruktiv formuliert, wo es für kommende Predigten Entwicklungspotenzial gibt.

Als Ermöglicher:in kann es bisweilen auch deine Rolle sein, Feedback, das von außen kommt, zu filtern bzw. auf dich zu nehmen. Jugendliche predigen zu lassen, birgt auch ein Risiko. Es ist freisetzend, wenn die Jugendlichen merken, dass sie deinen vollen Support haben, sie sich (verantwortet) ausprobieren dürfen und du im Zweifelsfall „den Kopf für sie hinhältst". Es mag sein, dass Dinge auch richtig schiefgehen, wenn Jugendliche predigen. Je nachdem, in welchen Strukturen du dich bewegst und was dort üblich ist, kann es sein, dass Kritik laut wird, die gar nicht zwingend in Bezug zum konkreten Predigtgeschehen steht, sondern prinzipiell hinterfragt, ob Jugendliche predigen dürfen (und ob das dann „Predigt" genannt werden darf). Setze nicht die Jugendlichen diesen strukturellen Konflikten aus, sondern stehe für eine ermöglichende Art, Jugendliche auch ins Predigen einzubinden, ein.

! *Do it!*

Lass auch dir Feedback dazu geben, wie hilfreich die Jugendlichen deine Begleitung im Predigtprozess erlebt haben. Was hätte ihnen darüber hinaus gutgetan? Wie könntest du sie bei einem nächsten Mal noch besser unterstützen?

Auf ins Abenteuer

Wir hoffen, die Ausführungen, Ideen, Konzepte, Fragen und Beispiele haben Lust gemacht, mit Jugendlichen zu predigen und echten Real Talk zu gestalten. Dabei ist uns bewusst, dass es auch eine Herausforderung und ein Wagnis bleibt. Aber wir meinen: Es lohnt sich, Jugendliche aktiv in die Predigt einzubeziehen, ihnen Entfaltungsraum zu ermöglichen und neugierig und gespannt davon auszugehen, dass Gott durch sie spricht. Für dieses Abenteuer wünschen wir dir Gottes Segen.

Literaturverzeichnis

Abromeit, Hans-Jürgen (2021): Von Jürgen Habermas lernen, was für die Kirche in der Zeit des nachmetaphysischen Denkens unverzichtbar ist. In: Schlegel, Thomas/Reppenhagen, Martin (Hrsg.): Kirche in der Diaspora? Bilder für die Zukunft der Kirche. Festschrift zu Ehren von Michael Herbst. Leipzig: Evangelische Verlagsanstalt. S. 169–189.

Albert, Mathias/Hurrelmann, Klaus/Quenzel, Gudrun (2019): Jugend 2019. Eine Generation meldet sich zu Wort. Weinheim: Beltz.

Anderson, Chris (2019): TED Talks. Die Kunst der öffentlichen Rede. Das offizielle Handbuch. 4. Auflage. Frankfurt am Main: Fischer.

Anthes, Lea (2023): Was machen TikTok & Co mit unserem Gehirn? SciLogs. Online unter: scilogs.spektrum.de/hirn-und-weg/was-machen-tiktok-co-mit-unserem-gehirn/ (Abruf 14. 03. 24).

Baecker, Dirk (2007): Studien zur nächsten Gesellschaft. Frankfurt am Main: Suhrkamp.

Baecker, Dirk (2018): 4.0 oder Die Lücke die der Rechner lässt. Leipzig: Merve Verlag.

Balz, Horst/Schneider, Gerhard (1981): Exegetisches Wörterbuch zum Neuen Testament. Band II. Stuttgart: Kohlhammer.

Barth, Karl (1952): Die Kirchliche Dogmatik. Band I/1. Die Lehre vom Wort Gottes. Prolegomena zur Kirchlichen Dogmatik. Zürich: Theologischer Verlag.

Bauer, Ullrich/Hurrelmann, Klaus (2021): Einführung in die Sozialisationstheorie. Das Modell der produktiven Realitätsverarbeitung. 14. Auflage. Weinheim/Basel: Beltz.

Becker, Uwe (2015): Exegese des Alten Testaments. Ein Methoden- und Arbeitsbuch. 4. Auflage. Tübingen: Mohr Siebeck.

Bergmann, Wolfgang/Hüther, Gerhard (2013): Computersüchtig? Kinder im Sog der modernen Medien. 4. Auflage. Weinheim/Basel: Beltz.

Birk, Frank/Mirbek, Sandra (2024): Bodyshaming. socialnet. Online unter: www.socialnet.de/lexikon/Bodyshaming (Abruf 14. 03. 24).

Bitter, Gottfried (1994): Erzähler als Kundschafter des Glaubens. In: Lebendige Katechese. Beihefte zu Lebendige Seelsorge. Jg. 16. S. 26–30.

Bohren, Rudolf (1971): Predigtlehre. München: Kaiser Verlag.

Bonhoeffer, Dietrich/Wedemeyer, Maria von/Bismarck, Ruth-Alice von/Kabitz, Ulrich (1992): Brautbriefe Zelle 92: Dietrich Bonhoeffer, Maria von Wedemeyer 1943–1945. München: C. H. Beck.

Braun, Dieter (2017): Dialog-Prinzip. Wenn das Gespräch mit Jugendlichen die Predigt wird. Stuttgart: buch+musik ejw-service gmbh.

Brünjes, Hermann (2010): Einladend predigen. Praxisbuch für evangelistische Verkündung. Neukirchen-Vluyn: Neukirchener Verlagsgesellschaft.

Brünjes, Hermann (2017): Einladend predigen. Praxisbuch für evangelistische Verkündigung. 2. Auflage. Neukirchen-Vluyn: Neukirchener Verlagsgesellschaft.

Bucher, Georg (2021): Befähigung und Bevollmächtigung. Interpretative Vermittlungen zwischen allgemeinem Priestertum und empowerment-Konzeptionen in religionspädagogischer Perspektive. Grundlegung und exemplarische Durchführung. Leipzig: Evangelische Verlagsanstalt.

Bukowski, Peter (2011): Predigt wahrnehmen. Homiletische Perspektiven. 6. Auflage. Neukirchen-Vluyn: Neukirchener Verlagsgesellschaft.

Bukowski, Peter (2023): Predigt wahrnehmen. Homiletische Perspektiven. 9. Auflage. Göttingen: Vandenhoeck & Ruprecht.

Buster, Bobette (2018): Do Story. Wie man eine Geschichte richtig erzählt. Hamburg: Hoffmann und Campe Verlag.

Calmbach, Marc/Flaig, Bertold Bodo/Edwards, James/Möller-Slawinski, Heide/Borchard, Inga/Schleer, Christoph (2020): Wie ticken Jugendliche? Lebenswelten von Jugendlichen im Alter von 14 bis 17 Jahren in Deutschland. Bonn: Bundeszentrale für politische Bildung.

Cameron, Julia (2019): Der Weg des Künstlers. Ein spiritueller Pfad zur Aktivierung unserer Kreativität. 5. Auflage. München: Knaur. Leben.

Campbell, Heidi (2020): Digital Creatives and the Rethinking of Religious Authority. In: Sociology of Religion. Jg. 82 (4). S. 518–522.

Claudy, Nina (2011): Zielgruppe. In: Lewinski-Reuter, Verena/Lüddemann, Stefan (Hrsg.): Glossar Kulturmanagement. Wiesbaden: Springer VS. S. 384–389.

Cornehl, Peter/Grünberg, Wolfgang (2004): Chancen der Ortsgemeinde. In: Grünberg, Wolfgang (Hrsg.): Die Sprache der Stadt. Skizzen zur Großstadtkirche. Leipzig: Evangelische Verlagsanstalt.

Dalferth, Ingolf U. (2004): Evangelische Theologie als Interpretationspraxis. Eine systematische Orientierung. Leipzig: Evangelische Verlagsanstalt.

Dalferth, Ingolf U. (2007): Leiden und Böses. Vom schwierigen Umgang mit Widersinnigem. 2. Auflage. Leipzig: Evangelische Verlagsanstalt.

Dalferth, Ingolf U. (2008): Malum. Theologische Hermeneutik des Bösen. Tübingen: Mohr Siebeck.

Dalferth, Ingolf U. (2018): Wirkendes Wort. Bibel, Schrift und Evangelium im Leben der Kirche und im Denken der Theologie. Leipzig: Evangelische Verlagsanstalt.

Dietterle, Sem/Senner, Patrick (2021): Social Media Guide. Duett yourself (Hörbuch).

Domsgen, Michael (2020): Zur Frage nach der Relevanz der Kommunikation des Evangeliums in der gegenwärtigen Gesellschaft. In: Evangelische Theologie. Jg. 80 (5). S. 337–350.

Eiffler, Felix (2020): Kirche für die Stadt. Pluriforme urbane Gemeindeentwicklung unter den Bedingungen urbaner Segregation. Göttingen: Vandenhoeck & Ruprecht.

Eiffler, Felix/Herbst, Michael/Schneider, Matthias (2022): Evangelium kommunizieren: Greifswalder Arbeitsbuch für Predigt und Gottesdienst. Neukirchen-Vluyn: Neukirchener Verlagsgesellschaft.

Eiffler, Felix/Reißmann, David (Hrsg.) (2023): „Wir können's ja nicht lassen…" Vitalität als Kennzeichen einer Kirche der Sendung. Leipzig: Evangelische Verlagsanstalt.

Eiffler, Felix (2023): Kirche hier und jetzt. Wie Christen Gottes Mission treu sind und ihrem Kontext gerecht werden. Holzgerlingen: SCM R. Brockhaus.

Engemann, Wilfried (2020): Einführung in die Homiletik. 3. Auflage. Tübingen/Basel: A. Francke Verlag.

Erikson, Erik Homburger (1974): Dimensions of a new identity. New York: Norton.

Faix, Tobias/Reimer, Johannes (Hrsg.) (2012): Die Welt verstehen. Kontextanalyse als Sehhilfe für die Gemeinde. Marburg an der Lahn: Francke Verlag.

Finnern, Sönke/Rüggemeier, Jan (2016): Methoden der neutestamentlichen Exegese. Ein Lehr- und Arbeitsbuch. Tübingen/Basel: A. Francke Verlag.

Gallo, Carmine (2016): Talk Like TED: Die 9 Geheimnisse der besten Redner. München: Redline Verlag.

Giebel, Michael (2009): Predigt zwischen Kerygma und Kunst: Fundamentaltheologische Überlegungen zu den Herausforderungen für Homiletik in der Postmoderne. Neukirchen-Vluyn: Neukirchener Verlagsgesellschaft.

Grethlein, Christian (2012): Kirche – als praktisch-theologischer Begriff: Überlegungen zu einer Neuformatierung der Kirchentheorie. In: Pastoraltheologie. Jg. 101 (4). S. 136–151.

Grethlein, Christian (2016): Praktische Theologie. 2. Auflage. Berlin/Boston: De Gruyter.

Grethlein, Christian (2018): Kirchentheorie. Kommunikation des Evangeliums im Kontext. Berlin/Boston: De Gruyter.

Grözinger, Albrecht (2008): Homiletik. Gütersloh: Gütersloher Verlagshaus.

Gutmann, Hans-Martin (2008): Jugendpredigt heute. Perspektiven, Chancen und Grenzen. In: Meyer-Blanck, Michael/Roth, Ursula/Seip, Jörg (Hrsg.): Jugend und Predigt. Zwei fremde Welten? München: Don Bosco Verlag. S. 113–129.

Haberer, Johanna (2015): Digitale Theologie. Gott und die Medienrevolution der Gegenwart. München: Kösel.
Häringer, Tanya (2015): Rhetorikcoaching. Weniger tun für mehr Kontakt. In: Meyer, Peter/Oxen, Kathrin (Hrsg.): Predigen lehren. Methoden für die homiletische Aus- und Weiterbildung. Leipzig: Evangelische Verlagsanstalt. S. 259–263.
Härle, Wilfried (2018): Dogmatik. 5. Auflage. Berlin/Boston: De Gruyter.
Haubold, Katharina (2017): Predigen mit Teenagern. In: Faix,-Tobias/Karcher, Florian (Hrsg.): Praxisbuch Teenagerarbeit. Wichtige Grundlagen, kreative Methoden, innovative Ideen. Neukirchen-Vluyn: Neukirchener Verlagsgesellschaft. S. 122–130.
Hauschildt, Eberhard/Pohl-Patalong, Uta (2013): Kirche. Gütersloh: Gütersloher Verlagshaus.
Havighurst, Robert J. (1974): Developmental tasks and education. 3. Auflage. New York: Mc Kay.
Hempelmann, Heinzpeter (2016). Milieusensible Jugendarbeit und missionarisches Handeln. In: Karcher, Florian/Zimmermann, Germo (Hrsg.), Handbuch missionarische Jugendarbeit. Beiträge zur missionarischen Jugendarbeit. Neukirchen-Vluyn: Neukirchener Verlagsgesellschaft. S. 243–257.
Herbst, Michael (2013): beziehungsweise. Grundlagen und Praxisfelder evangelischer Seelsorge. 2. Auflage. Neukirchen-Vluyn: Neukirchener Verlagsgesellschaft.
Herbst, Michael (2024): Das Anvertraute weitergeben. Ein Plädoyer für die Predigt. In: theologische Beiträge. Jg. 55 (1). S. 16–27.
Herbst, Michael/Jansson, Andreas C./Reißmann, David/Todjeras, Patrick (2024): Evangelisation. Theologische Grundlagen, Zugänge und Perspektiven. Leipzig: Evangelische Verlagsanstalt.
Hirsch-Hüffel (2010): Tipps für präsente Prediger. In: Meyer-Blanck, Michael/Spielberg, Bernhard/Seip, Jörg: Homiletische Präsenz. Predigt und Rhetorik. München: Don Bosco. S. 219–231.
Hörsch, Daniel (2020): Digitale Verkündigungsformate während der Corona-Krise. Eine Ad-hoc-Studie im Auftrag der Evangelischen Kirche in Deutschland. Berlin: midi.

Hurrelmann, Klaus/Rosewitz, Bernd/Wolf, Hartmut K. (Hrsg.) (1985): Lebensphase Jugend. Eine Einführung in die sozialwissenschaftliche Jugendforschung. 2. Auflage. Weinheim: Juventa.

Hüther, Gerald (2019): Was wir sind und was wir sein könnten. Ein neurobiologischer Mutmacher. 10. Auflage. Frankfurt am Main: Fischer.

Hüttmann, Karsten/Pfalzer, Bernd (2021): Liest du mich noch? 69 Methoden zum Bibellesen mit Gruppen. Ein Ideenbuch für Mitarbeitende. Neukirchen-Vluyn: Neukirchener Verlagsgesellschaft.

Jüngel, Eberhard (2011): Das Evangelium von der Rechtfertigung des Gottlosen als Zentrum des christlichen Glaubens. Eine theologische Studie in ökumenischer Absicht. 6. Auflage. Tübingen: Mohr Siebeck.

Kaiser, Gerhard (2011): Die Menschwerdung Gottes im Bibeltext. Tübingen: Narr Francke Attempto.

Kallies-Biothmann, Johanna/Kitzinger, Marie Sophie (2017): Kinder- und Jugendtheologie. In: Karcher, Florian/Freudenberger-Lötz, Petra/Zimmermann, Germo (Hrsg.): Selbst glauben. 50 religionspädagogische Methoden und Konzepte für Gemeinde, Jugendarbeit und Schule. Neukirchen-Vluyn: Neukirchener Verlagsgesellschaft. S. 25–37.

Karcher, Florian (2016): Zwischen Begeisterung und Ernüchterung – Was leisten Events für die missionarische Jugendarbeit? In: Karcher, Florian/Zimmermann, Germo (Hrsg.): Handbuch missionarische Jugendarbeit. Beiträge zur missionarischen Jugendarbeit. Neukirchen-Vluyn: Neukirchener Verlagsgesellschaft. S. 243–257.

Karcher, Florian/Freudenberger-Lötz, Petra/Zimmermann, Germo (2017): Subjektorientierte Religionspädagogik. Wege von der Hermeneutik der Vermittlung zur Hermeneutik der Aneignung. In: Karcher, Florian/Freudenberger-Lötz, Petra/Zimmermann, Germo (Hrsg.): Selbst glauben. 50 religionspädagogische Methoden und Konzepte für Gemeinde, Jugendarbeit und Schule. Neukirchen-Vluyn: Neukirchener Verlagsgesellschaft. S. 11–21.

Karcher, Florian/Freudenberger-Lötz, Petra/Zimmermann, Germo (Hrsg.) (2022): Selbst glauben. 50 religionspädagogische Methoden und Konzepte für Gemeinde, Jugendarbeit und Schule. 4. Auflage. Neukirchen-Vluyn: Neukirchener Verlagsgesellschaft.

Karcher, Stefan (2020): Praktische Theologie und Digital Humanities. In: Verkündigung und Forschung. Jg. 65 (2). S. 132–142.

Karia, Akash (2015): TED Talks Storytelling. 23 Storytelling Techniques from the best TED Talks. 3. Auflage. CreateSpace Independent Publishing Platform.

Karle, Isolde (2004): „Praedicatio verbi dei est verbum dei" – Bullingers Formel neu gelesen. In: Evangelische Theologie. Jg. 64 (2). S. 140–147.

Keller, Timothy (2011): The King's Cross. The Story of the World in the Life of Jesus. London: Dutton.

Keller, Timothy (2012): Center Church. Doing Balanced Gospel-Centered Ministry in Your City, Grand Rapids: Zondervan.

Keller, Timothy (2015): Preaching. Communicating Faith in an Age of Skepticism. New York: Viking.

Keller, Timothy (2017): Preaching. Communicating Faith in an Age of Skepticism. London: Hodder.

Kemnitzer, Konstanze/Roser, Matthias (2021): Immersion – praktisch-theologische Überlegungen, in: Religion und Kommunikation in Bildung und Gesellschaft (RKBG), 1. Jahrgang, Band 1, S. 161–177.

Kerrison, Margaret Chandra (2022): Immersive Storytelling for Real and Imagined Worlds. A Writer's Guide. Studio City: Michael Wiese Productions.

Körtner, Ulrich (2020): Dogmatik. Leipzig: Evangelische Verlagsanstalt.

Lampert, Marie/Wespe, Rolf (2020): Story-Telling für Journalisten. Wie baue ich eine gute Geschichte? 5. Auflage. Köln: Herbert von Halem Verlag.

Lange, Ernst (1967): Funktion und Struktur des homiletischen Aktes. In: Engemann, Wilfried/Lütze, Frank M. (Hrsg.) (2006): Grundfragen der Predigt. Ein Studienbuch. Leipzig: Evangelische Verlagsanstalt. S. 157–169.

Lange, Ernst (1981): Kirche für die Welt. Aufsätze zur Theorie kirchlichen Handelns. München: Chr. Kaiser Verlag.

Lange, Ernst (1982): Predigen als Beruf. Aufsätze. Stuttgart/Berlin: Kreuz.

Lehmann, Christian (2016): Einfach von Gott reden: liebevoll, praktisch und kreativ predigen. Witten: SCM R. Brockhaus.

Lewrick, Michael/Link, Patrick/Leifer, Larry/Langensand, Nadia (Hrsg.) (2018): Das Design Thinking Playbook: mit traditionellen, aktuellen und zukünftigen Erfolgsfaktoren. 2. Auflage. München: Verlag Franz Vahlen.

McLuhan, Marshall (2001): Understanding Media. The Extensions Of Man. London: Routledge.

Meyer-Blanck, Michael (2020): Gottesdienstlehre. 2. Auflage. Tübingen: Mohr Siebeck.

Mildenberger, Hartmut/Volkmann, Evelina (2015): Feedback. Mit Prädikantinnen und Prädikanten die Gottesdienst- und Predigtpraxis reflektieren. In: Meer, Peter/Oxen, Kathrin (Hrsg): Predigen lehren. Methoden für die homiletische Aus- und Weiterbildung. Leipzig: Evangelische Verlagsanstalt. S.276–281.

Müller, Sabrina (2023): Predigen im Kontext digitaler Dynamiken. Cursor_ Zeitschrift für explorative Theologie. Online unter: cursor.pubpub.org/pub/q3xk9013.

Müller, Sabrina/Suhner, Jasmin (2023): Transformative Homiletik – jenseits der Kanzel. (M)achtsam predigen in einer sich verändernden Welt. Neukirchen-Vluyn: Neukirchener Verlagsgesellschaft.

Nicol, Martin/Deeg, Alexander (2005): Einander ins Bild setzen. Dramaturgische Homiletik. 2. Auflage. Göttingen: Vandenhoeck & Rupprecht.

Nicol, Martin/Deeg, Alexander (2013): Im Wechselschritt zur Kanzel. Praxisbuch dramaturgische Homiletik. 2. Auflage. Göttingen: Vandenhoeck & Ruprecht.

Ockert, Helmut (1977): Rede und schweige nicht. Praktische Anleitung zur Verkündigung. Wuppertal: Aussaat Verlag.

Ogette, Tupoka (2021): Exit Racism. Rassismuskritisch denken lernen. 10. Auflage. Münster: Unrast-Verlag.

Osann, Isabell/Mayer, Lena/Wiele, Inga (2018): Design Thinking Schnellstart. Kreative Workshops gestalten. München: Carl Hanser Verlag.

Pennig, Joachim (2018): Narrativ predigen. Ansätze – Anregungen – Beispiele. Neukirchen-Vluyn: Neukirchener-Verlagsgesellschaft.

Pohl-Patalong, Uta (2017): Methoden zum Bibliolog. In: Karcher, Florian/Freudenberger-Lötz, Petra/Zimmermann, Germo (Hrsg.): Selbst glauben. 50 religionspädagogische Methoden und Konzepte für Gemeinde, Jugendarbeit und Schule. Neukirchen-Vluyn: Neukirchener Verlagsgesellschaft. S. 162–171.

Putnam, Robert D. (2000): Bowling alone. The Collapse and Revival of American Community. New York: Simon & Schuster.

Pyka, Holger (2019): Spiel mit dem Wort! Kreatives Schreiben für Predigt und Preacher-Slam. Göttingen: Vandenhoeck & Ruprecht.

Reißmann, David (2024): Was ist ›Evangelisation‹? Genealogische, poststrukturalistische und namenstheologische Überlegungen zur Signifikation und (Re-)Kontextualisierungen des ungeklärten Evangelisationsbegriffs für die gegenwärtige Debatte. In: Herbst, Michael/Jansson, Andreas C./Reißmann, David/Todjeras, Patrick (Hrsg.): Evangelisation. Leipzig: Evangelische Verlagsanstalt. S. 431–483.

Rempe, Daniel (Hrsg.) (2012): 41 Methoden zum Bibellesen mit Gruppen. Ideenbuch für Mitarbeitende zur Initiative „Liest du mich?“. Neukirchen-Vluyn: Neukirchener Verlagsgesellschaft.

Ritter, Felix (2015): Strategien für Körper und Kommunikation. Glaubwürdig predigen lernen. In: Meyer, Peter/Oxen, Kathrin (Hrsg.): Predigen lehren. Methoden für die homiletische Aus- und Weiterbildung. Leipzig: Evangelische Verlagsanstalt. S. 252–258.

Robinson, Marilynne (2013): „In Principio erat sermo“. Sermon as Act. In: Hermelink, Jan/Deeg, Alexander (Hrsg.): Viva Vox Evangelii – Reforming Preaching. Leipzig: Evangelische Verlagsanstalt. S. 31–42.

Schlag, Thomas/Nord, Ilona/Beck, Wolfgang/Bünker, Arnd/Lämmlin, Georg/Müller, Sabrina/Pock, Johann/Rothgangel, Martin (2023): Churches Online in Times of Corona. Die CONTOC-Studie:

Empirische Einsichten, Interpretationen und Perspektive. Wiesbaden: Springer VS.
Schlag, Thomas/Schweitzer, Friedrich (2012): Jugendtheologie. Grundlagen – Beispiele – kritische Diskussion. Neukirchen-Vluyn: Neukirchener Verlagsgesellschaft.
Schlegel, Thomas/Reppenhagen, Martin (Hrsg.) (2021): Kirche in der Diaspora. Bilder für die Zukunft der Kirche. Festschrift zu Ehren von Michael Hebst. Leipzig: Evangelische Verlagsanstalt.
Schlink, Edmund (2005): Ökumenische Dogmatik. 3. Auflage. Göttingen: Vandenhoeck & Ruprecht.
Schneider-Flume, Gunda (2008): Grundkurs Dogmatik. Nachdenken über Gottes Geschichte. 2. Auflage. Göttingen: Vandenhoeck & Ruprecht.
Schnepper, Arndt Elmar (2011): Frei predigen. Ohne Manuskript auf der Kanzel. 3. Auflage. Witten: SCM R. Brockhaus.
Schnepper, Arndt Elmar (2020): Predigt braucht Gefühl. Große Emotionen im Gottesdienst ermöglichen. Holzgerlingen: SCM R. Brockhaus.
Schott, Dominik Umberto (2019): Souverän präsentieren – Die erste Botschaft bist Du. Wie Sie Körpersprache authentisch und wirkungsvoll einsetzen. Wiesbaden: Springer Gabler.
Schrage, Wolfgang (2001): Der erste Brief an die Korinther. 4. Teilband. 1Kor 15,1–16,24 (EKK VII/4). Düsseldorf/Neukirchen-Vluyn: Benzinger/Neukirchener Verlagsgesellschaft.
Schwietering-Evers, Bettina/Trenn, Olaf (2015): Merkmale der „New Homiletic“ entdecken. Netze flicken und Menschen fischen mit Don Wardlaw. In: Meyer, Peter/Oxen, Kathrin (Hrsg.): Predigen lehren. Methoden für die homiletische Aus- und Weiterbildung. Leipzig: Evangelische Verlagsanstalt. S. 103–107.
Schwöbel, Christoph (2002): Gott in Beziehung. Studien zur Dogmatik. Tübingen: Mohr Siebeck.
Seely, Martin (2015): Die Predigt neu entdecken. Wahrnehmungen aus der Predigtausbildung in der Church of England. In: Meyer, Peter/Oxen, Kathrin (Hrsg.): Predigen lehren. Methoden für die homiletische Aus- und Weiterbildung.Leipzig: Evangelische Verlagsanstalt. S. 335–343.

Sellmann, Matthias (2008): „Wirkung“ – „Schönheit“ – „Attraktive Körperlichkeit“. Kriterien erfolgreicher Jugendpredigten im iconic turn der Gegenwartskultur. In Meyer-Blanck, Michael/Roth, Ursula/Seip, Jörg (Hrsg.): Jugend und Predigt. Zwei fremde Welten? München: Don Bosco Verlag. S. 170–185.

Sinek, Simon (2009): Start with Why. How Great Leaders Inspire Everyone To Take Action. New York: Prenguin Books.

Sinus-Jugendforschung (2022): Ergebnisse einer Repräsentativ-Umfrage unter Jugendlichen 2022/2023. Eine SINUS-Studie im Auftrag der BARMER. Heidelberg.

Spatscheck, Christian/Wolf-Ostermann, Karin (2016): Sozialraumanalysen. Ein Arbeitsbuch für soziale, gesundheits- und bildungsbezogene Dienste. Opladen/Toronto: Verlag Barbara Budrich.

Spurgeon, Charles Haddon (1996): Ratschläge für Prediger. 21 Vorlesungen. Nachdruck und Kürzung der Ausgabe (1925): Stuttgart: Calwer Verlag. 5. Taschenbuchauflage. Wuppertal/Kassel: Oncken/Verlag evangelische Gesellschaft.

Stalder, Felix (2016): Kultur der Digitalität. Berlin: Suhrkamp.

Stetter, Manuel (2014): Relevanz. Überlegungen zu einem Postulat kirchlicher Kommunikationspraxis. In: Weyel, Birgit/Bubmann, Peter (Hrsg.): Kirchentheorie. Praktisch-theologische Perspektiven auf die Kirche. Leipzig: Evangelische Verlagsanstalt. S. 204–222.

Stokowski, Margarete (2018): Die letzten Tage des Patriarchats. 4. Auflage. Reinbek bei Hamburg: Rowohlt.

Stott, John (1994): Between Two Worlds. The Challenge of Preaching Today. Grand Rapids: William B Eerdmans Publishing Co.

Thole, Werner (2013): Kinder- und Jugendarbeit. In: Kaiser, Yvonne/Spenn, Matthias/Freitag, Michael/Rauschenbach, Thomas/Corsa, Mike (Hrsg.): Handbuch Jugend. Evangelische Perspektiven. Opladen: Verlag Barbara Budrich. S. 229–235.

Todjeras, Patrick (2024): Evangelisation und Digitalität Erkundungen in noch ›unbekanntem Terrain‹. In: Herbst, Michael/Jansson, Andreas C./Reißmann, David/Todjeras, Patrick (Hrsg.): Evangelisation. Leipzig: Evangelische Verlagsanstalt. S. 399–430.

Tottenham, Nim/Gabard-Durnam, Laurel J. (2017): The developing amygdala. a student of the world and a teacher of the cortex. In: Current Opinion in Psychology. Jg. 17 (5). S. 55–60.

van Oorschot, Frederike (2020): Digital theology. Systematisch-theologische Perspektiven auf ein entstehendes Forschungsfeld. In: Verkündigung und Forschung. Jg. 65 (2). S. 162–171.

van Oorschot, Frederike (2023): Digitale Theologie und digitale Kirche. Eine Orientierung. Heidelberg: heiBOOKS.

Vecera, Sarah (2022): Wie ist Jesus weiß geworden? Mein Traum von einer Kirche ohne Rassismus. Ostfildern: Patmos Verlag.

Vette, Joachim (2008): Bibelauslegung, historisch-kritische (AT). Das wissenschaftliche Bibellexikon im Internet. bibelwissenschaft.de/stichwort/15249/ (Abruf 27. 03. 24).

Vögele, Wolfgang (2014): Kirche im Reformprozess: Theologische Prämissen und die Pluralität sozialer Milieus. In: Bremer,-Helmut/Lange-Vester, Andrea (Hrsg.): Soziale Milieus und Wandel der Sozialstruktur. Die gesellschaftlichen Herausforderungen und die Strategien der sozialen Gruppen. Sozialstrukturanalyse. 2. Auflage. Wiesbaden: Springer VS. S. 405–420.

Vogt, Fabian (2009): Predigen als Erlebnis. Narrative Verkündigung. Eine Homiletik für das 21. Jahrhundert. Neukirchen-Vluyn: Neukirchener Verlagsgesellschaft.

Volf, Miroslav (2023): Mission als Teilhabe an Gottes „Zuhause-Schaffen“ („Mission as Participation in God's Homemaking“). In: Eiffler, Felix/Reißmann, David (Hrsg.): „Wir können's ja nicht lassen …“ Vitalität als Kennzeichen einer Kirche der Sendung. Leipzig: Evangelische Verlagsanstalt. S. 227–241.

Volf, Miroslav/McAnnally-Linz, Ryan (2022): The Home of God (Theology for the Life of the World). A Brief Story of Everything. Grand Rapids: Baker Publishing Group.

Watkin, Christopher (2022): Biblical Critical Theory. How the Bible's Unfolding Story Makes Sense of Modern Life and Culture. Grand Rapids: Zondervan Academic.

Wegner, Gerhard (2014): Religiöse Kommunikation und Kirchenbindung. Ende des liberalen Paradigmas? Leipzig: Evangelische Verlagsanstalt.

Wolf, Miriam (2023): Kirche digital – Chancen und Herausforderungen für Kirche im digitalen Kontext. In: Eiffler, Felix: Kirche hier und jetzt. Wie Christen Gottes Mission treu sind und ihrem Kontext gerecht werden – Theorie und Praxis für Gemeinden und Gründer. Holzgerlingen: SCM R. Brockhaus. S. 225–250.

Wollbold, Andreas (2017): Predigen. Grundlagen und praktische Anleitung, Regensburg: Verlag Friedrich Pustet.

Quellenangabe

Wenn nicht anders gekennzeichnet, sind die Bibelstellen folgender Übersetzung entnommen:
BasisBibel. Das Neue Testament und die Psalmen,

Download

Die Abbildungen auf den Seiten 86, 210 und 250 können über *www.neukirchener-verlage.de/download-material* mit dem Passwort *BMJ6-RealTalk* in einem größeren Format heruntergeladen werden.

Autor:innen

Felix Eiffler wurde 1984 in Berlin geboren, er ist verheiratet und hat zwei Kinder. Er lebt in Halle/Saale und arbeitet an der Theologischen Fakultät der Martin-Luther-Universität Halle-Wittenberg. Dort leitet er die Forschungsstelle Missionale Kirchen- und Gemeindeentwicklung (MKG) am Center for Empowerment Studies (CES). Felix ist zudem als ehrenamtlicher Pfarrer in der Evangelischen Kirche in Mitteldeutschland tätig und predigt regelmäßig in Gemeinde in und um Halle. Während seiner Zeit als wissenschaftlicher Mitarbeiter an der Universität Greifswald hat er zusammen mit Michael Herbst und Matthias Schneider Theologiestudierende im Rahmen des Homiletisch-Liturgischen Seminars auf die Leitung von Gottesdiensten und das Halten von Predigten vorbereitet.

Katharina Haubold, *1986, arbeitet als Referentin für Fresh X an der CVJM Hochschule in Kassel (Weiterbildung für Pionier*innen in Kirche: Mission:Gesellschaft) und als Kirchenpionierin im Kirchenkreis Köln-Rechtsrheinisch in einer Fresh X-Initiative. Seit viele Jahren engagiert sie sich dafür, dass Jugendliche befähigt werden, selbst zu predigen, und brachte sich in die homiletischen Ausbildung von angehenden Hauptamtlichen an der Evangelistenschule Johanneum und am CVJM Kolleg ein.

Florian Karcher (Jahrgang 1982) ist Professor für Religions- und Gemeindepädagogik an der CVJM-Hochschule in Kassel. Dort bildet er die Studierenden u. a. im Bereich Verkündigung und Gottesdienst aus. Seiner weiteren Lehr- und Forschungsschwerpunkte sind die Kinder- und Jugendarbeit, sowie neue Formen von Kirche (Fresh X). Seit 2015 leitet er das Institut für missionarische Jugendarbeit und erforscht, entwickelt und reflektiert, gemeinsam in einem Team, Methoden und Grundfragen missionarischen Handelns in Jugendarbeit und Gemeinde. Vor seiner Tätigkeit an der CVJM-Hochschule war er viele Jahre lang in der Jugendarbeit hauptberuflich tätig. Er ist Prädikant der Ev. Kirche von Kurhessen-Waldeck und predigt regelmäßig für verschiedene Ziel- und Altersgruppen.